拿破仑战记

战例、军略、武备

指文烽火工作室　著

Les Campagnes de Napoleon

吉林文史出版社
JILINWENSHICHUBANSHE

图书在版编目（CIP）数据

　　拿破仑战记：战例、军略、武备 / 指文烽火工作室
著. -- 长春：吉林文史出版社, 2018.7
　　ISBN 978-7-5472-5246-8

　　Ⅰ.①拿… Ⅱ.①指… Ⅲ.①拿破仑战争 – 史料
Ⅳ.①K565.410.6

　　中国版本图书馆CIP数据核字(2018)第156123号

NAPOLUN ZHANJI: ZHANLIE、JUNLUE、WUBEI

拿破仑战记：战例、军略、武备

著 / 指文烽火工作室
责任编辑 / 吴枫　特约编辑 / 王菁　曾巧
装帧设计 / 杨静思
策划制作 / 指文图书　出版发行 / 吉林文史出版社
地址 / 长春市人民大街 4646 号　邮编 / 130021
电话 / 0431-86037503　传真 / 0431-86037589
印刷 / 重庆长虹印务有限公司
版次 / 2018 年 7 月第 1 版　2018 年 7 月第 1 次印刷
开本 / 787mm × 1092mm　1/16
印张 / 15　字数 / 285 千
书号 / ISBN 978-7-5472-5246-8
定价 / 109.80 元

前言
PREFACE

　　拿破仑·波拿巴是时代催生出来的战争天才。他的胜利与辉煌，既依赖其无比卓越的战略、战术眼光和天才的指挥能力，也立足于之前欧洲近两百年的军事革命与社会大发展。

　　由于拿破仑战争（拿破仑称帝统治法国期间爆发的各场战争）的引导和促进，最终欧洲人实现了黑火药时代武器、战术和军事理论三者的统一，也让拿破仑战争成为欧洲近代战争艺术集大成者。可以说，没有人像拿破仑这般给时代打上了如此鲜明的个性烙印。在他的一生中甚至他去世后的一百多年里，世界先进军事理论和实践莫不以其为标杆。

　　也正是自拿破仑战争开始，欧洲近代战争艺术正式成型，此后更在第二次工业革命的刺激下飞速发展，最终让欧洲在全球范围里建立起一个多世纪的军事霸权，并催生出现代战争的萌芽。

　　《拿破仑战记：战例、军略、武备》这本书，将通过拿破仑参与并指挥的典型性会战或战役，成体系地讲述拿破仑时代的战略、战术、兵种特色、武器装备、后勤补给，乃至政治科技因素等诸多方面，再现曾经依靠勇气和智慧仍能压倒国力与科技，赢得属于自己辉煌与荣耀的时代。

目录
CONTENTS

第一章
攻克土伦：荒野雄狮的第一声咆哮

/001

第二章
征服北意大利：荣耀的起点

/021

第三章
夺取曼图亚：三战三捷的伟大胜利

/037

第四章
奥斯特利茨：铭刻于凯旋门上的辉煌

/057

第五章

耶拿战役：将普鲁士一口气吹倒

/079

第六章

艾劳会战：风雪中的骑兵英雄们

/101

第七章

博罗季诺：上千炮口下的勇气与牺牲

/127

第八章

滑铁卢：英雄末路的叹息

/153

第九章

帝国雄鹰：二十六位元帅列传

/191

攻克土伦

荒野雄狮的第一声咆哮

SIÈGE DE TOULON

文 / 原廓

1793 年，如火如荼的法国大革命陷入了最危急的时刻。

随着善良软弱而又令人失望的路易十六人头落地，英国、奥地利、普鲁士、荷兰、西班牙、撒丁和那不勒斯等国结成第一次反法同盟。他们在法国保王党的策应下，组成反法联军相继入侵法国。

当时，英荷联军从西北包围敦刻尔克，占领科西嘉，封锁大西洋和地中海的法国海岸，禁止中立国船只运送粮食到法国。普奥联军越过法国东北部边境，攻占美因茨，迫降当地共和国军队，随后包围瓦楞而恩要塞。撒丁王国军队从东部越过阿尔卑斯山，逼近伊泽尔省首府格勒诺布尔。西班牙军队从西南跨过东比利牛斯山，逼近鲁西永地区首府佩皮尼昂。

◎ **法国国王路易十六于断头台被处死**

陷入危亡的共和国

　　这种危急局面的形成其实是外因和内因合力导致的结果。

　　外因自然是英国的"合纵连横"。甚至可以说，第一次反法同盟是英国通过各种外交活动、海军压力、资金扶助等方式组织起来的。比如1793年3月4日，英国与汉诺威签署协定；3月25日，英国与俄罗斯在伦敦签订俄英同盟条约；4月10日，英国与德意志的黑森·卡塞耳伯爵签订援助条约；4月25日，英国与撒丁签订援助条约；5月25日，英国与西班牙签订马德里同盟条约；7月12日，英国在那不勒斯与两西西里王国签订同盟条约；7月14日，英国与普鲁士在美因茨城外营地签订同盟条约；8月30日，英国在伦敦与神圣罗马帝国签订同盟条约；9月21日，英国与巴登侯爵签订援助条约；9月26日，英国在伦敦与葡萄牙签订同盟条约。以上这些条约，主要是英国对第一次反法同盟的各个参与国，特别是对奥地利和普鲁士供给大量的经济与军事援助，其目标自然是年轻的法兰西共和国。

　　内因则是法兰西共和国的不理智和盲动。比如早在1791年8月27日，奥地利与普鲁士曾发表皮尔尼茨联合宣言，他们要求法国解散立法议会，恢复国王王位，并邀请欧洲各国参与。不过这只是宣言，并不是开战。但1792年4月20日，法国

◎ 1792年，年仅25岁的弗朗茨二世

立法议会进行投票公决，大比例同意向匈牙利与波西米亚国王、奥地利大公弗朗茨二世（Franz II）宣战（当时弗朗茨二世还没加冕为神圣罗马帝国皇帝）。1792年4月28日，法军就有对比利时的侵略行动，但是都相继失败，法国立即决定转入守势。

　　1792年夏，普奥联军进入法国。接下来就是1792年9月20日的瓦尔密会战，取胜的法军立刻杀出国境，前面提到的美因茨也是法军当时所夺取的。

　　到了1793年2月，也是法国对英国和荷兰共和国率先开战，之后的3月，法国又对西班牙开战。

　　总之，年轻的共和国当时陷入了四

面楚歌的境地。雪上加霜的是，外患已经
兵临城下，内忧更是层出不穷。连续的战
争与革命导致纸币贬值、物价飞涨。早在
1792 年 8 月之时，法国纸币就已经贬值了
39%，工人工作一日所得仅够买两磅（约
907.18 克）面包。到了 1793 年初，相当
多地方的工人辛劳一天仅仅能买一磅（约
453.59 克）面包了。在此背景下，经过法
国国内保王党的煽动和英国 500 万英镑叛
乱资金的助力，针对年轻共和国的叛乱大
范围爆发了。

　　截至 1793 年夏，法国当时 83 个省中
的 60 个都爆发了针对共和国的叛乱。里昂
城升起了波旁王朝的鸢尾花旗，拒绝共和
国军队入城。旺代的保王党农民叛军让共
和国军队焦头烂额。可是土伦港的陷落和
地中海舰队的覆灭使得之前的一系列灾难
都显得相形见绌。

　　位于法国瓦尔省南部的土伦，是法国
在地中海北岸的重要军港。法国地中海舰
队主力就驻扎在此。1793 年 7 月，土伦当
地的官员发动了针对共和国的叛乱。到了 8
月，自认无法抵挡共和国军队的土伦叛军，
把舰队、港口、军械库、城市及炮台一概
放弃，更允许反法联军英国和西班牙舰队
驶入土伦港，以换取其庇护。于是，8 月
28 日，英国胡德海军上将和西班牙兰盖拉
海军上将率领的联军进占了土伦。当时英
国的登陆兵力是 1626 人，其中既有第十一
北德文郡步兵团第 1 营、第三十剑桥郡步

◎ 反法联军占领土伦

兵团第 1 营、第六十九南林肯郡步兵团第 1
营等正规陆军，也有临时抽调的水手。西
班牙投入的兵力是 6523 人。

　　就此，法国地中海舰队的主力，还有储
存着大量军火和海军物资的军械库都成了
英西联合舰队的战利品。后来根据联军统计，
当时土伦港内有法军战列舰 32 艘（13 艘不
在现役）、巡航舰 27 艘（10 艘不在现役）。

　　可以说，土伦的陷落给予了早已被内
忧外患所困扰的共和国沉重的打击。共和
国那伤痕累累的身躯又被无情地插上了一
把匕首。反法联军的军队可以通过土伦长
驱直入法国南部，绕过驻在意大利的法军，
最后和来自皮埃蒙特的反法联盟军队会师。
这样，反法联盟就能控制包括下阿尔卑斯
省、罗尼河口省、瓦尔省、滨海阿尔卑斯省、
德伦省和服克吕茨省在内的整个普罗旺斯
地区。

　　因此，反法联盟占领土伦后，将其作
为推翻共和国和复辟君主制统治的一个重
要基地，不断向土伦增兵。截至 10 月 30 日，

◎ 现代的土伦

◎ 现代人复原的法国大革命军队

土伦守军的人数已经达到了 17114 人。其中英军 2114 人、西班牙军队 6900 人、那不勒斯军队 4900 人，此外还有 1600 人的撒丁军队和 1600 名保王党。英国首相皮特还许诺，将有一个军的奥地利人外加几百名英军抵达土伦。甚至，善于算计的英国人已经开始计划着要求波旁王朝割让科西嘉岛或西印度群岛的某些岛屿作为战费赔偿了。

就在反法联军步步紧逼的同时，已经登上历史舞台、掌握共和国权柄的雅各宾派决心以铁腕手段捍卫共和国。他们显现出远超于吉伦特派的行动能力。在土伦失陷前的 8 月 23 日，著名的《总动员令》被颁布了，身强力壮的爱国者被全体征召入伍，以保卫共和国神圣领土。很快，就有 42 万大军浩浩荡荡地开赴共和国的各条战线。

1793 年 8 月底，获悉英西联军进入土伦以后，共和国军队就开始了对土伦的攻击作战。法军由两部分构成，西面是卡尔托将军的 8000 人，东面是拉波普将军的 6000 人。8 月 30 日，卡尔托师率先发动攻击，该师于 9 月 3 日，攻占奥利乌尔之后，将那里作为了围城部队的司令部。9 月 4 日，卡尔托将军被任命为围城部队的总指挥。

此后，卡尔托师又夺取法朗山以北的山谷，并且分别包围了波姆、鲁日和勃兰几个多面堡，以及马尔博斯克炮台，占领锡富尔。拉波普师的左翼到达布伦海角附近，右翼到达法朗山地和法朗炮台，并且控制通往伐累塔的大道。两个方面上的共和国军队通过一系列前哨战，在很短的时间内就完成了从陆上对土伦的包围。

但是在前哨战中，共和国军队的炮兵指挥官多马尔坦上尉[1]重伤致残。这可是一个重大损失，因为炮兵指挥官相当于围城部队的副总指挥。自 15 世纪开始，欧洲火炮技术飞速发展。到了 17 世纪，炮手已经由行会师傅向专职士兵转变，炮兵也渐渐变成了一个独立的兵种。这其中法国人走在时代的前列，甚至可以说，从 15 世纪到 18 世纪的近三百年间，炮兵方面的一切改进几乎都是从法国开始。法军在 1671 年率先建立了炮兵团，规定了不同的军官职务和等级，从而首先废除了旧的行会制度，把炮匠编入军队作为骨干。从此炮兵成为一个独立的兵种，炮兵军官和兵士的训练也就由国家掌管。1690 年，法国创办了世界上第一所炮兵学校，在成立后的五十年内

---

[1] 多马尔坦上尉是在争夺奥利乌尔各隘道时肩膀中枪受伤。恢复健康后，他在北意大利方面军任职，参与了 1796 年初的几场会战。最后在埃及，他在负责组织对阿克的围城战时阵亡。他和拿破仑在布里埃纳军校相识，是同一批考取中尉的军校生。

◎ 法军围攻土伦的油画

它是世界上唯一的炮兵学校。1697年，法国出版了第一本近代炮兵学手册《炮兵学笔记》。当时法军军官手册记述："炮兵是一支'完整'部队不可缺少的组成部分，没有炮兵参与的战斗是不切合实际的"。炮兵不但加强了一支军队的火力，而且在更远射程丰富了军队的火力手段，以至于步兵有时所能做的只是扩张炮兵的胜利战果。

在法国大革命前，法国炮兵就以善于选择射击阵地而闻名于欧洲。根据当事人的记述，法国炮兵特别善于把火炮设置在既能避开敌人火力，又能取得良好射击效果的地形上。此外，炮兵理论也一向是法国人喜爱、自傲的一门知识。法国人甚至认为自己是最适合当炮兵的民族，炮兵知识最符合法国人的民族精神。比如法国炮兵书籍中如此记述："（法国人）的数学头脑和鲜明语言有助于掌握这门知识。"

与此同时，在火炮技术的刺激下，欧洲军队的要塞防御技术也得到了极大的进步。旧式石墙被仅用石块做覆盖的土堤代替，而不大的侧防塔楼则改为大的五角棱堡。工事上的一切石砌部分，开始逐渐得到外围土质工事的掩护，以免被炮火毁伤。攻击方要想拿下要塞，就只能依靠高超的炮兵技术和完备的土木工程。法国的沃邦元帅[1]更是把攻城作战变成了一种技巧和科学，让当时法国军队在攻城和要塞防守方面冠绝欧洲。沃邦元帅曾在《论围城战与阵地进攻战》一书估算过，要在一个月内夺取一座"坚固"要塞，需要130门各种口径的火炮，消耗1.6万发炮弹。对要塞的进攻，最终目的是要用攻城炮火在城墙上打开突破口，并扫清攻城道路上的障碍物，以便步兵顺利出击。因此，如果没有一名经验丰富、精通业务的炮兵军官，想要攻下土伦压根就是一件不可能的事情。因为如前面所说，炮兵是当时技术含量最高的陆军兵种。战场上炮兵火力发挥的效果很大程度上取决于炮位设置和瞄准的技术以及经验。

但是因为大革命的变乱，大量有经验的军官或参加保王党，或死于革命中的暴力和混乱，加入革命一方的军官也大多征战于其他战场。因此，有经验的炮兵军官非常稀缺。其实这也是法国大革命期间军

---

[1] 塞巴斯蒂安·勒普雷斯特雷·德·沃邦（1633—1707年），法国元帅，著名的军事工程师。路易十四统治时期大小战役他无不参与。他的筑城理论体系对欧洲军事学术的影响长达一个世纪以上，他设计的五边形棱堡在欧洲火炮逐渐盛行的17世纪及以后影响至深。而他创立的沃邦围攻法更为著名，直到19世纪，沃邦围攻法仍然是堡垒攻击的标准方法。

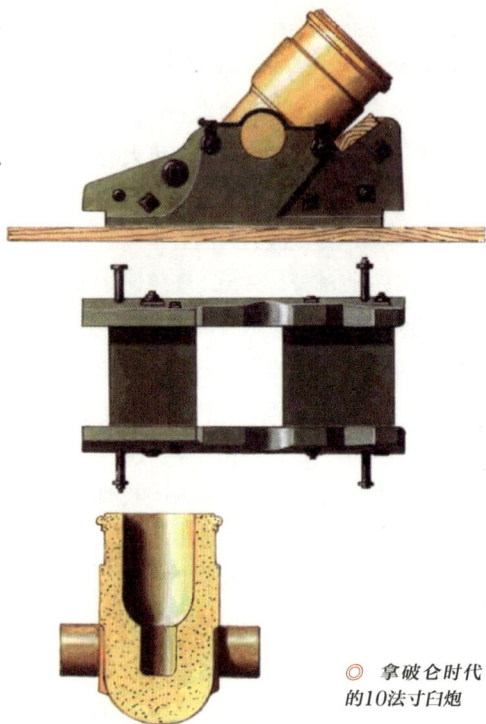

◎ *拿破仑时代的10法寸白炮*

事混乱局面的一个缩影。

共和国所动员起来的数十万大军，拥有近乎狂热的勇敢和誓死捍卫共和国的决心。他们彼此平等友爱，坚信自己代表着最崇高的革命理想，因此愿意为公众利益牺牲一切。

在鼓点和横笛声中，他们直面炮火和铅弹，"以冲锋的步伐前进，甚至是飞跑，以尽早投入战斗"。第一次，这些质朴而勇敢的士兵不再是为了国王和贵族的利益舍身，而是为了自由和平等的理想去赢得胜利。他们所射出的每一发子弹，向前迈进的每一个步伐，从内心迸发而出的每一声"共和国万岁"，都在创造着一个历史

的新纪元！

可惜这支勇往直前、具有划时代意义的庞大军队却往往因为缺乏训练和指挥不利，被规模小得多的反法联盟职业军队所击败。为数不多的胜利也通常是靠那些勇敢士兵用己方的数量优势去压倒对方，其结果仅是给敌人造成了很小的伤亡，而自身所受到的损失比敌人大得多。因此，他们急需一位带来真正胜利的领导者，统帅的职位正向有才华的人开放着。

就在大家因为收复土伦的黯淡前景一筹莫展之时。那头一出现在战场就能抵上4万军队，亦能在战斗打响之前，就赢得战役胜利的荒野雄狮出现了。

科西嘉的荒野雄狮

9月中旬，国民议会的萨利希蒂特派员惊喜地发现，自己的同乡和老朋友、多马尔坦上尉的校友、法国最杰出炮兵专家杜特将军的得意门生，年仅24岁的拿破仑·波拿巴上尉来到了奥利乌尔。

大多数史书认为，波拿巴家族是意大利佛罗伦萨的一个古老贵族的支脉。拿破仑的先祖从16世纪就开始生活在科西嘉岛上，世代以军人和律师为职业。"拿破仑"这个名字在意大利语中的含义是"荒野雄狮"，这个名字一向赋予波拿巴家族的次子。这个家族的次子也大多选择从军生涯，上一个拿破仑·波拿巴是我们熟知的这个拿破仑的亲叔叔，他于1767年在反抗热那亚统治、争取科西嘉独立的战争中英勇牺牲。1768年，法国以200万法郎从热那亚

手中购得了科西嘉岛。1769 年 8 月 15 日，那个让整个世界都为之颤抖的拿破仑·波拿巴降生于科西嘉岛的阿雅科修城。此时，他的父亲夏尔·波拿巴已经向法国宣誓效忠。因此，从法理上讲，拿破仑·波拿巴是一个不折不扣的法国人。

不过这里有个小插曲，夏尔·波拿巴曾在科西嘉独立领袖帕斯奎尔·保利（Pasquale Paoli）的麾下作战。1769 年，保利失败之后，夏尔·波拿巴曾有两个选择，一是随着保利流亡英国，二是留在科西嘉做顺民。夏尔·波拿巴最终选择了后者。因此，英国历史学家约翰·霍兰·罗斯曾半开玩笑地说，拿破仑的另一条命运之路是成为一名英国皇家海军军官。

在土伦战役前，拿破仑正在普罗旺斯的海防部队服役。其实土伦之战并不是拿破仑的初战。1793 年 2 月 22 日，拿破仑曾在一位年长的科西嘉上校希撒里的率领下，参与了法军对撒丁王国的跨海远征。拿破仑当时担任远征部队的副指挥官，指挥着他自己的科西嘉志愿营和远征部队的炮兵，计有一门 6 法寸臼炮和两门 4 磅炮。远征一开始进展顺利，结果法军却发生哗变，逼迫软弱无能的希撒里把部队撤回船上。也有一种说法，这次哗变是希撒里和保利的一次阴谋，打算将跟自己政见不合的拿破仑扔给敌人。总之，25 日，远征部队开始毫无秩序地向船上撤退。拿破仑虽然在计划和指挥上没有任何责任，但他的初战就这么宣告失败，他的三门炮也不得不被扔在海滩上。由此可见，军事天才也不是

◎ 科西嘉独立领袖帕斯奎尔·保利

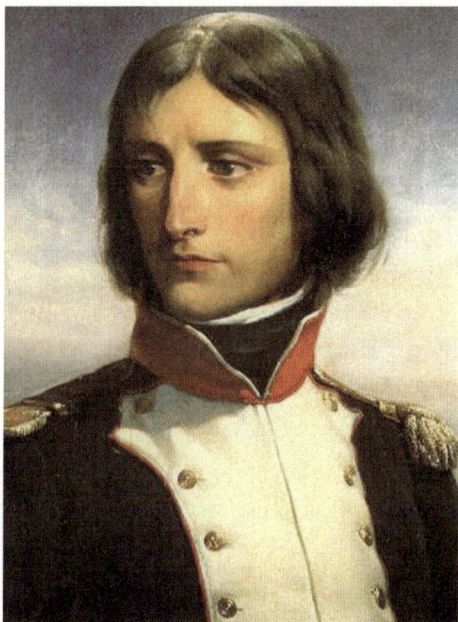

◎ 23岁的拿破仑

◎ *油画：1793年拿破仑在博盖尔进行晚餐*

一开始就无往不利的。

此时的拿破仑早已经放弃了狭隘的科西嘉爱国主义，并不惜为此与科西嘉独立领袖保利决裂，最后不得不举家逃离科西嘉岛。可以说，步入历史视野的拿破仑无论是法理上还是心理上都是一个不折不扣的法兰西共和国公民。

这位法兰西共和国公民此次到土伦前线一方面是因公路过，另一方面也是想让萨利希蒂帮忙，使自己的弟弟路易·波拿巴成为候补军官。萨利希蒂将拿破仑的到来视作"天赐神助"，立即推荐拿破仑接替多马尔坦少校的炮兵指挥官职务。

得益于拿破仑在巴黎军事学校的优异成绩和在拉费尔炮兵团的杰出服役记录，萨利希蒂的推荐立即得到了国民议会的批

准。就这样，在命运之神的双重垂青下，共和国在危急的时刻，获得了她最需要的优秀炮兵军官。拿破仑也在最合适的时机出现在了他最该出现的岗位上。

指挥一支临时拼凑起来的炮兵部队，去对抗拥有坚固工事和舰炮支援的优势敌军。换谁都会对此耸耸肩膀，可拿破仑却一口答应下来。那么，是一种什么样的力量能够让仅仅是路过的拿破仑甘愿为了共和国去披荆斩棘、赴汤蹈火而在所不惜呢？

这一切可以从拿破仑于1793年8月所发表的一本名为《博盖尔的晚餐》的政治小册子里获得答案。就是那本小册子，将一个满怀自由平等信念和革命热情的雅各宾派拿破仑展现在世人面前。拿破仑在小册子里尖锐地指出：法国大革命是法国爱

◎ *1792年8月10日，法国大革命中的革命武装攻击路易十六所在的杜伊勒里宫，与路易十六的瑞士禁军作战。当时拿破仑正在巴黎，他作为旁观者，目睹了这一切，还拯救了一名差点被屠杀的瑞士战俘*

国者和欧洲君王之间的生死搏斗，即使是仅为权益，人们也应该团结在雅各宾派的共和国事业的周围。

这种观点在现在的人看起来可能太过激进了。雅各宾派虽然富有行动力，对外毫不妥协，并用雷厉风行的手段解决了土地和物价问题，但是他们行事激进，对国内实行恐怖统治，喜欢革命的暴力对抗反革命的暴力。只不过在逃亡贵族的衬托下，雅各宾派的缺点才能让法国人忍受。因为就连反法联盟自己都无法忍受保王党的丑恶嘴脸。

当时英国的马尔格雷夫勋爵曾经写信抱怨道："……一定不要再往土伦送来任何的逃亡贵族了，他们总是败事有余。无论是对专制主义、宪法，还是共和国，他

们是那样偏激和极端，那样狂暴。以至于我们必然为他们的互相争吵而劳心费神。而且他们又是那样装腔作势、傲慢无礼、唯我独尊、满腹牢骚，有了他们就不可能办成任何事。胡德勋爵（就是前面的胡德海军上将）反对接收任何保王党人。"

甚至英国政府拒绝普罗旺斯伯爵（路易十六幸存两个兄弟中的年长者）前往土伦。就是害怕这位声名狼藉的伯爵把土伦的官员和民众给恶心回共和国那边去。

对于拿破仑自身来说，法国大革命所赋予他的是一个最有希望的时代。在旧制度下，波拿巴家族那个不是很靠谱的贵族血统，在法国传统的蓝血贵族面前简直是不值一提。当年布雷泽侯爵仅凭是黎塞留的外甥，15岁成为上校，17岁的年纪就任

舰队司令，24 岁担任相当于海军元帅的航海大师。可要是换作拿破仑，弄不好只能以上尉军衔终老一生了。

新制度下，"官职给有才干之人"成为革命格言。原先那些占据高位的保王党军官正络绎不绝逃出法国，加入到反法联军当中。众多有能力的年轻军官甚至是士兵被提拔到更高的指挥岗位上，而天才和机遇更加快了他们成为将军的提升速度。

面对这种情况，任何一名有自信心和进取心的军人都不会袖手旁观。他必定会勇敢地填补上空缺的职位，给予那些曾经轻视、排挤、嘲笑、侮辱过自己的家伙们迎头痛击！以高傲、自尊心强、雄心勃勃而著称的拿破仑自然也不会害怕退缩。只会选择将自己的感情与生命与共和国的事业交织在一起。

所以，拿破仑才会在小册子里愤怒地提出，宁肯忍受雅各宾派的苛政，也绝不允许逃亡的贵族们杀回来报复！拿破仑才会在多年后仍对别人说起："在有一段时间里，凡是有志气的人必然会成为雅各宾派，我当时就是其中的一人。"

就这样，土伦的保王党、反法联军的军队即将面对荒野雄狮的第一声咆哮。不久之后，整个欧洲大陆都要在这咆哮声中瑟瑟发抖！

拿破仑接任炮兵指挥官后的第一件事，就是去向围城部队司令卡尔托将军正式报道。这位卡尔托将军是画家出身，在大革命爆发后，他毅然扔下画笔进入了革命军队。不过具有黑色幽默意味的是，革命之前，这名前画家最出名的画作是为法国国王路易十六创作的骑马戎装画。

因为有在龙骑兵部队和宪兵部队的 20 年从军经验和充足的革命热情，以及在镇压普罗旺斯地区的反革命叛乱有功。卡尔托在短短三个月的时间里，从一名上校跃升为将军，成为土伦围攻部队的总指挥。

卡尔托自恃有着对亚维农、马赛等地围城的成功经验，对初出茅庐的拿破仑丝毫没有放在眼里。当时他穿着镶有金线的将军服，傲然阔步地接待了拿破仑，并对年轻的上尉自负地说道："本将军指挥若定，对消灭敌军有莫大的把握，根本不需要旁人协助。但如果你愿意同我共享荣誉，本将军也十分欢迎。"

所幸这次跟愉快丝毫挂不上边的会面，并没有影响拿破仑的雄心壮志。会面结束后，他立即开始检视自己所负责的炮兵资源。可是他马上就发现，与自己所拥有的炮兵资源之悲惨程度相比，与卡尔托的那次会面简直是一番美好的回忆。

当时土伦围城部队的炮兵账面实力构成如下：两个拉波普师的野战炮兵连，三个卡尔托师的骑炮连。这些部队的 4 磅、8 磅口径加农炮明显不适合对付土伦的炮垒和港口内的联军军舰。唯一能对围攻作战起到作用的只有 6 门 24 磅攻城炮，这些火炮还是刚从马赛的军械库里发掘出来的。靠这点儿火力要想拿下土伦根本是不可能的任务。

还不待拿破仑着手重整炮兵部队，在到任后的第二天，卡尔托就命令拿破仑去指挥那些攻城炮轰击英国的一个分舰队。可是等到拿破仑赶到炮垒，却看到了令他

◎ *修筑炮垒的拿破仑，他身后那名士兵身穿的是典型的工兵铠甲*

哭笑不得的一幕。

那个炮垒被设在奥利乌尔隘路口附近，那儿地势不是很高略偏公路右边。可是它距离海岸竟然有 4 公里之远。这个距离正好是 24 磅攻城炮有效射程的两倍，而英舰的停泊处距离海岸还有 800 米。也就是说，卡尔托实际上命令拿破仑去轰击远在大炮 2.5 倍有效射程之外的敌舰。

可是来自布贡第和谷特多尔两省的掷弹兵们却在一本正经地执行着上级的命令。他们分散在附近各个民房里，正忙于用厨房火炉将炮弹加热成炽热弹①。

拿破仑这才发现遇到了自己能想象得到的所有困难：一个自以为是和毫不在行的上司、匮乏到几乎没有的物资条件，以及混乱无比的管理制度。

拿破仑首先制止了掷弹兵们的过度热情，"你们管好自己的事，让我管我的事，拿下堡垒靠炮兵，步兵予以协助"。随后，拿破仑不顾旅途的疲劳，立即以忘我的精神投入到改变炮兵混乱落后状况的工作当中。拿破仑其后的表现展示了一个有作为的人在面对极度恶劣的环境时，是如何开展非凡的、有创造性的工作的。

在整顿炮兵部队的过程中，拿破仑之前在海防部队那劳累而乏味的工作所累积的经验，派上了大用场。拿破仑有条不紊的脑海里，能够清楚浮现出某一处海岸堡垒、某一处军火库的种种具体情况。几天之后，拿破仑就从附近的堡垒和军火库里征集出第一批成规模的攻城炮队：14 门大口径攻城炮、4 门臼炮，还有必要的弹药补给。对于这份成绩，国民议会的特派员们立刻给予了相应的嘉许，拿破仑随即被提升为少校。

就在这时，幸运之神再次垂青于拿破仑与共和国。10 月 9 日，共和国军队拿下了里昂城，这个胜利不光重振了土伦围城部队法朗山失败后的士气（10 月 1 日，拉波普师进攻法朗山的联军阵地。几次攻击均未奏效，并伤亡惨重）。尤其重要的是，拿破仑的炮兵能够得到进一步的强化。

这时的拿破仑正在炮兵指挥官的岗位

---

① 当时加农火炮使用的主要炮弹其实就是一个实心铁球。将炮弹加热再发射出去，是当时陆地火炮攻击军舰常用的做法。爆炸榴弹当时已经存在，但主要由臼炮和榴弹炮发射。拿破仑1789年还专门撰写过论文，研讨如何用加农炮，以高抛弹道发射爆破弹。

上以无穷的精力，展现着他那超凡而缜密的组织能力，以惊人的速度和效率提升着己方炮兵的实力。陆军部长卡尔诺曾收到过拿破仑的一份报告："我已经派了一名能干的军官前往里昂、布里昂松和格勒诺布尔，去搜集一切可能对我们有用的军械材料。我已经要求'意大利方面军'把他们在守卫昂蒂布和摩纳哥中用不着的大炮提供给我们……我已经在奥利乌尔建立了一个有八十名工人的军械工厂。我征用了从尼斯到瓦朗斯和蒙彼利埃一带的马匹……我已安排好现在每天可以在马赛安排生产出五千个筑城柳条筐。"

但是拿破仑所扮演的角色，还不仅限于一名天才的组织者。为了肃清土伦港内小停泊场的联军军舰，实现卡尔托当初下达的命令。拿破仑开始在海边修筑两座炮垒：一名戈拉炮垒，一名圣克洛特炮垒。可围攻土伦的部队中没有一个会搞土木工程的军官。于是，拿破仑求学时的多方涉猎和服役后的坚持学习，此时又帮助其成了一名优秀的工程处长和精明的辎重库房主任。

◎ 亲自装填火炮的拿破仑

在修筑炮垒的时候，拿破仑除了让士兵和军官们见识他头脑的力量之外，还让大家见识到了他手臂和心灵的力量。这名身先士卒的实干家，总是和自己的部下待在一起，用自己的工作热情和革命干劲鼓舞他们，用实际行动引领他们。

有人在多年之后，仍不能忘怀那个拥有惊人才干和忘我精神的年轻人。"我发现他总是坚守他的工作岗位上；当他需要休息时，他就裹着大氅，睡在地上。他从未离开过炮群。"

当时正值秋雨连绵，拿破仑的忘我工作终于使得其染病发烧了。那场疾病使得他的两颊在几年后还显得格外苍白，过度劳累使年仅 24 岁的拿破仑的眼圈旁堆积起了皱纹。这样就使得他的眼神显得神秘莫测，甚至如幽灵般让人毛骨悚然。可是仔细观察，就会发现在他的眼神里燃烧着火一般的旺盛精力。

就这样，拿破仑在担任炮兵指挥官仅仅六周之后，就收集到了上百门攻城重炮和大口径臼炮，组建起一支连沃邦元帅都会赞不绝口的攻城炮队。他所新修筑的两座炮垒，更使得停泊在土伦港内的英西舰只如鲠在喉。

最难能可贵的是，拿破仑凭借着他那满腔的热情、过人的才略、无畏的胆量，以及那种使天才有别于一般才能的微妙特质，彻底折服了共和国官兵们的心。

有两件事情能很好地说明拿破仑在士兵心中的分量。

10 月 14 日，反法联军四千人出击，企图抢占经常威胁他们舰队的戈拉和圣克洛特两座炮垒。拿破仑恰好偕同卡尔托的副官阿尔美伊腊斯赶赴前沿阵地。虽然当时还有好些高级军官在场，可士兵们一看见拿破仑，就一致高声要求他下达命令。于是，他就遵照士兵的要求开始负责指挥步兵战斗，战斗结局证明士兵们的信任是正确的。拿破仑不光是一名异常优秀的炮兵指挥官，更是一名天才的步兵指挥官。在拿破仑的指挥下，共和国军队迅速遏制住了反法联军的攻势，并将其赶回土伦，炮垒也因此得救。

后来，拿破仑在距离敌军很近的位置建立了一个炮兵阵地。这个阵地距离敌人是如此之近，以至于萨利希蒂特派员曾如此形容："该阵地在敌人手枪射程以内。"而该阵地上的炮手第一天就伤亡殆尽。面对着敌人密集的炮火铅弹，连那些最勇敢、最不顾生死的雅各宾派都退缩了。为了能让这个具有决定性意义的炮兵阵地发挥作用。拿破仑下了一道命令，将该阵地命名为"无畏勇士的炮垒"。为了获得拿破仑所给予的荣誉称号，从那天开始，士兵们前赴后继地争当"无畏勇士的炮垒"的炮手，那个炮兵阵地始终保持着满员状态。

土伦城下的血与火

10月15日，东线法军拉波普师从左翼，再一次对布伦海角发起猛攻，经过数小时激战，终于攻占了具有重要战术价值的布伦海角高地。然而法军对于依托坚固防御

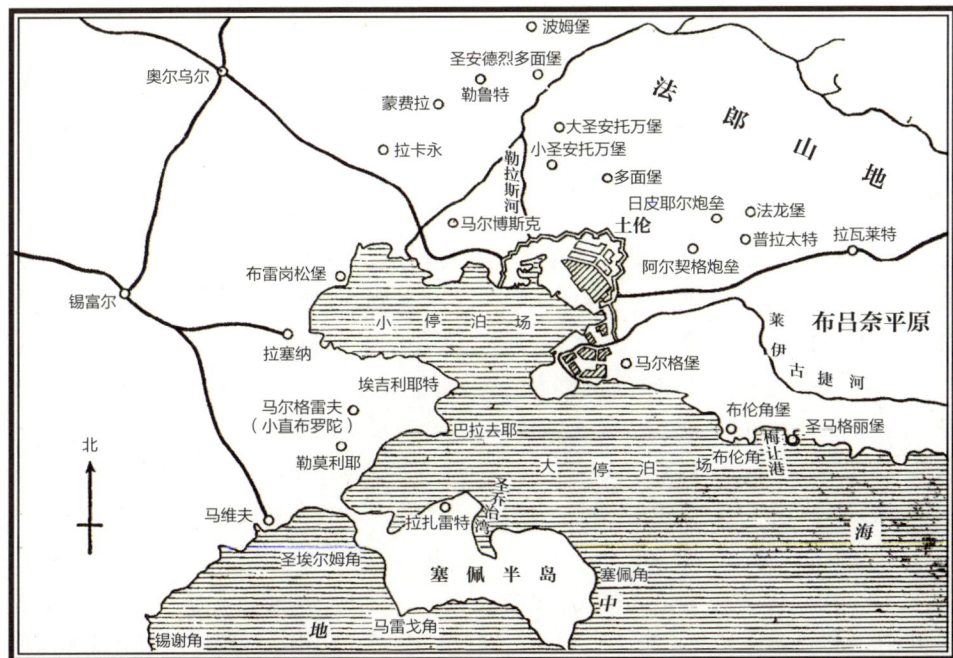

◎ 土伦战役示意图

工事的联军，没有形成必要的优势，整个土伦战场仍然处于僵持局面。

围城部队指挥部在奥利乌尔召开了军事会议，讨论巴黎下达的新作战计划：集中一支6万人的军队，不管敌人正面的火力如何，而从东、西两个方向同时发起进攻。首先，夺占法朗山地、法朗炮台、鲁日炮台、勃兰炮台和圣卡特林炮台，粉碎敌人的外围防线；尔后，前出到土伦附近，挖掘堑壕，构筑工事，待条件成熟，伺机攻占土伦。

拿破仑却提出了自己的意见。他认为应该首先集中主要兵力，攻占土伦港湾西岸的马尔格雷夫垒（英国人称为小直布罗陀），夺取克尔海角高地。然后集中大量火炮，猛烈轰击停泊在大、小停泊场内的英西舰队，切断舰队与土伦守敌之间的联系，迫使敌舰撤出港口，甚至将其消灭。如能这样，则土伦守敌在一无退路、二无援兵、三无火力支援的情况下，必然不攻自破。这时，法军即使只有不大的兵力，也可以迅速攻占土伦。

拿破仑这一大胆而新颖的作战计划，显示了他敏锐的洞察力和丰富的想象力，使与会人员惊叹不已。其实在9月中旬，拿破仑刚到任时就勘察了整个土伦前线的地形。他第一眼就注意到了克尔海角高地的重要性，而该处海角还没被反法联军占据。拿破仑立即到卡尔托将军处建议，只要派遣三个营大约2000人就能牢牢占据住克尔海角高地。如此一来，拿破仑的炮兵可以立马在海角高地上建立炮垒，然后一周之内共和国军队就能拿下土伦。

可惜卡尔托将军没能理解这个计划的重要意义，自然也不愿意去执行这个计划。但卡尔托不想就此背上压制年轻人的名声，因此仅派了400人去占领克尔海角高地。结果此举不但没有占领住克里海角高地，反而让反法联军意识到了克尔海角高地的重要性。几天之后，4000名反法联军在克里海角高地登陆。他们击退了高地上原有的400名法军，并开始构建堡垒。

联军首先将海角上的所有树木通通砍掉，为守军清理出视野良好的火力射界。然后联军又发动全城的人力以及土伦军械库的物资器械，建设起坚固的马尔格雷夫垒。

其实卡尔托对于拿破仑的不信任由来已久。虽然拿破仑在炮兵指挥官任上表现得无可挑剔，但是卡尔托却一直信不过这个稚嫩的年轻人，而且还时不时地用自己奇思妙想来"折磨"一下拿破仑。于是，这位将军就像一团乌云一样笼罩在拿破仑的头顶之上，时不时地降下雨雪冰雹或劈下几道闪电。

有一回，卡尔托把拿破仑带到一块高地，说在这儿设置炮垒可以同时轰击敌人三个炮台。大惊之下的拿破仑急忙解释，这样也意味着敌人的三个炮台可以同时轰击这个炮垒。不消一刻钟，这个炮垒和上面的炮手就会被对方的大炮给轰得粉碎。

可是不死心的卡尔托很快又给那个炮垒选了一个"安全"的位置。他命令拿破仑将炮垒构建到一桌石头建筑物前面。在他的心目中，那些石头必定能给炮手们以良好的保护。拿破仑不得不继续耐心地解释，将炮垒构建在建筑物里就不能为大炮的后坐力留下必需的空间。同时，石质房

◎ **法军轰击土伦港内联军军舰**

屋在敌方火力轰击下所飞溅出的瓦砾还可能打伤炮手。正规的炮兵野战工事都是由装满泥土的柳条筐与原木所构成。

这种稀奇古怪的命令，拿破仑还可以忍受。可接下来所发生的一切却让拿破仑几乎忍无可忍了。

10月25日，拿破仑指挥炮兵从戈拉炮垒和圣克洛特炮垒开始轰击在小停泊场内的英西舰队。经过一段时间的炮击，联军的几艘单桅帆船被击沉，几艘巡航舰的桅杆被打断，有四艘战列舰受伤不得不拖回船坞修理。

可就正当两个炮垒的优异表现将土伦围攻部队、普罗旺斯地区，甚至全法国的目光都吸引过去之时，卡尔托却趁拿破仑前往马赛军械库调拨物资而离开炮垒24小时的机会，借口炮垒里的炮手伤亡过大，命令所有人从这两座炮垒中撤退！如果不是拿破仑提前赶回来制止了撤退。卡尔托仅凭一条命令就差点儿做到了当初4000名英西联军都没做到的事情！

在那个荒唐得几近疯狂的命令刺激下，气愤不过的拿破仑就同喜欢乱指挥的领导卡尔托爆发了正面冲突。拿破仑冲动之下递上了一份书面请求，请求卡尔托只给他下达总的指示，而在如何执行这些指示的细节方面，则让拿破仑自己处理。对于拿破仑的请求，卡尔托轻蔑地不屑一顾。他的回答是：要求按照卡尔托最初的计划，让拿破仑指挥炮兵连续轰击土伦三天，然后由卡尔托指挥步兵去进攻要塞。

一直以来，因为卡尔托的自以为是和

外行指挥，士兵的生命被白白浪费、土伦的围攻无法打破僵局、革命事业正受到严重损害，拿破仑的满腔抱负无以得施。现在，这个充满了自以为是、不负责任的外行幼稚的答复，终于让拿破仑对卡尔托的忍耐到了极限。

于是，拿破仑决定直接向巴黎方面打报告进行申诉，说明收复土伦所应做的一切，即重述他在军事会议上所陈述的一切。对于他这样的青年军官来说，这么做的危险程度不亚于亲自带队去冲击戒备森严的棱堡。不管如何，拿破仑这么做几乎就宣告了他从军前途的毁灭。

可是申诉的结果却大出所有人的意料。巴黎方面很快传回了指示：卡尔托（拿破仑成为皇帝后，并没有忘记这个老上司，给了他一个闲职和肥缺，任命他为法国赌博局总管）立即离开围攻土伦军指挥部，前往阿尔卑斯方面军。统率里昂附近驻军的多普将军接替他的职位。新的围攻计划按照拿破仑的构想而拟定，并给予拿破仑以特殊权力，拥有对炮兵的完全指挥权。

多年后，有人为拿破仑总结过他冒险越级申诉却终获胜利的原因。

首先，拿破仑是正确的，士兵们都拥护和支持他，国民议会的特派员萨利希蒂和加斯帕里，也都一致支持拿破仑的设想。可是仅仅凭正确的设想、下属和其他高层的支持，仍远不能让拿破仑这样一个年轻军官去撼动一位忠于巴黎、富有功勋的将军。

越级申诉所要面对的最大困难是，领导层必须维护中层管理者员的权威。可这点对于大革命后技术军官极度缺乏、组织结构远未完善的共和国来说并不重要。卡尔托这样的将军5分钟就能重新任命一个，可拿破仑这样富有经验的炮兵军官，却需要好多年才能培养出来。两者之间孰轻孰重自是一目了然。

最后真正起到作用的是土伦久攻不下所带来的巨大压力。普罗旺斯地区粮食不足，马赛商人几次试图通过海路运粮食，但因反法联盟盘踞土伦，英国、西班牙及那不勒斯的军舰出没于地中海上，以致没有成功。时间久了，可怕的饥荒就会来临，届时共和国将不得不放弃整个普罗旺斯地区。拿破仑提出的快速拿下土伦的计划，自然获得了巴黎方面的支持。于是，拿破仑终于驱散了自己头顶的那块乌云，让自己的前途道路充满了光明。

11月11日，多普将军正式接任土伦围攻部队的司令。他就是前面文中那个不能忘怀拿破仑是如何坚守工作岗位的人。可惜这个牙医出身的将军，也不是一个合格的军人。几天后的一场战斗，将这位将军的缺点暴露无遗。

11月15日，待在马尔格雷夫垒对面堑壕内的法军，愕然地发现西班牙士兵正在虐杀法军战俘。出于激愤，谷特多尔营的士兵们率先拿起武器，在没有炮火掩护的情况下就扑向了敌人的炮垒，勃贡第团的弟兄们随后也跟着发起了冲击。最后，整整一个师的法军都卷入了那场愤怒而狂热的冲锋。

如山崩海啸一般突如其来的喊杀声和枪炮的轰鸣将多普吓得不知所措，幸好拿破仑正好在指挥部里。"酒瓶既已打开，就应当把酒喝干！"（意指把攻击进行到底）。拿破仑拽着多普将军一起冲到了战斗的最前线。拿破仑主动承担起这场战斗的指挥权，在他的指挥下法军几乎已经控制整个克里海角高地。拿破仑身先士卒带领着两个掷弹兵连一口气冲到了马尔格雷夫垒背面的入口处，马尔格雷夫垒即将被拿下。

就在此时，一颗联军的炮弹偶然地击碎了多普将军身边一位副官的脑袋，也吹散了多普将军胸膛里最后一丝男子气概。于是，撤退的号声骤然吹响，将本来奔驰如怒涛一般的冲锋立时变成了岸边的碎末。

再一次因为上司的愚蠢命令而让胜利从指间溜走，拿破仑怒不可遏地冲回了指挥所。他额上刚受的轻伤，让那份愤怒甚至显得有几分狰狞。他血流满面地冲到多普跟前怒喝："就是因为一个……他妈的！你是牙医，你竟然怕血？！你的撤退命令，让我们所做的一切都白搭了！"可能是因为内疚，也可能是拿破仑当时的形象太过凶恶，多普将军一时竟然没想起惩戒拿破仑的极端无礼。

因为士兵们在撤退时伤亡很大，使得他们心里极其不满。他们向特派员们大叫大嚷，要撤换将军。"什么时候才不再派画家和医生来指挥我们呢？"八天以后，在前线官兵的强烈要求下，多普被调到比利牛斯方面军担任新职。拿破仑也非常幸运地没有为自己的冲动而付出代价。

11月16日，一位真正的军人，英勇的杜戈梅将军前来接任总司令了。他已有四十年的军龄，虽然性格急躁一些，但是心地善良、很有毅力、为人公正，具有正确的军事眼光，在战斗中沉着而且顽强。他热爱勇敢的士兵，同时也被勇敢的士兵所爱戴。他还是第一个向巴黎方面推荐拿破仑的将军。

随将军而来的还有一支拥有2500名猎骑兵和掷弹兵的精锐队伍。此后，共和国的援军开始源源不断地开赴土伦前线。拿破仑也在敌人的眼皮底下新修建起一处名为"国民议会"的炮垒，炮垒里是8门24磅攻城重炮和4门大口径臼炮。为了不让敌人发觉，炮垒被橄榄树枝严密地伪装起来。目前来看，事情正向非常有利于法国和拿破仑本人的方向发展。

可是，喜欢瞎指挥的外行们仍然不打算放过拿破仑。

11月29日下午4点，普罗旺斯地区的一些人民代表来视察"国民议会"炮垒。其中有人脑袋发热，发布了一条能将人气得脑淤血的命令："向敌人开炮！"

随着大炮的轰鸣，拿破仑之前为这个炮垒所做的一切就又失去了意义。他跑到杜戈梅将军那儿去控告，但不可挽回的灾祸已被闯下了。

第二天凌晨，反法联军驻土伦总司令英国的查尔斯·奥哈拉（Charles O'Hara）中将亲率7000人对"国民议会"炮垒发动了攻击。联军很快就占领了那座炮垒并破坏了所有的大炮，并开始向位于奥利乌尔的法军辎重基地发动冲击。一时间，西线法军受到严重威胁，杜戈梅将军急忙调集军队反击。拿破仑则忙着各个阵地上配置野炮，以便掩护己方的反击，阻止威胁奥利乌尔辎重库的敌人前进。

作好这些部署以后，拿破仑前往炮垒对面的高地观察形势。这块高地上有一条通道，直通被攻占的"国民议会"炮垒。这条通道是拿破仑为了向炮垒输送弹药而下令修筑的，由于有橄榄树枝掩护，所以未被敌人发现。

当拿破仑观察到英军和那不勒斯军队分别在这条通道的左右两边列队时，他天才的脑海里立刻想出了一个异常大胆而冒险的计策。拿破仑命令驻在高地上的队伍跟他下来，穿过这条通道，神不知鬼不觉地插到了敌人的队形中间。随后拿破仑便命令士兵们先向右面的敌军猛射，然后又向左面的敌军猛射。结果，那不勒斯军队以为是英国兵开枪打他们，于是他们也盲目地还击。连奥哈拉中将都以为发生了"误击"，亲自过来制止。结果稀里糊涂地被拿破仑给俘虏了，倒霉的奥哈拉中将只得交出了佩剑。

具有戏剧性的是，这位奥哈拉中将分别于 1792 年和 1795 年两次担任直布罗陀总督，现在却为了保卫"小直布罗陀"被俘。而更加有戏剧性的是，他对于被法国人俘虏这个业务非常熟练。在"七年战争"期间的 1766 年，他就被法军俘虏过。之后在美国独立战争的 1781 年 10 月 19 日，美法联军取得约克镇大捷时，奥哈拉中将很不巧的就在包围圈里。当时他还很倒霉地代替康沃利斯去向美法联军投降，向乔治·华盛顿交出过佩剑。能先后给乔治·华盛顿和拿破仑·波拿巴两位历史巨人交出佩剑，真不晓得这位奥哈拉中将是幸运还是不幸。失去总司令后，进攻的反法联军很快溃败了。拿破仑也因为俘虏了敌人的总司令，而被晋升为上校。

围攻土伦的最后一战，是在 12 月 16 日夜到 17 日进行的。发动此战前，共和国军队已经集结起 38000 人的优势兵力。此时土伦的反法联军因为长期作战损失不小，虽然后来又有补充，但总兵力已经低于一开始。截至 12 月 11 日，土伦守军一共为 16200 人，其中英军 2100 人，西班牙军 6800 人，撒丁军队 1500 人，以及 4300 个那不勒斯人，1500 个法国人。

总攻开始前，法军各处炮垒在拿破仑的指挥下，用 15 门臼炮和 30 门 24 磅 ~32 磅的攻城重炮，向马尔格雷夫垒轰击了两天两夜，射出了七八千发炮弹。

到了 16 日晚，大雨瓢泼，狂风呼啸，电闪雷鸣，黑暗和恐惧笼罩着整个战场。六千法军直扑马尔格雷夫垒。反法联军依

◎ 指挥作战的拿破仑

◎ *法军攻击联军堡垒*

托预先构筑的障碍物和防御工事顽强抵抗。整连整连的法军在黑暗和混乱中迷失了方向，最后一排一排地倒在了霰弹和排枪的攒射下。

在几次进攻都被击退之后，法军许多官兵开始有些惊慌失措，甚至产生了绝望的情绪。就连杜戈米埃将军都开始有些忐忑不安。就在这关键时刻，拿破仑率领预备队冲了上来。在一片漆黑的夜里，拿破仑以军事天才所独有的超强敏锐性与洞察力，判断出法军已经陷入困境，终于将生力军准确而及时地投入到攻击之中。据传说，拿破仑在率领部下发动冲锋前，向他们喊出了让人血脉贲张的誓言："如果我向前冲，跟上我！如果我退缩，杀了我！如果我战死了，为我报仇！"（据考证，这其实是旺代的一个名叫罗什·雅克兰的保王党贵族的话。他于 1793 年战死于南特城外。但不管立场和结局如何，对胜利的渴望和那不灭的勇气，都将永存每位战士的心中）

在士兵们的呼喊声中，拿破仑身先士卒，率队冲在第一线。他的战马被打死，他的小腿被击伤，可他坚守着自己的誓言，一直冲杀在最前面。终于，拿破仑麾下的米尔隆上尉率先带队杀入了马尔格雷夫垒。双方士兵在一道道划破长空的闪电映照下，展开了激烈的肉搏战。拿破仑带队紧随其后突入了堡垒，使得胜利的天平一点点地向法军方向倾斜。可是英国和西班牙炮手死战不退，法军不得不把他们一个个砍死在大炮旁边，才最终结束了堡垒内部的战斗。

随后反法联军为了夺回堡垒，趁法军立足未稳，连续发动了三次反扑，每一次反扑都比上一次要凶猛和疯狂。刚刚夺下堡垒的法军因为前期伤亡过大，在联军的猛烈攻击下，渐渐不支。在黑夜里的狂风暴雨下、在遍地狼藉的死尸堆里、在受伤者和垂死者的呻吟声中，拿破仑不顾己伤，指挥炮手们使用敌人的大炮去近距离轰击敌人。在大炮猛烈地轰击下，反扑的联军被霰弹像割麦子一样被打倒，最勇敢的男子汉也无法承受这样单方面的屠杀。反法联军最终退却了。历经三个月的艰苦准备和浴血厮杀，共和国的三色旗终于高高飘扬在了"小直布罗陀"的上空。反法联军见势不妙，立即准备逃离土伦。但因事出仓促，英国人开始放火焚烧土伦军械库和无法带走的被俘法军军舰，以图彻底摧毁法国地中海舰队。

18日夜，法军攻破土伦城的城门。拿破仑更是亲率炮兵和工人，突入还未完全收复的土伦港。他们不但扑灭英国人所放的大火，保全了军械库，阻止了英国人的烧舰计划，更救出了还被关在战舰底舱的被俘水兵。被俘的军舰也大部被夺回，法国地中海舰队终于得到了保全（根据法军的统计，土伦港内的法军军舰一共有36艘被联军焚毁或俘虏）。

19日上午，法军正式收复了土伦。这一捷报立即传遍了整个法国。许多人都不肯相信这个曾被看作是无法攻克的堡垒竟会被一个初出茅庐、默默无闻的拿破仑所攻陷。

这意外的胜利十分激动人心，拿破仑也因这次战役由一名普通军官一跃成为众人瞩目的风云人物。杜戈梅将军甚至在写给巴黎的信中说："请你们奖励并提升这位年轻人，因为如果不酬谢他，他也会靠自己而出人头地的。"于是，1794年1月14日，年仅24岁的拿破仑被破格提拔为炮兵旅长，编制军衔为准将（Brigadier General）。于是，这头荒野雄狮正式踏上了历史的舞台，开启了属于他和法国人民的英雄史诗！

征服北意大利

荣耀的起点

CONQUÊTE DE L'ITALIE DU NORD

文 / 原廓

土伦战役之后，法兰西共和国军队取得了一系列的辉煌胜利，反法联军却因一再受挫和失败而陷入了颓势。

1795 年 4 月 2 日，普鲁士率先与法国签订合约，不仅退出战争，还割让莱茵河左岸给法国。随后荷兰爆发革命，成了法国的盟国，不光割让土地，还偿付了一笔高达 1 亿荷兰盾的战争赔款。最后，连同属波旁王朝的西班牙王国都割让了圣多明哥，并退出了战争。到了 1795 年末，第一次反法联盟已经处于崩溃状态。在英国人的挑动下，神圣罗马帝国皇帝弗朗茨二世作为旧制度的捍卫者，仍不肯与年轻的法兰西共和国善罢甘休。他裹挟撒丁王国与俄国、英国结成军事联盟，从德意志地区和北意大利方向分别击败法军，对共和国形成战略上的夹击之势。

第一次统军的拿破仑

此时的法国已经是督政府统治时期，相对于国外敌人的逼近，国内即将破产的经济才是燃眉之急。为了保卫年轻的政权，共和国已经花光了国库里的最后一枚金币，之前没收的国王领地、教士和贵族的地产也都已经变卖一空。为了维持国家的运转，督政府不得不大量印刷纸币。这么做的结果自然是饮鸩止渴，纸币的发行量在最初 80 亿的基础上，增加了 300 亿，最后发行量突破了 450 亿，使得纸币贬值到只有票面的 0.35%。一张 1000 法郎的纸币实值竟然抵不上印刷它的纸钱，政府不得已又发行了面额为 1 万法郎的纸币。这么做的结果对挽救经济于事无补，只是成功地消灭

◎ 督政府时期衣着怪异者

了假纸币，因为假纸币的面额根本抵不上印刷它的成本。

当时巴黎不少区已经将面包的配给量降到1/4磅（约113.4克），政府连派遣信使的一点钱都拿不出来，通信往往因此而耽搁。谁也不肯售出粮食，因为面对极度贬值的纸币，出售相当于白送。各地的军火库已经空空如也，军队缺乏车辆、马匹、给养，士兵们连军服都没有，将军经常领不到每月8法郎的金属货币津贴。总之，到处都失去了秩序，行政管理更是成为空谈，军队士气低落，只会败退和防守。

为了彻底击败第一次反法联盟，解除外来军事威胁，也为了解决国内的财政困难，督政府决定展开积极的军事行动。在共和国三个主要敌人当中，俄罗斯离得尚远，英国则是隔海相望，于是奥地利军队理所当然地成了主要攻击目标。

可是该如何击败奥地利这个强大的敌人呢？毕竟哈布斯堡家族有着广阔的领土，几乎控制着意大利半岛上的所有小国以及中欧大部分土地，另外还有众多的盟友和教皇的支持。

一开始，督政府设计了一个钳形突击的宏大方案：分别由茹尔当将军的7万大军和莫罗将军的7.5万精锐，在莱茵河一线展开，同时向东推进，矛头指向奥国首都维也纳。

就在共和国军队积极准备北线作战的时候。因用大炮平定"葡月叛乱"有功而担任巴黎卫戍司令的拿破仑·波拿巴将军，向督政府提出了他已多次建议的南线作战计划："不！让我们避开北线！法兰西的男子将在皮埃蒙特和伦巴第成为一往无前的进攻者！共和国军队将从哈布斯堡人手中解放整个意大利！反抗暴政的刺刀将直捣维也纳的城门！我们将实现连红衣主教黎塞留和路易十四都没完成的伟业！"

拿破仑的具体计划是首先歼灭奥地利和撒丁王国的联军，夺取富庶的皮埃蒙特和伦巴第地区，然后再把奥军逐出整个意大利，将战场推向奥地利本土。这样，既可解除法国东南部的威胁，又可避开奥地利的主力军团，从南面迂回奥地利的首都维也纳。

在当时的人看来，拿破仑的这个作战方案看似目标太大，而步骤太难实施，很不切实际。可是实际上，这个方案经过拿破仑长时间的深思熟虑和实地考察。从17世纪开始，意大利就已经成为法国波旁王朝和奥地利哈布斯堡王朝角逐的战场。法兰西王国历代的将军们没少为了攻略意大利半岛而绞尽脑汁。当拿破仑刚刚成为军官时，他就仔细研究过法国阿德里昂·莫里斯元帅于1744—1745年在那里举行战役的经验，以及元帅的参谋长为入侵皮埃蒙特所拟定的作战计划。

土伦战役之后，在指挥意大利军团炮兵部队的一年多时间里，拿破仑曾亲自考察过阿尔卑斯山滨海地区的地理，并仔细研究过当地各个季节的天气状况。他甚至还踏勘过阿尔卑斯山所有的山隘，比如海拔2000多米的腾达山隘，1000多米的阿登山隘和纳瓦山隘。经过实地考察拿破仑发现，在这些山隘中，即便是最好爬的腾达山隘也只有一条山路可走，而这条山路由于陡峭曲折，在盛夏雪融之前，无法通过炮兵。因此拿破仑决定另辟蹊径。

1794年9月21日，拿破仑曾亲临代戈，认定代戈是征服皮埃蒙特之战最好的前进基地。代戈位于博尔米达河谷下游，离切

瓦要塞24公里。越过卡蒂波纳山隘（阿尔卑斯山脉这个大分水岭的最低点，海拔仅四百三十多米），有一条朝西北走向的大路经阿尔塔和卡凯尔直达代戈和切瓦。这就是"萨沃纳峡谷"，把阿尔卑斯山的滨海地区和亚平宁山的利古里亚山区分开的一个低鞍形谷底，可谓是打开皮埃蒙特平原的战略之匙。

甚至在拿破仑因"热月政变"而遭到株连，失去军职，甚至一度被逮捕，最后只能在巴黎"测绘局"混口饭吃的1795年夏，他还精心制定着入侵皮埃蒙特的作战计划。他推断，法军可以赶在奥军支援前，轻而易举地击败撒丁军队，然后将来援的奥军赶回曼图亚和特兰提诺，为法军进攻维也纳打开通道。这个计划深深打动了当时"测绘局"局长，后来担任督政府五位督政官之一的卡尔诺。

◎ 北意大利地形

因此当拿破仑将整个计划呈给督政府之后，立刻获得了重视和赞赏。督政府把这个计划转发给了时任意大利方面军司令的舍雷尔将军，结果却得到了一个"蛮横"

◎ 曾身陷囹圄的拿破仑

◎ 约瑟芬

的回答："谁制定的方案就应该让谁来前线付诸实施！"很显然，舍雷尔将军认为这个计划远远超出了他和他军队的能力。督政府的反应同样富有创意，立即任命拿破仑去接替舍雷尔将军的职务。

于是，1796年3月2日，拿破仑正式被任命为意大利军团司令。这个来自科西嘉的青年人第一次成为一支军团的统帅，被推上了战争的历史舞台。这时的他年仅27岁，甚至还没有成家。

拿破仑对于自己的新任命感到兴奋异常。他早就雄心勃勃，要为自己和法兰西的命运去大展宏图一显身手。现在身为数万大军统帅的荣耀更是让英雄主义在其胸中澎湃。自此后，拿破仑开始独立领兵作战，驰骋疆场二十多年，指挥大小五十多次会战，成为人类军事史上最伟大的军事家之一。

当月9日，拿破仑同约瑟芬举行了婚礼。这里有一点要澄清一下，大家都知道约瑟芬是拿破仑的第一位妻子，但拿破仑的初恋却不是那位日后的瑞典王后欧仁妮·黛丝蕾。《我与拿破仑》为大家所熟知，这本书已被译成十一国文字，且曾被搬上银幕，为各地畅销书之一。因为这本书大家普遍认为欧仁妮·黛丝蕾·克来雷是拿破仑的初恋情人。但实际上，《我与拿破仑》这本书虽然以黛丝蕾的日记口吻写就，但实际上却是德国女作家安娜玛莉·沙林格所撰写的虚构小说。拿破仑确实追求过黛丝蕾，但根据一些史书的记述，那次追求最终以失败而告终，黛丝蕾没有看上拿破仑。

真正的拿破仑初恋另有其人，这位少女的名字是卡罗利娜·德·科隆比雅，是法国瓦朗斯地区一位贵族富商之女。1785年，年仅16岁的拿破仑·波拿巴少尉所服役的拉费尔炮兵团就驻扎在瓦朗斯，两人在一次聚会中相识。那段初恋虽然短暂却异常甜蜜，拿破仑将自己的全部爱情都投入其中。两人感情之所以中断也是因为不久后拿破仑就奉调去里昂平叛了。那段初恋是如此的美好，以至于拿破仑晚年被流放于圣赫勒拿岛之时，仍经常回忆起他和卡罗利娜在黎明时分一起散步、吃樱桃的甜蜜场景。这可能是拿破仑严峻的一生当中，最为柔软的那部分历程了。

3月21日，拿破仑告别了新婚的妻子约瑟芬，义无反顾地离开了巴黎，取道马赛转赴意大利军团驻地尼斯。此时的拿破仑尽管对统率运用骑兵、步兵的了解仅限于书本，他却下定决心统率军团去建立不世之功，让意大利成为自己荣耀的起点。此后拿破仑将按照自己选择和创造出来的道路，勇往直前、冲锋不止。就如他的同窗好友布里恩所预言的那样："他是不会停止前进的，他会一直走下去，要么登上断头台，要么登上君王的宝座。"

3月27日，拿破仑抵达尼斯。此时距离他离开意大利军团炮兵指挥官的岗位已经接近一年。对于意大利军团，由于原来的服役经历，他自以为是比较熟悉的。可是，拿破仑这次重回部队，却发现实际情况比他想象的还要糟糕得多。

意大利军团名册上原有10.6万人，但是被俘的、死亡的和开小差的占3.6万人。另外有2万人驻在土伦、马赛、阿维尼翁等地，守卫罗尼河口至瓦尔河口的战线。他们只受政府调动，负责保卫普罗旺斯地区。余下账面上的5万人驻扎在瓦尔河左岸，其中5000人还躺在医院里，再扣掉必须留在尼斯、维耳夫朗舍、摩纳哥、热那亚海岸及萨奥尔德若海岸的卫戍部队，以及从阿尔让提埃尔山口到塔纳罗一带的阿尔卑斯山脉各主要山岭上的前哨警戒部队。真正能够动员的作战部队只有37775人，大炮只有20多门。

更为严重的是，由于督政府的不重视和低劣到极点的后勤供应，意大利军团实际上是一支处于半饥饿状态下，衣衫褴褛的军队。士兵缺乏口粮和正规军装，大量

◎ *1796年拿破仑检阅意大利军团*

的军人甚至没有步枪和刺刀。军饷拖欠数月不发是司空见惯的事。由于物资匮乏、条件恶劣，军中纪律松懈、偷盗成风，反抗和开小差不时发生，士气十分低落。就在拿破仑到来的头天晚上，一个营就因为没有靴子穿而拒绝执行向另一个地区转移的命令，甚至发生了哗变。

不过眼前的一切，并没有让拿破仑气馁和灰心，反而让他对胜利更加充满了信心："部队已经不能在这样生活下去了，要么后退，要么前进。"拿破仑那如雄鹰一般炯炯发光的双眸，透过眼前的重重困难看到了意大利军团被隐藏在乞丐一样军服下的锐气和勇猛。

因为就是这支意大利军团，在长时间被督政府冷落和什么都缺乏的情况下与优势敌人长期僵持，保卫着共和国的领土。在1795年，这支军队更击败了敌人的进攻，取得了罗诺会战的胜利，还一举反攻到了撒维昂纳。

"物资缺乏、贫困和艰苦是训练好兵的学校。"拿破仑坚信，只要让意大利军团官兵们恢复纪律和自信，保证他们的基本需求。这些长期在战争中磨炼出来的勇士们就能在自己的率领下，取得名垂青史的伟大荣耀。

无限战争时代的来临

但是要想实现这一切又谈何容易。意大利军团的原有军官们对于这个新来的司令官并不尊重，更谈不上欢迎。特别是军团里的四位师长马塞纳、奥热罗、拉加尔普和塞吕里耶，他们都早已因勇猛善战而声名赫赫，所以根本瞧不起年龄和资历都远逊于自己的拿破仑。拿破仑要想实现自己的梦想，必须先树立起神圣而不可侵犯的权威。

至于拿破仑是如何树立自己权威的，有着这样一个传说。在一次激烈的争吵中，拿破仑看着身材魁梧而又趾高气扬的奥热罗说道，"将军，你的个子正高出我一头。但是如果你对我无礼，我就会马上消除这个差别！"

这个传说也经常来被当作拿破仑身材矮小的证据。但实际上这个故事仅仅是一个传说。首先，任何关于拿破仑是一个身高不到一米六的矮个子说法都是以讹传讹。

1802年，科维萨尔医生为拿破仑测量身高是五法尺两法寸。拿破仑去世后，安托马奇医生验尸时候量的高度是五法尺两法寸四法分。国内一些译者在翻译过程中，错误的将法尺当成英尺去换算，结果造成了拿破仑身高只有一米五七左右的讹传。实际上要是将法尺换算成公制，拿破仑的实际身高在一米六九左右。要知道，18世纪末法国男人的平均身高在一米六五左右。以当时人看来，拿破仑虽然不算高大但也算不上太矮小！而就算那个传说为真，也不能说明拿破仑身材矮小，因为根据记载，奥热罗将军是个身高超过一米九的壮汉。

其实历史往往比传说更加精彩和神奇。抵达尼斯后的第2天，拿破仑马上召集他手下的师长们见面，然后仅仅凭几个动作和眼神就彻底压服了手下那些桀骜不驯的将军们，并树立起自己的权威。

根据拿破仑副官马尔蒙（日后的法国元帅）的回忆：

马塞纳、奥热罗、拉加尔普和塞吕里耶四人并肩向前，脸上的不屑与鄙视暴露到了极点。瘦弱的拿破仑靠在壁炉旁，他们四人把他包围了，却不脱帽致敬。于是拿破仑马上摘下帽子行礼，那四人只好模仿着摘了下帽子。但拿破仑却快速把帽子戴了回去并直直地盯着那四人。他们被他的眼神吓住了，竟忘了把帽子再戴回去。

于是从拿破仑到达的那一刻起，谁都能看出他是为权力而生的……

拿破仑接下来整顿部队纪律和改善士兵生活的行动也开展得有声有色。他解散了那个发生哗变的营，并严厉地惩罚了哗变者。随后，拿破仑从当地的一个银行家那里弄到了钱，把过去长期拖欠的军饷补发了一部分。拿破仑还通过凌厉的手段，改组了后勤部门。部队的肉食配给量增加了一倍，士兵们其他的不满也都正在得到解决，各个军械库都在加紧储运并建立了运输分队。

最为重要的是，拿破仑用一段热情奔放的话，深深打动了每位士兵的心："士兵们！你们没有衣穿，吃的也不好，政府欠下你们许多东西，可是它什么也不能替你们解决。你们在这些悬崖峭壁中间显示出来的勇气和坚韧是令人惊叹的，可是这并没有给你们带来任何荣誉，它们的光辉并没有照到你们身上。我现在就要带你们到世界上最富饶的意大利沃野上去。在那里，富庶的地区和繁华的城市正等着你们支配。你们在那儿将会得到尊敬、荣誉和

财富。意大利军团的士兵们！这次的进军你们有足够的勇气和坚韧吗？"

激昂的演讲和拿破仑为士兵们所做的一切，重振了意大利军团的士气，士兵和军官们都一致认为，只有追随拿破仑才能拥有荣耀的起点。

然而，拿破仑要想率领意大利军团实现自己的诺言，并不是那么容易的事情。首先，敌人占据地利。与法国毗连的皮埃蒙特地区，位于意大利北部的西端。18世纪时，它是撒丁王国的领地。该地因为三面都被陡峭高耸的阿尔卑斯山所包围，所以战略地位十分重要，号称"阿尔卑斯之钥"。对于撒丁王国来说，阿尔卑斯山脉是阻止法国人从西部和南部进入皮埃蒙特的天然城墙。因此城门的钥匙必须保护好。虽然这里的高山隘口，一年有3/4的时间覆盖着白雪，军队几乎无法通行，但是为了防止法国人翻过阿尔卑斯山脉，撒丁人还在皮埃蒙特境内的勃鲁涅托、苏萨、弗涅斯特列拉、巴尔、托尔托纳、切瓦、凯拉斯科、亚历山大里亚和都灵，都构筑了坚固的工事，并且配备了足够的武器和弹药。这些要塞位于

◎ **拿破仑接见麾下士兵**

阿尔卑斯山脉的各个山口前面，使这里的边界堪称不可逾越的天险。

其次，敌人具有兵力优势，而且以逸待劳。北意大利的敌军分成两个军团：撒丁王国军团，由 2.5 万善于山地作战的士兵组成，拥有 60 门大炮。军团由科利将军指挥，主要部署在科尼、蒙多维、切瓦和米里希摩一线。

奥地利军团兵力达 4.5 万人，大炮 140门，由奥地利的博利厄元帅指挥。其主力驻扎在亚历山大里亚、米里希摩和博凯塔隘道之间的三角地区，看守着通往米兰的路。剩余的 1 万奥军在普罗维拉将军率领下，驻扎在上博尔米达河谷中的米里希摩附近，时刻与撒丁军团的联系，保护着两个军团的结合部。

两个军团均装备精良、士气高昂，他们依托着坚固的要塞，拥有丰富地物资供应，在总兵力、骑兵和大炮上占据绝对的优势。而且他们还可以从那不勒斯、莫德纳·帕尔马和教皇领地上逐步扩充兵员。

对于任何一个 18 世纪的传统欧洲将军来说，这是一个立于不败之地的态势。在18 世纪里的前 90 年，是一个专业军人为国王而战的时代。步兵在作战中，不再组成方阵集中部署，而是以横队方式展开。普通步兵士兵一半依靠募集、一半依靠欺骗、抓捕以及从轻罪犯和别国逃兵中获得。各级长官依靠鞭子、军棍的"丰富语言"把士兵们训练到如木头一样麻木。只有这样才能让那些由社会底层汇集而来的士兵上战场时排成线式横队，整齐地向前移动，更重要的，让他们在面对敌军排枪齐射时，

仍能长时间地站立在那里而纹丝不动。这也就是大家常说的"排队枪毙"时代。

由于战术的相对模式化，战争中即使得胜通常也要付出 12.5% 的伤亡比。战败一方伤亡比例则为 21.9%。如果没有强大的骑兵，追击是很少出现的。因为获胜一方要想发现仓皇败退的敌人必须进行较大范围的搜索，结果是所发现的、可以对之攻击的敌人往往规模很小，甚至少于获胜方在追击中出现的逃兵。

因此，对于欧洲的将军们来说，将难以补充、好不容易训练出来的士兵贸然投入血腥而僵化的战斗并不符合国王们的利益。于是，将军们所追求的是如何通过对峙和围攻来获得一个有利的形势，战略的手段是要消耗敌人，而不是歼灭敌人；是要耗尽敌人的精力，而不是杀死他。所以，战略打击的目标，通常是敌人的补给线和他的要塞，不是敌人的军队。其结果是迂回避战之风十分盛行。赫尔曼·莫里斯（萨克森元帅）在其著作《战争幻想》（1732年）中，作过很好的叙述："我不喜欢直接的战斗，特别是在战争的开头，我相信，一个有才能的将领在他的一生中，完全可以不参加被迫加入的战斗。"腓特烈大帝在他 1747 年《对将军们的训令》中也有同样的感触："战争最大的秘密，一位有才能的将军最出色的杰作，在于使他的敌人饿死。饥饿比英勇作战更能耗尽人的活力，不必冒战斗的风险就能获取成功。"

就这样，18 世纪标准的欧洲将军们最关心的问题便是：攻城术，筑堡垒，慢悠悠地行军和保证完好的供应。后勤供应能

力成为将军们确定战略方针的一个基本条件。于是18世纪的军队被牢牢拴在了物资仓库周围，而不能大踏步地前进。让军队吃饱肚子的想法，限制了军队移动的速度和距离。那些数目庞大、笨重缓慢的各种辎重车辆，牢牢地拖住了军队的步伐。再加上那些贵族军官为了保证自己的生活品质，所携带的奢侈品：比如昂贵的衣柜、银制的餐具，甚至是一个剧团。

对于奥地利的博利厄元帅，这位在"七年战争"时代就已经身经百战、声名显赫的老将来说，战争的方式更是应该如此。他非常自信自己处于优势的地位。在他看来，敌人的司令官——拿破仑仅有27岁，是一名靠裙带关系上来的"政治将军"。他在军校中被作为炮兵军官培养，屈指可数的实战中单独指挥的步兵不超过一个营。这样一个毫无大规模战役经验的年轻人，指挥一个数万人的军团必定是焦头烂额。年少的将军、复杂的地形、糟糕的补给和劣势的兵力，博利厄元帅和科利将军丝毫不认为拿破仑有任何取胜的机会。

但是，被奥地利情报部门描述为"深谋远虑的军事理论家"的拿破仑，即将让71岁高龄的博利厄元帅和58岁并且百病缠身的科利将军明白，仅属于国王的有限战争时代已经过去了，取而代之的是属于革命的无限战争时代。

4月初，增援意大利军团的部队赶到了，拿破仑手中的可用之兵增加到了49300人。于是，拿破仑开始了属于他的第一次伟大进军。他根据自己的地理知识，另辟蹊径，选择从靠近地中海沿岸阿尔卑斯和亚平宁山脉交界处的卡迪博纳山口突入北意大利。从山口向北可以直指奥撒联军的薄弱部位，切断奥地利军团与撒丁军团的联系，从而使法军在政治上和军事上都处于十分有利的地位。

4月5日，法军顶着沿海巡逻英军舰队的炮火开始翻越卡迪博纳山口。拿破仑同时代的著名军事家约米尼将军后来在叙述这段历史时，曾用赞赏的口吻写道："拿破仑从自己第一次指挥的最初几天起，就显示了惊人的勇敢和不顾个人危险的特点。在遭受沿海巡逻的英国舰艇的不停炮击下，他率领司令部越过了一条最危险的道路，即阿尔卑斯山沿海山脉的有名'天险'，而且是越过的。"

也就是从这次勇敢的进军，拿破仑确立起自己军事艺术当中一个重要原则：机动。如他自己所说："行军就是战争"，"战争的才能就是运动的才能"，"善于运动的军队必能获得胜利。"士兵们则骄傲地说："他发现了一种新的作战方法，

◎ 18世纪欧洲箱式四轮货车，曾被大量用于军队后勤运输

利用我们的腿来代替刺刀。"历史学家们则这么记述："拿破仑战争中，迅速是一种必要的和基本的因素。""运动是拿破仑战争的灵魂，拿破仑使他的部队以一种有计划的速度进行运动，用速度来加强自己，以急行军来弥补数量的不足。"

来自敌人的夸奖可能最有说服力，一位被俘的匈牙利军官这么说道："跟我们交战的是一位年轻的将军，他总是时而在我们前面，时而在我们后面，时而又在我们两侧，而我们根本无法理解。什么时候我们都不知道应该怎样配置我们的兵力才好。在战争中这种作战方法是受不了的，它违反一切常规。"

支撑起拿破仑这种划时代机动能力的是

◎ **法国大革命时代的步兵**

法国大革命所建立起的全新军事体制。征兵制使得兵员补充有了保证，指挥官也因此更乐于通过会战来消灭敌人的有生力量。会战的频率增高了，对要塞的围攻减少了，后勤压力也大为降低。

拿破仑不仅是位战略战术天才，而且是位擅长于物资筹备和适时供应的天才。他全面改革了 18 世纪战争中依赖仓库的后勤供应体制。过去军队使用帐篷，行军以军团为单位排成冗长的队列。他们的给养、弹药还有草料，都要依赖补给车队、野战面包房、面包护送队和仓库。现在，所有这些都被彻底地更改了。帐篷被取消，士兵们开始野外露宿，因而数百辆运载帐篷的大车也随之不见。行动迟缓的冗长的军团队列，已按师的单位分成比较小型的队列，使得士兵在战斗之中和战斗之前都可以集中。运输纵队被尽量地削减，数以千计的运输车辆和骡马消失了。每个士兵自身携带 4 天的食物，部队后面的补给车队也负责运载 4 天的食物。这 8 天的食物只能在紧急情况下才能动用；在可能的情况下，每天的食物均通过向当地老百姓征用或索要的办法来获取。"因粮于敌"这条《孙子兵法》当中的朴素真理，在拿破仑的身上焕发出别样的光彩。

军需物资贮存在军队的主要基地和中转仓库，中转仓库是跟着部队向前移动的。这一切都使得法国军队的战略机动性和战术灵活性有了很大的加强。行军路程的增长和野外宿营的采用，在人的消耗方面当然要比旧的、舒适的体制增加许多，但是征兵制能够很快地补充这一消耗。

表面看上去，拿破仑并不重视军队的后勤，但实际上拿破仑那敏锐的目光早已看穿了18世纪欧洲军队运动缓慢的本质：正是因为18世纪偏好打围城战，才引起无穷无尽的后勤困难。终其一生，拿破仑只打过两次围城战。用大踏步地前进绕过各种要塞，集中优势兵力，用进攻和奇袭在野战中消灭敌人的有生力量，成为拿破仑的战争准则。

十五天的六次胜利

4月9日，拿破仑麾下的意大利军团已经完全越过了卡迪博纳山口。可此时北意大利的形势却已经发生了变化。督政府因财政困难而向热那亚提出借款要求，但

◎ 拿破仑时代的军队野营

遭到拒绝。于是督政府采取了武力恫吓的策略，一支法国小部队向热那亚以西仅11.2公里的沃尔特里推进。此举惊动了奥撒联军，使其误以为法军将进占热那亚。因此，奥撒联军的主力开始大举南下，右路为科利将军指挥的撒丁军团，他们负责往尼斯方向进攻。左路由博利厄元帅率领的奥地利军团，主要任务是歼灭热那亚附近的法军"前卫"，夺回沃尔特里。中路由博利厄元帅的副将阿尔热托指挥，任务主要是占领蒙特诺特，截断萨沃纳的沿海通路和法军的退路。

乍看起来，敌军这样布防似乎很高明，可是弄清楚地形条件以后，就知道博利厄把自己的兵力分散了，因为中路和左路之间除山后道路外别无通道。反之，灵活机动的法军能够在几小时内迅速集中全部兵力，猛攻敌军各个孤立的部分。奥军只要有一支失败，其他部队只能一同退却。

于是，局势的变化和奥撒联军的贸然分兵，就将胜利的契机交付到拿破仑手中。其实拿破仑的计划原本是往西北方向攻击孤立的普罗维拉那1万奥军。假如能把普罗维拉的部队歼灭，那撒丁军团和奥地利军团的交通线就处于法军控制之下了。现在，阿尔热托指挥下的中路奥军因为失去两翼的保护而成了荒野雄狮口中新的饵食。

4月11日，左路的博利厄元帅在付出一定伤亡后终于夺回了沃尔特里。可是在奥地利军队庆祝胜利的欢呼声中，没有人意识到一个可怕的事实，他们已经把自己的中路部队给甩得太远了。从蒙特诺特方向传来的隆隆炮声仿佛已经敲响了奥撒联

◎ 拿破仑曾多次翻越阿尔卑斯山口，其中以1800年5月20日翻越大圣伯纳德山口最为著名。多名画家都曾为此作画，雅克·路易·大卫（Jacques Louis David）所绘油画最为著名，但其实该画有大量美化

军的丧钟。

在左路奥军夺回沃尔特里的同时，中路的阿尔热托已经占领了尼吉诺山下的蒙特诺特。此时，他正挥军猛攻蒙特列则诺高地由法军所掌握的堡垒。守卫堡垒的法军指挥官福尔奈西望着汹涌而来的奥军，对着自己的部下高喊："朋友们！不胜即死！这里就是考验我们的地方了！"堡垒里没有旗帜来鼓舞士兵的勇气，也没有大炮来压制敌军的冲锋。但仅凭福尔奈西的这句话，守卫堡垒的法军用排枪和刺刀，英勇顽强抵挡住了敌人的进攻。他们的奋战将中路奥军牢牢地拖在了蒙特诺特，为法军合围奥军争取到了宝贵的时间。

就在这些勇敢的士兵奋战之时，拿破仑已经亲自赶到尼吉诺山南面的桑托里奥，向马塞纳、拉加尔普和奥热罗三位师长面授机宜。当天晚上，三个师长率领各路法军一起悄悄地向蒙特诺特进发。按照计划，拉加尔普师将翻过尼吉诺山从正面攻击敌人；马塞纳师将沿着蒙特诺特以西的阿尔塔山脊迂回到敌人的右翼；奥热罗师则向敌人的右后方做更深远的迂回。

12日拂晓，随着初升太阳的光芒抹去战场上弥漫的大雾，中路奥军看到了令他们惊骇的情景：上万名法军已经对他们完成了合围。刚开始，训练有素的奥军顶住了法军的正面攻击。但当马塞纳师从奥军的右翼压下来时，奥军就全线崩溃了。在短短几个小时之内，奥军就损失了3000多人，其中近2000人被俘。此外，阿尔热托还丢了4面军旗和12门大炮。

这是意大利军团的第一场胜利，但其

◎ 彼得·德拉罗什所绘油画才更接近拿破仑翻越阿尔卑斯山口的真实情景

意义却远不止于此。凭借着此次胜利，拿破仑控制了奥撒联军的天然联络节点蒙特诺特。他的两个对手之间已经被打进了一个楔子，拿破仑进一步掌握了战场的主动权，他接下来要做的就是迅速切断敌军之间的联系。

远在西面的撒丁军团得知阿尔热托被围，本欲进行援助，无奈两军距离甚远，再加山路崎岖，增援不便，只好坐看友军覆灭。博利厄元帅则对这场战斗毫无所知，直到第二天，阿尔热托溃败的消息才传到沃尔特里。大惊失色的老元帅不得不迅速地把部队调过头来，重新沿着那条难行的老路撤退。但这是一次符合拿破仑心意的撤退。吃了败仗的将军会本能地向自己的补给基地撤退。于是，败退的奥军向东北撤到了迭戈，撒丁军团则向西北撤到了米莱西莫，两支军队在不经意间又一次拉开了彼此的距离。

为了彻底切断奥撒联军的一切联系，为下一步各个击破敌人创造条件，拿破仑丝毫不给敌人喘息的机会。他兵分两路，亲自指挥奥热罗师进攻米莱西莫，同时命令马塞纳师和拉加尔普师攻占迭戈。

4月14日—15日，意大利军团经过在米莱西莫和迭戈浴血奋战和反复争夺，终于大败奥撒联军。敌军损失8000人，其中6000人被俘，包括有2名将军和24名高级军官。法军还缴获了30门大炮、60箱弹药和15面军旗。

在反攻迭戈的战斗中，后来成为师长并于1801年在埃及亚历山大附近战场上牺牲的年轻军官拉纽斯表现得异常勇敢。在战斗的最紧急关头，他率领两营轻步兵，沿迭戈丘陵左方斜坡爬上去。奥军里最凶悍的匈牙利掷弹兵向他们发动反冲锋。这两营法国兵向高地进攻三次，有两次被敌军击退，在第三次进攻时，拉纽斯用剑尖举起帽子，冒着炮火奋勇前进。士兵们被他这种大无畏的英雄气概所激励，终于夺下了迭戈高地。

到了16日，丝毫得不到喘息机会来重新掌握部队的博利厄元帅终于从拿破仑暴

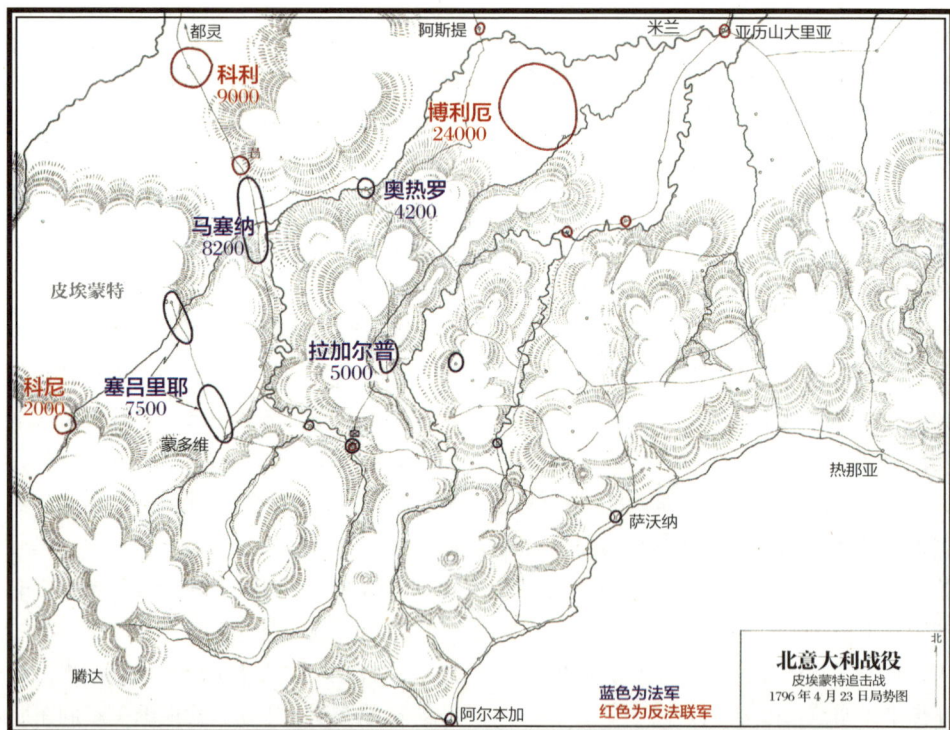

◎ 皮埃蒙特之战示意图

风骤雨般的打击下逃脱出来。他试图收拢其在亚历山大里亚和托尔托纳两个要塞之间的残部，以求守住波河上渡口。他还给自己的国王上呈一份悲观的急报：

本部处境艰险，……我正尽力收集在阿奎的残部。……然后我将尽量选择于我军安全最为有利的阵地，确保伦巴第的防御。我恳请陛下斟酌一支仅剩一万六千人的军队还能有何作为。

可是仅仅6天前，元帅麾下还有2.8万名将士。

迭戈被法军占领以后，奥军与撒丁军队的联系被彻底切断了。他们被分割成两个互不联系的孤立集团，无法并肩作战，不能携起手来共同对付拿破仑。对于法军来说，来自奥军的威胁暂时不存在了。现在，拿破仑可以专心致志地在一条线路上作战，着手完成进入皮埃蒙特之初规定的主要目标：击败撒丁军团，迫使撒丁王国退出反对法兰西的战争。因此，他在占领迭戈以后，立即挥师指向切瓦。

切瓦位于塔纳罗河的上游，是从南部山区通往皮埃蒙特平原的重要门户，科利将军率领的1.5万人防守于此。通过法军和撒丁军团19日在圣米舍耳和22日在芒多维的激烈鏖战，科利将军向都灵方向败逃了。战败的一方损失了3000人、8门大炮和十面军旗，还有1500人被俘虏，俘虏之中有3名将军。

在此战中，"七年战争"中的老兵、意大利军团中最为年长的将军，54岁的塞吕里耶冲过了敌人的枪林弹雨，率领部队取得了胜利。

当时的人记述道："那是一个非常壮观的场面，一位老将军，坚决而果断，他的斗志由于敌人的出现而更加振奋。部队被分成三列纵队，老将军站在中路纵队的最前方。他派出大量的散兵，自己手持长剑，跑步前进，冲在他纵队前面十几步的地方。这就是他的做法！"

攻占切瓦和芒多维在军事上和心理上都给了撒丁王国以沉重打击。拿破仑乘胜追击，挥师北上，继续发展进逼都灵的有利态势。在强大的军事压力下，撒丁王国被迫宣布退出战争，派代表到都灵南面的凯拉斯科城，同拿破仑进行单独媾和谈判。

在与撒丁代表谈判的时候，拿破仑又展现出他作为卓越政治家的一面。当时谈判陷入了僵局，于是拿破仑看了看表，说道："先生们，我奉告诸位。两点钟发动总攻击的命令，已经下达了。如果傍晚以前还不能保证将科尼要塞交到我手中，那么总攻击是一分一秒也不会推迟的。我可以吃败仗，但是任何人也绝不会见到我由于过分自信和懈怠而失去一分一秒。"

于是，28日当天，签订了凯拉斯科停战合约。

只用两周，拿破仑就实现了其意大利征服计划的头一部分。法军获得了巨大的战果：阿尔卑斯山脉中皮埃蒙特的各个要塞陷落了，奥军被痛击了，能够提供六七万军队，并有重要政治影响力的撒丁王国屈服了。

拿破仑挥军杀入意大利之后，督政府五次通过决议（4月21日—22日、4月24日—26日），表彰意大利方面军为共和国所作出的贡献，并且每个决议都是为了新的胜利而做出的。

按照凯拉斯科的停战约定，撒丁国王派列韦耳伯爵前往巴黎，商谈最后和约的条件。1796 年 5 月 15 日和约签订。根据这一个和约，亚历山大里亚和科尼两座要塞被交给法国的意大利方面军，苏札、勃鲁涅托、厄克集耳等要塞被拆毁，阿尔卑斯山山口全部向法国开放。这等于撒丁国王向共和国无条件投降，因为除都灵和巴尔要塞以外，撒丁王国再没有其他设防的力量了。

拿破仑在凯拉斯科城里向欢呼的士兵们发表了精彩的演说：

士兵们！你们在十五天里赢得六次胜利，缴获二十一面军旗和五十五门大炮，征服了皮埃蒙特最富庶的地方。你们捉住了一万五千名俘虏，你们毙伤了一万多名敌人。

无论是吃的还是穿的，你们几乎什么都没有，但在你们面前却没有任何克服不了的困难。你们没有大炮却总打胜仗，你们没有桥梁却能渡河，你们没有靴子却能急行军。你们在宿营时不仅没有白兰地，有时甚至连面包也没有。世界上只有共和国的军队，只有自由的战士才能忍受你们所经历的艰难困苦。

但是，士兵们！同更伟大的事业相比，这还仅仅是个开始。你们还没有征服米兰，还没有征服都灵。祖国期望你们继续赢得荣誉，祖国相信你们不会辜负它的重托。在你们面前，还有许多战斗等着你们去参加，还有许多城市等着你们去征服，还有许多河流等着你们去跨过。我深信，你们凭着对祖国的耿耿忠心，一定会发扬法兰西的光荣，一定会迫使敌人同我们签订荣耀的和约。在不远的将来，当你们凯旋，返回家园时，你们可以非常自豪地说：我曾经参加过征服意大利的战争！

夺取曼图亚

三战三捷的伟大胜利

CAPTURE DE MANTOUE

文 / 陈劲光

酣战三月，奥军惨遭痛击，博利厄北遁本土，徒留残部于要塞曼图亚；另一方面，法军攻占北意大利重镇米兰，借机休整行伍。战事就此进入第二阶段。7月4日，意

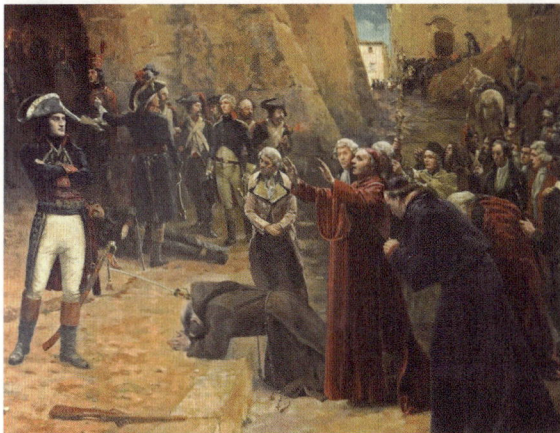

◎ 南进中的拿破仑

大利军团开始对曼图亚进行封锁。然而，直到1797年的2月2日，拿破仑才彻底将这座要塞握于股掌。回溯这约摸半年的光景，围绕这座明乔河畔的要塞，法奥两军鏖战数番回合。法军誓必夺取此镇，奥军则破釜沉舟、背水一战。这场拉锯战中，以卡斯蒂廖内、阿尔科拉、里沃利这三场会战为节点，深刻影响了局部乃至宏观战局的走向。那么，曼图亚究竟是如何成为法奥的生死角力场，逼迫双方皆砸以重兵相争？首先，我们必须回到奥军被逐出伦巴第之时，检查形势，审视曼图亚特殊的地理位置，才能明白曼图亚对于拿破仑和弗朗茨二世的意义何在。

1796 年 6 月以前的态势

　　1796 年 5 月—6 月交接之际，北意大利的奥军已被全面击退，残部退而据守曼图亚要塞。这支奥军之所以能够支撑一月有余，一方面仰仗于博利厄之前的后勤准备——当然，这也是那惨遭败绩的老人对奥军唯一的馈赠。另一方面，在当时拿破仑的眼里，攻城之事并不着急，围攻要塞与南下攻占意大利富庶地区相比分量还是轻了点。拿破仑认为只需围而不攻，曼图亚要塞的沦陷是迟早的问题。他如此思考的原因有二：第一，对于攻方，目前战略态势上，守军孤立无援，围困的代价最小；第二，对于守军而言，曼图亚易守难攻的地形反而难以突围反击。

　　倘若要不是奥地利在北意大利暂时的战略真空，曼图亚要塞还是会让法军相当头疼的。纵观整个北意大利地区，北靠阿尔卑斯山脉，南依亚平宁山脉，大小湖泊川流点缀贯穿——其中，阿尔卑斯中段南麓的加尔达湖，与流经伦巴第、向西注入亚得里亚海的波河上下呼应，前者是意大利最大的湖泊，后者是意大利最长的河流。连接两者的，便是由北向南流淌的明乔河。明乔河流经因费里奥雷湖。该湖形状恰似一把锋刃朝北的弯刀，而曼图亚便坐落其侧。自公元 700 年开始，围绕曼图亚而展开的争夺不胜枚举。18 世纪上半叶，先后

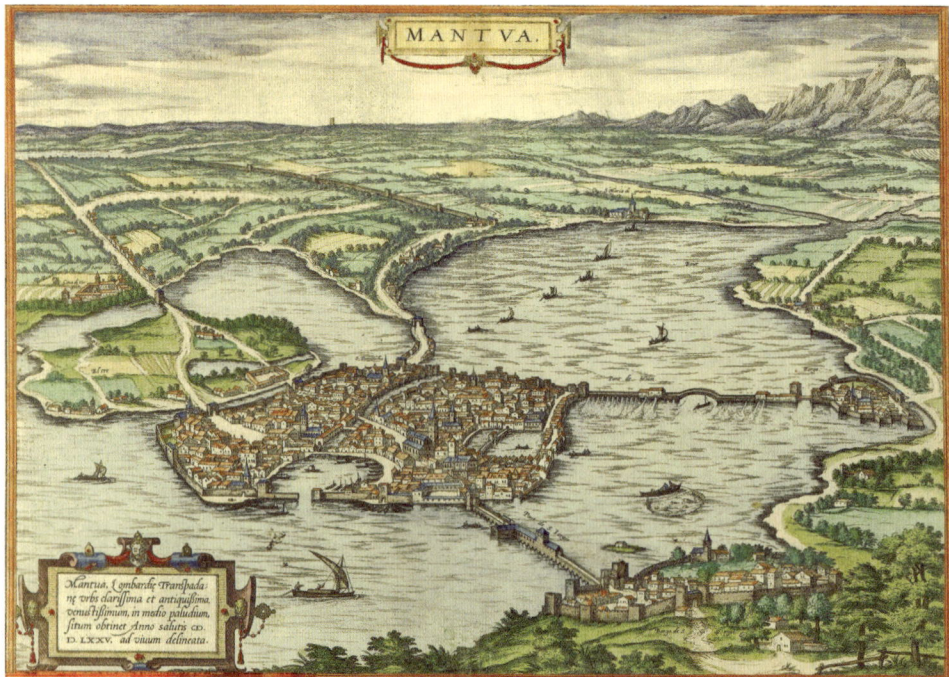

◎ 曼图亚要塞

因西班牙、波兰王位（1703年、1735年）而角逐北意的法奥两国，就曾围绕曼图亚展开激战。

曼图亚临近地域中还有三座要塞：加尔达湖南畔的佩斯基亚，以及分别坐落于阿迪杰河上下流河畔的维罗纳与莱尼雅戈。它们与曼图亚互相拱卫、支持，共同组成了北意的屏障。一旦这个要塞群为一定的兵力所把持，面对由东向西的侵略，它是通向伦巴第的屏障；迎击自西向东的侵略时，则可以庇护威尼斯、甚至于奥地利本土。而曼图亚则是这套屏障的重中之重，其影响力可谓辐射整个北意战区。

另外，要塞之所以为要塞，不仅在于其居战略位置之要，更由于其占据当地之险要。上文说到，曼图亚北倚明因费里奥雷湖。此城之于此湖，一如王冠上的宝石，正镶于凹槽处。因费里奥雷湖分为上中下三段，分别构成了曼图亚北侧与东侧的天然城防；而在这片湖的北岸和东岸，分别筑有一座堡垒为本城防御的支撑点（东岸的堡垒名为圣乔治），同时亦有两座桥梁连接堡垒和曼图亚。城南则被嵌上了沃邦式的工事群，在其东部的末端还被一座名叫Migliaretto的堡垒所加强；城西也筑有一座名为普拉忒拉的堡垒。除此之外，便是大片的沼泽，附着在城与湖两者边缘。有两位高明的分析家，拿破仑与德赛，指出曼图亚之易守难攻不在于其城防，而是在于其复杂的地理环境。对于围城者，这样的攻坚战将会是相当头痛的，因为地形破碎，会让攻击者举步维艰。

但拿破仑使用逆向思维，认为这样的

地形同时也困扰着守军，因为这样的地形对于突围来说，是容易令人精疲力竭的。出于这样的想法，再结合当前北意大利的战局态势，拿破仑只留下了7000人封锁，然后奉督政府之命率余部南下——就像在伦巴第时那样。

如前面所说，拿破仑敢于大胆南下的前提也是因为奥地利人此时正处于愁云惨雾之中。眼下茹尔当的桑布尔－摩泽尔军团与莫罗的莱茵－摩泽尔军团已杀入德意志地区，因此奥地利人的战略重心必然向德意志地区倾斜。之后的事态也是如此发展的。1796年8月，奥地利的卡尔大公率领20万大军开入德意志，法奥两军在莱茵河畔掀起腥风血雨。

可此时奥地利君主弗朗茨二世却不惜冒两线作战之大忌，决心要让神圣罗马帝国的双头鹰旗再次飘扬于阿尔卑斯南麓，于是派遣在德意志战场颇有战功的奥军将领武姆泽，率军南下。皇帝决心要让双头鹰再次飘扬于阿尔卑斯南麓。此举是整个法奥战争的重心逐步向南偏移的开端。

至于奥地利为何如此重视意大利，或许能够从第三次瓜分波兰中一窥端倪。鉴于奥地利在波兰问题上分红不足，三国达成合约，允许其从德意志和意大利地区牟取补贴。而较之欠发达、政治复杂的德意志地区，意大利相对明显的能给奥地利更多的好处。更何况，以当下的战局形势来看，奥地利在德意志地区的势力短时间内难以恢复，但相对能够多快好省地夺回次要战场意大利。因此奥地利之所以不遗余力夺回意大利，很大程度上是政治方面的原因，并非出于军事战略上的考量。而在日后的岁月里，奥地利的确本末倒置，忽视德意志正面战场，转而投入大量的人力物力到北意大利的战争中。

卡斯蒂廖内战役：1796 年 6—8 月的战局

言续上文，之前拿破仑在五月底、六月初彻底击退博利厄后，其麾下的马塞纳师一路向东北追击博利厄部。拿破仑则决定在南下前，先对曼图亚进行一次试探攻击。6 月 3 日，拿破仑招来了塞吕里耶师和奥热罗师，对曼图亚展开了一次小规模的进攻。

曼图亚城中，守军由奥军中将坎托·艾赫勒伯爵率领。配备有 12 个步兵营、2 个掷弹兵营、2 个龙骑兵中队、1 个骠骑兵中队、3 个卫戍边防军连、1 个自由军团营、半个乌兰中队；炮兵 701 人、工兵 96 人。总计 13753 人。

6 月 4 日早上 5 点钟，法军开始了清理曼图亚外围工事的行动。塞吕里耶师朝北湖碉堡攻来；拉纳与达勒马涅率领 600 名掷弹兵，挺进圣乔治堡，他们后来得到塞吕里耶部一个半旅的增援，最终夺取了这个据点，还占领了桥头阵地；奥热罗部则从城南和城西进攻，控制了南部沼泽，同时逼近普拉忒拉。6 月 5 日，奥热罗趁热打铁，强袭南部工事。奥军前哨迫不得已只能回撤。奥热罗部一路追击，兵临城下——当然法军被部署在奥军火枪射程之外。就此，除了北湖碉堡，圣乔治、普拉忒拉、南部工事皆被法军控制。

如前文所说，当时的拿破仑打算点到为止。因为通过塞吕里耶估算，攻陷要塞需要 54 门攻城炮、22 门臼炮、2 万至 2.5 万名步兵，骑兵和炮兵各 1000 人。拿破仑没有、也不能提供这么多的兵力，他曾向督政府请求援兵，然而得到的都是空头支票。于是，拿破仑最终决定继续对曼图亚封锁的同时，腾出手来向南挺进。拉纳的半旅被调离，前往托尔托纳；作为南部扩张的一部分，奥热罗师奉命向博洛尼亚（Bologna）进发；自 10 号起，塞吕里耶便负责封锁曼图亚，以及对马塞纳部后方阿迪杰河流域的防卫。事实上，此时曼图亚中粮食储备还能够维持三个月左右。围困的任务无疑是无聊的。此外，热病让塞吕里耶部（7000 人）以每日 50 人的速度被削弱。

拿破仑本希望莫罗和茹尔当能够扛住或牵制住奥军，至少使其无力向意大利投入过多的兵力。这样，在拿破仑收拾了北意的烂摊子后，他就能继续向南扩张，率领总计约 4.4 万人的意大利军团剑指提罗

◎ 奥热罗

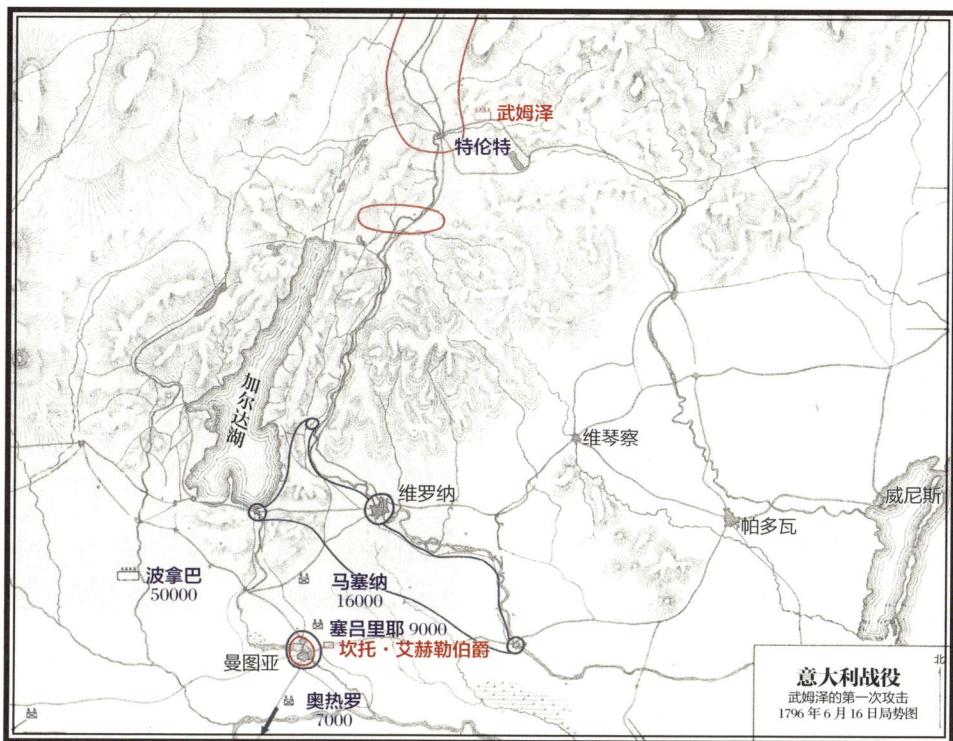

◎ 武姆泽的第一次攻击

耳，与法国莱茵方面会师。然而，拿破仑却等到了奥军正从提罗耳方向增援而来的情报，让其的重心便又回到了曼图亚身上。

6月18日，武姆泽举兵46937人，离开了莱茵地区。考虑到伦巴第的沦陷，眼下奥军只能尽力驰援曼图亚。不过数天以后，奥军才于阿尔卑斯山脉中段的特伦特一带集结完毕。除却武姆泽部外，进入意大利的奥军还有科斯达诺维奇部（所部17620人）。武姆泽得知法军南下的消息，决心加快步伐。为了避免行军混乱，武姆泽分成了4个纵队南下，沿着两条河谷袭来。科斯达诺维奇则将尝试切断法军通向伦巴

◎ 马塞纳

第的交通线。

基于当下情况，拿破仑决定利用时间差，挥师北上加紧围攻曼图亚。若置此城于罔顾，而忙于应付由北而来的奥军主力，无异于在身后设置了一个定时炸弹，曼图亚里的守军随时可以出击，切断北意南部的法军后方，进而形成合围之势。届时，法军在兵力上将会陷于相当的劣势。不仅如此，就算武姆泽被击退，其仍可退守曼图亚，作为反击的据点。由此，曼图亚的重要性便再次凸现出来。于是拿破仑决定赶在武姆泽之前，就近突击赚取要塞。

7月16日，曼图亚的守军尝试突围。虽然最终奥军被击退，但是奥军也夺回了南部工事、普拉忒拉。第二天，轮到法军发起进攻了。塞吕里耶指挥了这次攻城。按计划，法军将会从城南发起主要的进攻，同时缪拉将会率领一支掷弹兵部队自城东乘船，横穿下因费里奥雷湖，意图从后方夺取工事。然而，法军的渡水计划却因为水位的突然下降而被搁置。同时，明乔河上用于进攻的浮桥也被奥军炮火击毁。法军曾尝试夜袭守军，但是水位依旧低落，法军只得隔天再展开攻势。到了17日，法军继续夜间进攻。塞吕里耶部对南部堑壕发起了进攻；另一方面，缪拉与达勒马涅部则通过了临时搭建的浮桥，抵达对岸，背袭敌军。可面对固若金汤的工事和友军误击，正面进攻的法军只能撤退。无从下手之际，拿破仑试图恐吓守军投降，但是艾赫勒却对此嗤之以鼻。自18日起，对曼图亚的持续炮击便开始了，双方进入了僵持阶段。

◎ 塞吕里耶

7月29日，武姆泽的两个纵队共2.4万人，抵达了阿迪杰河谷，马塞纳师的后方受到严重威胁。科斯达诺维奇随后在加尔达湖东侧的里沃利附近攻击了这支法军。该师的儒贝尔旅奋起反击，但终究寡不敌众，只能选择撤退。马塞纳在致拿破仑的信中说："我从未见过奥军如此狂暴过，他们都喝了白兰地。而我们的小伙子们即便饿着肚子，仍以惊人的勇气与之搏斗。只要你能给我7000至8000人的增援，我就保证给你夺回克诺纳（Corona）。"

不仅是马塞纳遭到了痛击。在加尔达湖西畔，索雷师也被科斯达诺维奇从萨洛驱逐而出，后者随后占领了佩斯基亚。不幸的是，身在此处养病的缪拉被俘虏了。尽管如此，索雷还是把阵线维持在了洛纳托一带。之后由于科斯达诺维奇的攻击分散，索雷得以重新夺回萨洛。拿破仑命令所有部队向西后撤，于加尔达湖南畔集结，同时要求各部队不能放弃反击，得且战且退。7月30日，塞吕里耶师也得令后撤。8月1日，曼图亚发现法军已经撤出了围城阵地。当天，索雷和德普努师在洛纳托—萨洛一线赶跑奥军之后，奥热罗师乘胜追击，收复了佩斯基亚，缪拉等军官也被得以救出。之后，奥热罗部撤向东南，以防武姆泽与科斯达诺维奇汇合。同时，马塞纳部也从东北方向开来，即将于本军汇合。武姆泽本军则于8月2日进入曼图亚，奥军得以暂时喘息。

对于法军而言，眼下可谓四面楚歌。前有堵截，武姆泽步步紧逼；后有追兵，通向伦巴第的交通线已被切断。拿破仑已经被两支实力不容小觑军队所包夹。一时风声鹤唳、草木皆兵。然而，另一方面，武姆泽也面临着危机。奥军急速驰援曼图亚的代价，便是无法在东西两条阵线上给予法军致命的打击。同时，加尔达湖是阻碍两部合流的障碍。武姆泽将兵力撤出去，却收不回来。本相当分散的法军主力，反而因为这次非致死性袭击，迅速集结完毕。马塞纳师和奥热罗师仍堪大战。如果不能尽早将法军予以合围歼灭，奥军的前途多舛、难以预料。

◎ 武姆泽

基于这样的想法，军力相对单薄的科斯达诺维奇，只能全力一搏向武姆泽靠拢。于是在萨洛一带又发生了战况激烈的搏斗。索雷师迎战却被击退，萨洛失守。科斯达诺维奇进而折向马塞纳师的驻地洛纳托。奥军先是击退了法军前锋，但当他们准备包抄马塞纳侧翼的维克托旅时，阵型分散的很开。维克托这时候已经做好了战斗准备，拿破仑也在场。他激励维克托的第32线列半旅[①]道："上刺刀，冲锋口号喊起来，同时奏爱国进行曲；你们，第32半旅，继

---

① 为了适应革命战争中急速膨胀的军队，1793年2月起法军对步兵部队，进行了三次改编，废除原有的团编制，改为半旅（Demi-brigade）。第一次改编将旧王朝的正规部队与志愿兵相结合，共和国政府的报告中列有254个战斗半旅（即为线列步兵单位，其中有49个并不存在），42个轻步兵半旅（7个并不存在，文中简称轻半旅）。同时，大量纯志愿兵单位也被纳入半旅的框架下，这就导致了军队的臃肿和效率的降低。并且，志愿兵的发挥很不稳定。于是在1795年11月，督政府进行了精简，并将战斗半旅改为线列步兵半旅（Demi-Brigade de Line，文中简称线列半旅），该单位缩减至110个，轻半旅则精简至30个。1802—1803年期间，拿破仑下令恢复团编制。

续发扬荣光。"拿破仑让他们无视敌军散兵袭扰，不要开火，直接冲击对方阵列。正是第 32 半旅的这一次冲锋，将奥军整个击退。奥军伤亡 3000 人，部队被打散，分成两支各向东西逃窜。法军只付出了 2000 人左右的代价。这就是 8 月 2 日的洛纳托会战，凭借这一战，马塞纳成功地将科斯达诺维奇逐出战场，后者只能惶惶向北逃窜，溃不成军。

洛纳托激战之际，武姆泽正自南向北杀来，试图救出科斯达诺维奇。8 月 3 日，他的先锋部队抵达卡斯蒂廖内（Castiglione），并遭遇了奥热罗师。后者的驻地在卡斯蒂廖内以西的蒙特基亚罗，他们承担了马塞纳部的后卫任务。自洛纳托向南放眼望去，广袤的平原中兀然杵着一片高地，卡斯蒂廖内便坐落于此。卡斯蒂廖内是一座镇子，不仅占据了战略要地，其侧面被辅以锥形工事保护。这些工事由石头堆砌而成，是易守难攻的多面堡。除此之外，还有好几段悬崖峭壁作为掩护。在高地的制高点，还有一座庄园。于此俯视，险要之下，一马平川，适合骑兵进行机动。当马塞纳在洛纳托奋战之际，奥热罗向东进击，直指占领了卡斯蒂廖内的奥军。事实上，早在 2 号午夜，奥热罗就已在奥军阵地的后方设伏。

战斗打响后，战况十分激烈，奥军曾一度逼退奥热罗的左翼，但是后者最终站稳了脚跟并予以反击。奥热罗不但要拿下卡斯蒂廖内，还有对武姆泽的主力实施阻击，因此拼死冲杀。相当一部分法军师部的高级军官非死即伤，士兵的损失也很严重。面对如此顽强的法军，武姆泽错判敌

军规模，于是鸣金收兵。

此战战果是辉煌的：一、卡斯蒂廖内镇已被法军全面夺取，奥军被迫南撤；二、奥军合流的尝试被彻底挫败；三、这场血战为马塞纳部争取了时间、拖延了敌人，让法军避免了被前后夹击的情况。奥热罗后来受封贵族，头衔便是卡斯蒂廖内公爵。当有人指责奥热罗时，拿破仑常常这么说道："呵，他可是在卡斯蒂廖内救了我们一命啊。"甚至于在圣赫勒拿岛上，拿破仑回忆起卡斯蒂廖内，他也写下了这样的文字："那天，是这个将军（奥热罗）最为荣耀的一天。"这场 8 月 3 日的生死搏斗，就是第一次卡斯蒂廖内会战，这仗的确结结实实的救了意大利军团一命。

这场双重会战期间，曾有一段趣事。奥军有一支 2000 人的纵队试图绕过维克多那一翼，直接在洛纳托与武姆泽取得接触。当时，拿破仑的司令部正驻扎于此，只有 300 人守卫。这支奥军没有意识到这小股敌军的来历，只是派去了一个使者招降。当使者被解下眼罩时，迎面泼来的便是一帮法军将领的怒视，这让他顿时以为自己面对的是一支大军。面对使者，拿破仑表现出了他的表演天赋。他很激动地说，招降是对他人格的侮辱，进而逼迫这支奥军在八分钟之内做出决定，要么投降、要么受死。奥军明显是被吓蒙了，乖乖就范。其实法军在这片区域的兵力，顶多 1500 人。拿破仑此举颇有"空城计"的味道。由此可见，当时这一带的战斗是有多么的混乱，所谓真亦假时假亦真。

8 月 4 日，法军正收缩兵力打算击退

◎ 卡斯蒂廖内附近的战斗

武姆泽，而武姆泽依旧搞不清楚状况。这个将领却顽固地坚持战争议会的命令，即两军合流。他以为科斯达诺维奇还只是被击退而已，于是传信过去，要求后者继续向主力靠拢，他自己的主力则在卡斯蒂廖内以南的阵地待命，沿着索尔费里诺—梅多拉诺一线，南北排列、朝西而立。拿破仑把马塞纳布置在左翼，奥热罗布置在右翼。向南看去，塞吕里耶师驻扎在马尔卡里亚，该部一方面监视着武姆泽的左翼，一方面准备随时堵截奥军支援。与此同时，从曼图亚开来一支 4017 人的奥军援军。该部之前先是行军到卡斯蒂廖内西南方的蓬泰维科，后径直向武姆泽左翼靠拢。原本塞吕里耶是能够截住这支援军的，然而他那几天身陷发烧之中，无奈只能移交指挥权——事实上，该部也身陷伤病困扰。最终，塞吕里耶部并没有截住梅拉泽斯，于是补救

的办法就是对奥军的后方实施机动并造成威胁。总之法军如果要取得胜利，那就必须等候这一机动的完成。而当时，得到增援的武姆泽兵力已达一万五千五百余人。

8 月 5 日，在拿破仑的指挥下，奥热罗、马塞纳师展开了佯攻，为塞吕里耶部提供掩护。在奥军这边看来，塞吕里耶应该是往下阿迪杰河，去阻击己方左翼去了。事实上，后者正趁着夜色强行军。清晨 6 点，该部前锋便抵达了圭迪佐洛，犹如一把利刃，直指毫无防备的武姆泽。

毫无察觉的奥军仍在猛攻卡斯蒂廖内。奥军对法军倾泻了致命的炮火，火力掩护之下，武姆泽的步兵不断冲击法军阵线。当时马尔蒙带着两门炮上前，利用霰弹对敌人进行近距离轰击，虽然打垮了奥军的先锋，但是后继奥军还是冲入了法军的前线炮兵阵地。由于未及时撤离，不少法军

火炮被俘。法军的骑兵也无法对奥军实施有效的攻击，还被驱逐。正当武姆泽觉自己要取得胜利了，在他身后的塞吕里耶师展开了攻击。

面对突然的袭击，奥军明显是被打蒙了，但武姆泽还是决心巩固阵地。于是奥军的左翼开始收缩，撤出平原地区，向右翼靠拢，同时利用丘陵掩护东北方向的退路。但法军不仅从东南两方发动反攻，拿破仑还从后方调来了德斯皮努埃师，从北面企图实施合围歼灭。这下法军已经集结了约3.5万人的兵力。

武姆泽原本想成建制撤退，但法军的骑兵和大炮并不答应他。法军的追击，让奥军陷入了混乱之中。但命运女神还没有完全摒弃武姆泽，法军已精疲力竭，有两个师经过长途行军早已疲惫不堪，马塞纳和奥热罗部也未完全从8月3日的激战中恢复。最终，奥军得以从中逃脱，往瓦莱焦方向撤去。这便是第二次卡斯蒂廖内会战。至此，法军在这场战役中杀伤俘虏了两万余名奥军，先前耀武扬威的奥地利军队已不复当时神气。

之后的8月、9月中，法军凭借巴萨诺与圣乔治两仗，以及一系列的追击，成功地将武姆泽赶入曼图亚。值得一提的是，马塞纳指挥的巴萨诺会战相当的精彩，但由于篇幅所限，不多赘述了。于是，法军又展开了对曼图亚的封锁，重掌战略主动权。然而，法军的情形并不比这场战役开始时要来的好。

阿尔科拉战役：
1796年10月—11月的战局

连番失败后，奥地利不甘心意大利就此易手，于是决定再次放手一搏。奥地利有这样的想法和当时的战局是分不开的。10月，莱茵河一线，法国的两个军团被卡尔大公击退。对拿破仑来说，与莫罗他们会师已是一纸空谈；于奥地利而言，德意志战区的缓和无疑能够腾出手来，解决意大利这块心病。

10月初，奥军再次对北意大利发动了

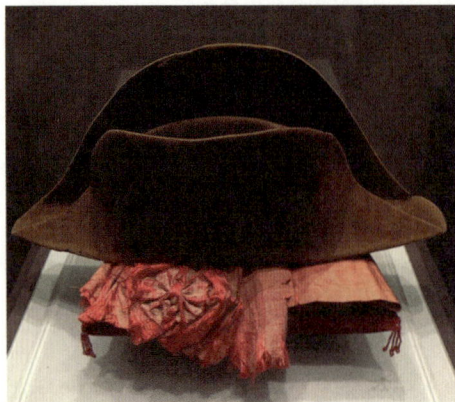

◎ 马赛纳曾用过的猎枪

◎ 拿破仑的军帽

攻击。新上任的意大利战区司令阿尔文齐，接替了武姆泽，与科斯达诺维奇一道举兵三万余，以意大利东北部的弗留利为基地，由东向西直指法军；一部分奥军由达维多维奇率领，为数 2 万人左右，在蒂罗耳集结，准备顺着阿迪杰河谷一路而下，计划与阿尔文齐部于维罗纳汇合，然后南下解救曼图亚。奥军抖擞抖擞精神，又一次举起紧攥的拳头。

回头看看法军，情况依旧不太乐观。自四月以来，意大利军团几乎是自食其力，没有从中央那里得到实质性的帮助，现在又陷入了伤病的困扰。全军团有 1.4 万左右的人得病，还有 4000 名伤员。得到奥军再进军的消息后，法军生力军的部署，以曼图亚为中心向北辐射：基里曼率领九千余人继续封锁要塞。在东北方向，马塞纳与奥热罗师（各五千余人，算上基里曼所部，总计接近两万人）为围城提供掩护。马塞纳驻扎在巴萨诺，奥热罗则为其提供支持。沃布将军以 8000 人之众，在特伦特（Trent）驻扎，把守着阿迪杰河谷的出入口。法军后方还有预备部队四千余人。总之，相对于奥军，法军的兵力在数量和兵员素质上都不占优。

11 月初，奥军从两条阵线上发起了攻势。11 月 2 日，沃布师与达维多维奇部前锋交上了火。几轮交战，法军不得不沿着阿迪杰河顺流而退。11 月 4 日，阿尔文齐与马塞纳发生了接触，后者按照既定方针准备后撤至维琴察（Vicenza）。然而，途中他得到了沃布暂时取得优势的消息。同时奥热罗部前移，准备加入战斗。于是马塞纳

决定就地休整，静观局势进一步的发展。翌日，马塞纳部得到命令上前作战。11 月 6 日，马塞纳与一支奥军在布伦塔河右岸激战。此刻，拿破仑正带着奥热罗师由北，向马塞纳的左翼靠拢，企图重新占据巴萨诺，但是当天已经不能完成这项任务了。马塞纳在布伦塔右岸也遭到了不小的打击。虽说阵线被稳住了，但法军还是被迫向维罗纳撤退。沃布师在这几天不仅丢了特伦特，面对后续赶到的达维多维奇主力，不得不且战且退，被一路驱逐到里沃利（Rivoli）。北线的失利意味着，法军再次被挤压到一个相对狭小的地带，且腹背受敌。

战斗期间，一些部队的消极怠战拖累了沃布师。例如第 39 半旅和第 85 半旅，他们在受到攻击时便临阵脱逃了。之前，虽然拿破仑并不期望沃布能够击溃奥军，但是他对这种现象很是恼火。他当众说："小伙子们，你们很让我失望。我从你们身上既看不到勇气，也看不到纪律，更看不到一点韧性……那个你们从中逃脱的阵地，可是一夫当关、万夫莫开。第 39、85 半旅的士兵，你们从现在开始，再也不是法兰西军队的一部分了。参谋长！在他们的旗帜上绣上：'这支部队不再所属于意大利军团！'"法国人大多是看重荣耀的，这两支部队的士兵听罢立马满怀羞愧的乞求统帅原谅。他们愿意打头阵来将功补过。但事实证明，有些人说话算数，还有些人则反之。

战斗结束后，阿尔文齐威胁着维罗纳，而法军对于身后的达维多维奇的去向捉摸不清。后者不但可以向东与己方汇合，还可以选择向西进军，占领佩斯基亚，切

断意大利军团最后的退路。当然，对于奥军而言，现在依旧面临着当时武姆泽面临的问题，那就是分兵行进，却难以收拢。拿破仑也看到了这点，于是决心固守维罗纳——奥军眼下最为便利的集结点。11月10日，奥热罗与马塞纳师向东迎战奥军。阿尔文齐当时驻扎在维罗纳以东将近15公里的卡尔迪耶洛，他的阵地建立在一圈丘陵地带上。法军如果能把该部逐出一段距离开外，将很能够保障自己的安全。

奥军的部署很巧妙，自北向南看去，右翼有天然的山脉可以作为屏障，左翼则是阿迪杰河和阿尔蓬河的交汇之处，其中还间或有沼泽。法军这边，马塞纳充当了左翼，刚开始差点突破奥军阵线，但是很快被之后压上的奥军预备队所击退。加之当天阴雨绵绵，道路泥泞，法军不仅要挣扎其中，还得抵御迎面而来的炮弹枪火，所以进展缓慢。右翼奥热罗师也遭到了重创。付出近千人的伤亡后，拿破仑只能承认这次出击是失败的。11月12日，拿破仑不得不引军自退。

战后，军团总司令再也抑制不住对于督政府的怨气，如是写道："我们的部队，除了伤员，还是伤员；我们最好的高级军官，我们最好的将军，都不能参战（意为也被伤病困扰）；我们得到的所有支援，都是相当不得力的，这些援兵根本就配不上军人二字！意大利军团，正在被不断消耗，直至最后一拨少得可怜的战士。洛迪的英雄，米莱西墨的英雄，卡斯蒂廖内的英雄，巴萨诺的英雄，几乎都为国负伤捐躯了。除了荣耀，我们这支部队还剩什么？茹贝尔、拉纳、拉尼斯、维克托、缪拉、沙博、迪佩（Duppy）、朗蓬、皮翁、沙布朗、梅纳尔（Menard）、圣伊莱尔（Saint-Hilaire）[1]，这些将士，都负伤了……接下来轮到的，可能是英勇的奥热罗，可能是无畏的马塞纳，可能是贝尔蒂埃，还有我……所以，我请问你们打算给这些勇者找一个怎样的归宿？！"

法军不可能坐以待毙，只要有一线生机就得去争取。现在，阿尔文齐在东边按兵不动；西面的达维多维奇被沃布牵制中。既然正面强攻不能夺取卡尔蒂埃罗，拿破仑打算引军向南，尔后朝东绕过阿尔文齐的阵线，以便突然显现身后，打对方个措手不及。

书生也可以纸上谈兵；但能正确估计一个计划的可行性，才是军人；而能把一个看似不可能的计划化虚为实的，那就是军事家，而拿破仑就是这样的军事家。按拿破仑的这项方案，法军首先渡过阿迪杰河，而后向隆科推进。隆科处在阿迪杰河和阿尔蓬河的交汇处，前面提到过，这里沼泽遍生。只有一条堤道通向阿尔科拉。届时，法军将通过这两条堤道包围阿尔科拉村。如果抢占了阿尔科拉村，那么奥军的后方就会受到威胁。法军还可以阿尔科拉为基地，向北攻击维拉诺瓦，那么奥军

---

① 上述军官都是意大利军团中杰出的半旅、营级指挥官。

后勤线以及辎重，将会被极大的撼动，维罗纳至维琴察的公路也将被切断。就算那时阿尔文齐已经在攻打维罗纳，他也不得不放弃与友军合流，被迫转身与法军交战。另一方面，拿破仑确信，阿尔文齐的个人脾性将会驱使奥军回援。

此外，自西向东、通向维拉诺瓦的只有一条堤道，又是个一夫当关的要地。同时，阿尔科拉一带，由于沼泽丛生，不利于骑兵行动；且地形狭窄破裂，对于人数占优的军队而言，正面阵线无法展得太开，难以将后排的预备队压上前线。因此对法军来说，他们就可以尽量避免以寡击众的情况。同时，当地地形较为平坦，如果要发动袭击，法军大可从容迎战。拿破仑眼下的问题是，如何瞒天过海，在阿尔文齐的眼皮底子下安全抵达预定位置。

11月13日—14日，阿尔文齐仍在把守卡尔迪耶洛的阵地，同时思考接下来的战略。他决定兵分两路。一路部队他亲自率领，计划攻占维罗纳；另一支将从泽维洛渡河，控制阿迪杰河南岸的同时，掩护与曼图亚的交通线。阿尔文齐为了保护后方，还在阿尔科拉部署了一支部队。另一方面，达维多维奇将继续从里沃利向维罗纳靠拢，只是该部现在仍被沃布师所阻拦。

拿破仑深谙兵贵神速的道理。法军这次侧翼包抄的任务，拿破仑将亲自率领奥热罗（5000人左右，三个团）和马塞纳师（6000人左右，四个团）完成。11月14日，拿破仑趁着夜色率军穿过维罗纳，渡过贯穿城区的阿迪杰河，抵达南岸。基里曼率三千余人留守，这支部队是从沃布师中抽

调出来的。15日凌晨时分，由于早有一架浮桥被搭起，奥热罗师便开始在隆科渡河了（这时候拉纳便作为半旅长已经归队了，但还未伤愈）。马塞纳随后也过了岸，他留下了絮歇的第18半旅支援奥热罗后，便去往波尔恰勒的堤道，转而向西北威胁阿尔文齐的左翼。拿破仑则与参谋班组留在隆科，观察战局。

马塞纳在进击的过程，曾一度身边只有1个营和150名骑兵。他们遭遇了奥军一个由5个营组成的纵队。马塞纳将自己的部队埋伏起来，并打响了第一枪，骑兵顺着堤道反复冲杀敌病。奥地利人又被打蒙了，大量的士兵因此被俘。经过数场遭遇战后，马塞纳师最终抵达波尔恰勒。这下，阿尔文齐不得不要来解决这支部队。

与此同时，阿尔蓬河沿岸，奥热罗师也正紧锣密鼓地行动。按计划，法军应当从阿尔科拉渡河，抵达阿尔蓬河东岸，紧接着沿着此处通向博尼法乔的堤道前进，步步逼近维拉诺瓦。阿尔科拉的奥军由于之前知悉了浮桥的搭建，尽管他们没有加以干涉，不过还是据村而守、严阵以待。阿尔科拉坐落于河流东岸，沼泽附着在河岸两边，唯一的通道就那条堤道。村子的主要入口是一座25米长、4米宽的木桥（两座桥墩是石制的），桥头有个方塔以及两件瓦房可以作为防御工事。对于法军而言，如果要攻下这个村子，就必须踩过这座桥。

奥热罗毫无困难地夺取了西岸的阵地。第一波攻势由拉纳牵头。按计划，拉纳将率领两个营组成的纵队，通过桥梁攻入村庄；同时，一支部队将会涉过河水和沼泽

配合拉纳的行动。拉纳这个将领毫不辜负其掷弹兵的出身，领着队伍、顶着火力，向村口杀去。但是法军还是被奥军的枪炮所阻击，最终后撤，跑到了堤道背面。奥热罗立马组织了下波攻击，但还是被打退了，领头的将军也负了伤。几波攻势都失败之后，这个暴躁的师长立马自己擎起军旗，亲自带队进攻，然而并没有取得进展。奥军这边得到了支援，硬是将法军推回了对岸。

马塞纳这边已经站稳了脚跟，并且在阿尔文齐的攻势下坚如磐石。拿破仑见奥热罗久攻不下，于是派出两个团向阿尔巴雷多方向渡河，接着转而向阿尔科拉挺进。随后，他便亲自赶到了阿尔科拉前线。他质问士兵们是否还是洛迪的勇士，说罢自己也擎起一面军旗率队攻击；马尔蒙和另外一位副官则置生死于度外，赶在自己的主将之前，以便守卫。

桥头的战斗异常混乱，双方不是你死就是我活。当时拿破仑已经杀红了眼，丝毫不顾危险。一个军官冲到拿破仑身边喊道："将军，这里太危险了，你就要被杀了！你一死，那么军队就崩溃！你应当远离前线，这里太危险了！"他的话刚说完，法军这时候已经开始溃退。因为队形太过于失控，以至于拿破仑都被推搡到桥栏旁，然后掉入了河道中。副官比亚尔①见状，组织了一批掷弹兵，顶住了奥军的人潮，马尔蒙和路易·波拿巴得以将拿破仑从一片

◎ 拿破仑在阿尔科拉桥

混乱中抢救出来。拿破仑与奥热罗师后来回到了隆科，当天的桥头攻坚战就此告败。不过，当天晚上7点，那分派出去的两个法军团攻击了阿尔科拉，并赶跑了奥军。但是，该部法军的指挥官惧怕自己深陷包围之中，又与本军失去了联系，于是后来就撤出了村庄。拿破仑听到这个消息后暴怒不止。当晚，马塞纳师也撤回了隆科。11月15日的战斗就这么结束了，但这仅仅是阿尔科拉会战的第一天。

眼下，阿尔文齐已经放弃了之前的计划，转而来对付拿破仑，法军的围魏救赵成功了。同时，沃布在维罗纳西郊顶住了达维多维奇的进攻，后者也开始逡巡不前。现在，维罗纳之险已经解除，拿破仑可以专心对付阿尔文齐了。但首先，他还是要把阿尔科拉这个近火给灭了。16日的战略是奥热罗继续攻打阿尔科拉，马塞纳则回到头天的阵地继续阻击奥军。阿尔科拉战斗的双方斗智斗勇，法军想尽一切方法，

---

① 旅级将军相当于当时其他军队中的少将军衔；师级将军相当于当时其他军队中的中将军衔。

渡河、强攻、火炮跳弹杀伤，都丝毫不能让紧咬着阿尔科拉的奥军松口。马塞纳这边都几乎快打到了卡尔迪耶洛了，并且俘虏甚多。拿破仑最后还是把两支部队撤回了阿迪杰河南岸，以免两个师的交通线被切断。当天，阿尔文齐在泽维洛附近留下一支部队后，主力从阿尔蓬河上游渡河，驰援阿尔科拉。左岸已经被奥军彻底控制，阿尔文齐在此集结了18500人的兵力。经过两天的苦战，法军的士气已初显低落，但他们决心拼死一战。拿破仑投入了全部家当，集结起2万法军，从而获得了微弱的优势。但这是一着险棋，如果达维多维奇突破了沃布的防线，径直朝阿尔科拉方向袭来，那么法军的境地将十分窘迫。

11月17日，马塞纳率领第18半旅，再次向前两天的进军方向开拔。按计划，该师拨出一部分兵力由罗贝尔（Robert）将军率领，将沿着阿尔蓬河的西岸向阿尔科拉行进。奥热罗师将会先派出一个营从莱尼雅戈渡河，抵达阿迪杰河东岸，向上

◎ 奥地利掷弹兵和鼓手

驱逐奥军。奥热罗本人将会率主力部队从两条河流的三角洲地带，向阿尔蓬河左岸进发，与刚才那个营汇合后，接着向北直指阿尔科拉。但不幸的是，这两支部队都被奥军击退。索性奥军在这片区域只能组成纵队的队形，而不能展开阵线，所以才没给法军造成太大的损失。之后奥热罗的主力不得已退回了阿尔蓬河右岸；而阿尔科拉的奥军正朝南袭来。这时候，拿破仑调来了第32半旅的第一营，他在隆科迎接了该营。面对高呼共和国万岁的士兵，他回应道："我爱你们，第32半旅的战士们。"随后，这个营渡过阿迪杰河，按照命令伏击了进击的奥军，后者受了惊吓后随即打退堂鼓，但并没有撤回据点。这时候，第32半旅的其他营和第18轻半旅应声上前，在阿迪杰河左岸，他们攻击了这部分奥军的右翼。趁此机会，刚才受挫的那部分法军已经重整旗鼓。罗贝尔部与奥军的左翼交上了火，奥热罗则早在后者身后的沼泽设下了伏兵，打了个出其不意。最终，拿破仑派去了25名向导兵（帝国近卫军的前身之一）和4名号手，迂回绕后，在阿尔蓬河左岸大放进攻号角。奥军左翼顿时陷入了混乱，进而溃败，最终逃回据点。此时，奥热罗主力部队继续向左岸渡河，朝阿尔科拉挺进，不过之后又被阿尔文齐逼退，只能据守阿尔巴雷多。

会战的第三天终于以法军的重大突破而告终。马塞纳师胜利踏过阿尔科拉桥，入驻村庄。至此，东线奥军，只能向维琴察方向逃窜。法军大胆迂回、依托地形，以寡击众、以弱胜强，以及凭借极强的韧

性，最终取得阿尔科拉会战的胜利。然而，法军同样也付出了惨痛的代价，光是第三天的战斗中，就造成了约1200人死亡，两千三百余人受伤。法军将领阵亡8人，伤者数人。阿尔文齐部虽然战损六千余人，但是仍可一战。达维多维奇也突破了沃布的阻挠，向本军靠拢。但是，达维多维奇11月19日在听闻阿尔科拉失利之后，便退回里沃利。同时，沃布已经与本军汇合，所部被归入马塞纳部，这两个师直扑里沃利；而奥热罗师则向西北挺进，准备从多尔切（Dolce）杀来。这时候的达维多维奇似乎被科斯达诺维奇附身一般，他不得不朝特伦特方向撤退，就此这部分奥军被彻底逐出战场。接着，拿破仑转而解决向曼图亚靠拢的阿尔文齐。11月20日，阿尔文齐重新占据了卡尔迪耶洛，但是还未站住脚跟，就被基里曼部所攻击。23日，得到友军退却以及法军袭来的消息后，阿尔文齐沿着公路撤向维琴察，并一路向东，溜进了巴萨诺，就此退出了战场。曼图亚的武姆泽在卡尔迪耶洛和阿尔科拉这几天，始终没有动作。直到阿尔文齐和达维多维奇撤退，他才开始有所行动，然后又被法军一把摁回形似牢笼的要塞中。

总之，奥军始终贯彻"分兵行进、合兵作战"的原则，但却始终难以实践最后的四个字。奥军各部指挥官的协调性极为差劲，这一点可以从达维多维奇、阿尔文齐大多时间各自为战，武姆泽长时间作壁上观可以看出，这一点更加恶化无法合兵的情况。最后，奥地利的战争议会非得要遥控战局，强行让将领为之背书，极大降低了前线作战的灵活性。这才给了陷入窘境的拿破仑以可乘之机。

里沃利会战：1797年1月的战斗以及曼图亚的陷落

阿尔科拉会战对于意大利军团而言似乎是个坎，这场战役结束之后，法军一边享受着闲暇时光，同时呈现出一派生机勃发的面貌。督政府拨给了拿破仑8000人的援兵，加之法奥两军的俘虏交换，军团逐步恢复了元气。当然，将领层也迎来了新气象。

12月下旬，塞吕里耶正式重返主力部队。拿破仑并没有因为他长达数月之久的疾恙，而质疑老将的能力。后者又被委以一个师的指挥权，以及围攻曼图亚的责任，他手上的兵力总计10230人。马塞纳则率领8850人驻守在维罗纳。他手下有三个旅，其中一个旅交给了当时还默默无闻的布律纳。他虽然受衔旅级将军，但却没有什么战功——甚至可以说，他就是一个门外汉。但是令众人感到奇怪的是，拿破仑却对这么一个"无用之人"大加欢迎，并且给了个旅长的要职，还是在马塞纳麾下。更让军团上下诧异的是，马塞纳，这位作风严厉的将军，对布律纳也是全力支持，并且不吝溢美之词。不过这段经历，也给后来号称"元帅保姆"的马塞纳的简历上，加上浓墨重彩的一笔。奥热罗则统领8665人，驻守在莱尼雅戈，负责下阿迪杰河的防御。沃布的师长一职，由年轻的茹贝尔所顶替。茹贝尔，在卡斯蒂廖内和阿尔科拉表现杰出的旅长，在 12 月 18 日得到了督政府的提拔，成了一名师级将军。当然，这也离不开拿破仑的赏识。现在，茹贝尔手上有 10250 人，继续监视阿迪杰河上游河谷的动向。战后，拿破仑又新设立了一个师，由雷伊（Rey）将军指挥，为数 4156 人，负责守卫与伦巴第的交通线。缪拉在其麾下指挥一个旅。拉纳则在南北意大利的交通枢纽，博洛尼亚，单独率领一个 2000 人的旅负责警戒——尽管他还未正式授予旅级将军的军衔。同样独立指挥一个旅（1800人，两个团）的，还有维克托，他驻扎在曼图亚附近。法军除了从本土得到了兵力补充，他们还在后方组建四个"归化师"，总计 9261 人。即便除去归化师，法军仍有 46610 人的兵力。不过值得一提的是，法军的后勤补给情况并不比 1796 年 4 月来的要好。

接下来，弗朗茨二世孤注一掷，企图再次解围曼图亚。固守巴萨诺的阿尔文齐，补充了兵员之后，兵力达到了 4.5 万人左右。奥军再次制定了作战方案：阿尔文齐将亲率 2.8 万人的部队，从巴萨诺强袭里沃利，企图将法军赶出阿迪杰河谷一线，同时威胁法军后方。另一位奥军将领普罗韦拉（Provera），会指挥 9000 人的纵队，从帕多瓦出发攻击莱尼雅戈的法军，造成奥军将越过下阿迪杰河，驰援曼图亚的假象。还有一支 6241 人的奥军，预定侵入维罗纳一带，这样，可以掩护阿尔文齐的行动。但健忘的奥军又一次决定分散兵力，去攻击阵线冗长的法军了，但他们很难在任何一个点上取得重大的进展，而这又将重蹈

7 月份武姆泽的旧辙。但是，阿尔文齐的目标比武姆泽更为宏大——他想把法军挤压到曼图亚一带。但最终奥军却会陷入任何一个攻击点都可能无法奏效的窘境。

当然，拿破仑不是先知，当奥军开始行动时，他是摸不着头脑的。1797 年 1 月 9 日，奥热罗发现自己的前哨部队，被从帕多瓦开来的奥军驱逐了，奥军正向自己挺进。1 月 11 日，拿破仑正在博洛尼亚与托斯卡纳大公的代表谈判。当晚，他得到了奥热罗的消息。于是拉纳和塞吕里耶师的后备骑兵得令驰援莱尼雅戈。法军司令部也移向罗韦尔贝拉，以便观察战局。马塞纳师也得到命令，做好了南下驰援奥热罗的准备。

但是维罗纳也遭到了奥军的攻击，马塞纳部只得迎战。当时，布律纳旅正驻扎在圣米凯莱（San Michele），在一个骑兵团的支援之下，该旅击退了敌军，并且俘虏了奥军 506 人、两门炮。这场防守战进行时，拿破仑也在维罗纳。然而，他还是蒙在鼓里，完全不清楚阿尔文齐意图何在。拿破仑本打算把茹贝尔前移，结果 1 月 13 日下午 3 点，前者收到了后者的警报：阿尔文齐已经向阿迪杰河谷的法军发起了进攻，茹贝尔决定全师撤回里沃利。拿破仑这才恍然大悟，急忙调集一切可调集的部队向里沃利运动，同时叮嘱茹贝尔坚守阵地。

马塞纳师留下了两个半旅，然后向茹贝尔的左翼靠拢；雷伊师在留下缪拉旅后全速往里沃利推进。维克托旅也得令北上。拿破仑在 1 月 14 日凌晨 2 点时抵达了里沃利的阵地。由于当晚月光明亮、视线甚好，

他与茹贝尔立刻去观察了战场。里沃利坐落在一处高地上，这个高地坐西朝东俯视着阿迪杰河谷，向北则是巴尔多山脉，两者中间夹着一带平坦低地。高地与低地的东北交界处，有一座名为圣马可的教堂。向东北看去。如果从河谷攻上高地，只有一条隘口，这个关卡位于里沃利的北边不远处；但是攻方可以从高原西南侧的一条小径攀登而上，包抄守方的左翼。茹贝尔现在在里沃利高地的北部前沿排好架势。当时，奥军分成了六个纵队。吕西尼昂的第一纵队（4556 人）已经沿着西南小径爬上了高地，正威胁着茹贝尔的左翼；北边，由西向东，奥军的第 2、第 3、第 4 纵队（分别 5065、4138、3521 人，第 2 纵队指挥官为利普陶伊）已经朝南展开了队形，正朝南仰视着里沃利高地；第 3、4 纵队身后有两座小村庄（东边的名为圣乔瓦尼，西边的名为甘巴拉），它们也坐落在另一处高地上。高地之下，阿迪杰河右岸，第 5、第 6 纵队（7871 人、2871 人）已将矛头对准东隘口。

援军尚未到来之前，拿破仑手上只有 1 万出头的兵力，而且法军已经被纳入一个口袋之中。但是奥军第一纵队并无意攻击法军左翼，只是想完全避让，向主力正面的右翼机动。不过由于该部队并没有行军，只是暂时把里沃利向维罗纳的公路给切断。发现这个迹象后，茹贝尔师的眼前压力多少减少了一点（奥军三个纵队总计 1.2 万人左右）。总之，法军正面阵地还是相当坚固的。法军和奥军不断进行小规模的拉锯战。至于那个隘口，拿破仑只布置了第 39

半旅，为数 978 人。

凌晨 4 点，法军维亚尔（Vial）旅进入阵地。第 4、第 17 半旅以及第 22 轻步兵前移，占据高地西北边缘的制高点，居高临下正对着圣马可，组成了法军的右翼。茹贝尔亲率该旅第 33 半旅，来到这段阵线的极东端。贝尔蒂埃则在中路，指挥剩余第 14、第 29、第 39 及第 85 半旅。行进中的马塞纳部将会进入左翼的位置。当然，现在的布置，是贝尔蒂埃对阵奥军右翼，维亚尔旅则面对着剩余的敌军。凌晨 5 点，维亚尔挺进圣马可，赶跑驻守在那里的一小拨克罗地亚士兵，中路部队则把奥军彻底赶下了高地。然而，由于当时还未破晓，一片漆黑，第 4 轻半旅的散兵部队，向北追得太猛，结果遇上了奥军的优势部队，陷入困境。所幸，法军第 17 轻半旅上前增援解围，并击退了阿尔文齐的反压，稳定了教堂一带的战线。天亮之后（7 点左右），维亚尔已经一路突破到圣乔瓦尼。在那里，奥军以一个混编掷弹兵营及一个步兵团迎战，后来又压上了另一个掷弹兵营，外加数个猎兵连。维亚尔有些招架不住，但仍固守阵线。第 33 半旅试图从右侧支援，但是法军左翼并没有很好的协调右翼的行动，于是这一段战线茹贝尔没能取得进一步进展，双方就此开始了两个小时的对峙。与此同时，奥军第一纵队开始了迂回机动，当然，是向本军靠拢而不是攻击敌军后方。

大约 8 点至 9 点之间，马塞纳师抵达了里沃利高地，他们从西南方向里沃利村开进。与此同时，利普陶伊的一支部队突然出现在法军右翼，第 85 半旅就此暴露在

◎ 拿破仑在里沃利的胜利

枪口之下。在该部的右侧，第29轻半旅正在与数个克罗地亚营鏖战。结果第85半旅，这支戴罪之师，很不幸食言了，他们突然向后撤去。因而第29轻半旅，就被置于来自正面与侧面的交叉火力网之中，死伤惨重，不得不向里沃利方向撤退。尽管马塞纳师很及时地赶到，顶替了之前溃退的两个部队，顶住了利普陶伊的穷追猛打。马塞纳对于第85半旅相当的恼火，甚至于拿刀鞘抽打该部的指挥官。就在此时，奥军散兵已经爬上了高地，距离马塞纳本人只有几步之遥了。所幸马赛纳招来的第32半旅也进入了战斗位置。于是这个师长策马袭步，将自己置于队伍头列，将军和士兵皆表现出了近似非人的镇定，迎战敌军。布律纳当时指挥第75半旅，为了配合正面进攻，他以牙还牙，也对奥军实施了迂回包抄。10点至10点半之间，法军再次控制了高地边缘。

正当马塞纳师反推成功，走下高地之时，法军右翼仍身处险境。由于第85半旅的临阵脱逃，贝尔蒂埃的部队不得不向后撤退，法军右翼因而被孤立。奥军得以对维亚尔旅的右翼实施迂回。后者苦战不止，且战且退，虽然前沿炮击阵地不幸被占，但仍维持着秩序。茹贝尔意识到，自己必须率队前往中路，击退奥军的包抄。于是第33半旅撤出了之前的阵地，向维亚尔左翼绕去。这次运动进行的时候，正面的第14半旅展开了一次反击。当时，一位军官高喊道："小子们，你们难道就把炮给这么送人了？"该部的士兵顿时士气大作，重新夺回了火炮，战线由此再次推进。

然而，此时第39半旅最终还是寡不敌众，在奥军猛烈的炮击之下被迫撤退。奥军第5、6纵队已经突破东隘口。法军一下子陷入腹背受敌的境地。前面提到过，东部隘口是一条狭长的小径，因而这两个纵队行进得很困难。大约11点左右，吕西尼昂的纵队也与奥军右翼取得接触，开始向里沃利方向进攻。法军布律纳旅承担了阻击的任务。贝尔蒂埃重整了部队，再次稳固了中路的战线，计划重新夺前线的炮兵阵地。但当时他很沮丧，而部队也只能刚刚在奥军人潮前站稳了脚跟。茹贝尔这时候找到了他，建议发起一次骑兵冲锋以打破。贝尔蒂埃采纳这个建议，不过他只能东拼西凑集结出200个骑兵，由勒克莱尔指挥。不管怎么说，法军步兵在打出吓人的火力网之时，骑兵也向奥军砸去。

利普陶伊正将自己的右翼向里沃利靠拢，企图与南面的友军取得联系。正在这时，勒克莱尔的骑兵冲进了奥军阵线，造成了极大的混乱。同时，两辆弹药车的爆炸更使得奥军逡巡不前，失去了战斗纪律。维亚尔旅迅速压上前去，奥军的左翼及中路立刻崩溃，丢下了所有的辎重，向北溃退。右翼的吕西尼昂企图向西南撤军，但很不幸的是雷伊师这时候正好抵达战场，因而这部分奥军中绝大多数人被俘。至于从河谷攀登上来的那支别动队，其先锋则被第 39 半旅反身一个回马枪所止步，进而被勒克莱尔的另一支骑兵冲杀溃逃，向高地下方逃去。

里沃利大胜彻底葬送了阿尔文齐，也让奥地利人彻底失去了意大利。其实当时，奥军普罗韦拉部 9000 人已经突破到了曼图亚一带，但得胜的拿破仑立刻率全军南下，驰援塞吕里耶。最终，法军在曼图亚北部将这支纵队给驱逐了出去。武姆泽已经弹尽粮绝，见到最后援军也被击溃，只能献城投降。至此，奥地利抢救意大利的努力全部破灭，并且消耗了大量的人力、物力、财力，对于军队精神面貌的打击十分严重。日后当法军逼入弗留利地区，本土已经暴露无遗之时，奥地利军队所表现的战斗力，已远远不如之前在德意志，甚至是在意大利的时候了。对于奥地利人来说，他们不仅丢了一块富庶的征税区，就连军队，都有些分崩离析的迹象。

奥地利的惨败，成就拿破仑的辉煌。他不仅给法国带来了洛迪、卡斯蒂廖内、阿尔科拉以及里沃利，更是取得了坎波福米奥条约的丰厚报酬。意大利军团的胜利，虽然离不开各级指挥官和底层广大士兵的浴血奋战，但必须指出的是，如果没有拿破仑的统帅，世界军事史上将难见这么一场浓墨重彩、大放奇光的战役。

奥斯特利茨

铭刻于凯旋门上的辉煌

AUSTERLITZ

文/原廓、吴畋

1805 年，对于在 1804 年 12 月 1 日刚刚登基成为法兰西帝国皇帝的拿破仑一世来说，并没有多少能让他高兴的事情。4 月，英国和俄国签订了军事同盟条约，形成了第三次反法联盟。8 月，奥地利和瑞典加入了同盟。军事强国普鲁士的态度也逐渐从

◎ 拿破仑一世皇帝登基油画

◎ 拿破仑一世画像。右手持权杖，左手持正义之手，象征司法公正，脚下地毯上的雄鹰是法国军队的标志

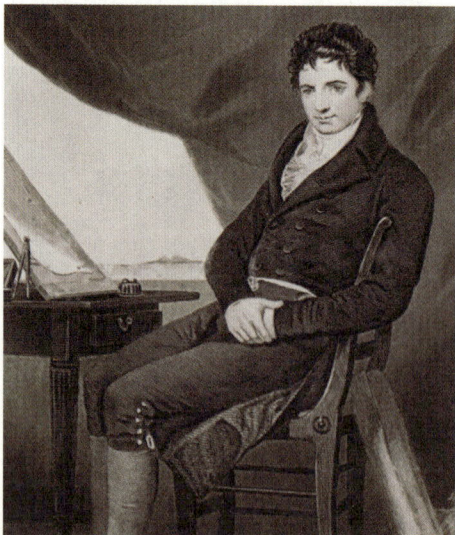

◎ 罗伯特·富尔顿

观望到开始偏向反法联盟一方。

最让皇帝陛下苦恼和气愤的是，拿破仑寄予厚望的法国海军一直无法为其提供最基本的保护和遮掩，准备了两年半之久的侵英计划一直得不到实施。十多万将士困顿于布洛涅军营，只能空对着海峡咆哮。

一直以来，很多书的作者都对拿破仑皇帝动员起整个帝国的庞大力量，却没有利用19世纪伟大的蒸汽动力而奇怪和惋惜。一些人甚至凭空虚构出蒸汽轮船的发明者罗伯特·富尔顿在觐见拿破仑时，因为无意提到了身高话题，触怒了拿破仑，最终导致他的蒸汽轮船没有被采用。其实根据罗伯特·富尔顿现有传记来看，他于1803年下半年就去了英国，后来返回了美国，他的第一次实验搞沉了装载的船，第二次使得船只能如蜗牛一样爬行。他的实验要到1807年才真正成功，那时候他已经在英国，并且是伯明翰的一家公司帮其完成的。就其本人来说，他也认为只有英国的技术人员能帮他改进机械的构造。所以按照常理，他不可能将一个只有英国人才能完善的发明推荐给一个想去征服英国的人。不过，富尔顿到真在拿破仑面前碰过一次钉子。他曾经向拿破仑提议，制造一种帆船，能够潜入水中，然后在敌舰下面发射一包炸药。拿破仑倒是认真的找人去试验了，实验也取得了部分成功。但由于这种船缺乏动力，没有任何进攻性能，因此拿破仑最终没有采用。

很显然，很多人将这两个不同的发明混为一谈了。其实是蒸汽轮船的技术要到19世纪50年代才真正成熟，其吨位尺寸性

◎ 早期蒸汽船模型

能还太不适合跨海作战。因此就算拿破仑全力支持富尔顿的蒸汽船，也不可能对远征英国有所帮助。

转身东进的大军团

等待中的拿破仑并没有停止对欧洲局势的研判和推算。在1805年7月，奥地利和瑞典正式加入反法联盟之前，拿破仑已经预感到帝国的东方正在酝酿着一场战争。不过拿破仑还是打算先完成对英国的跨海远征，再对付身后大陆上的敌人。直到8月23日，奥地利在继续备战和维尔纳夫的法西联合舰队南逃加的斯港两条消息先后传来，拿破仑立即决定放弃对英国的入侵，转而对奥地利宣战。

拿破仑的计划是赶在俄军的增援到达前，将准备征服英国的十多万将士转身东进，占领奥地利首都维也纳，一劳永逸地解决奥地利人。拿破仑当时这个决定可能是在怒不可

遏的情况下做出的，但在整个人类战争史上，他的这一个决定将战争从18世纪引领到了19世纪。他以前在征服意大利以及其后一系列胜利中所施展的"歼灭战略"最终成熟了。从此后，整个欧洲的战争都开始致力于打败敌人军队而不是着眼于夺取一城一池，每位欧洲将军都必须拿出打破敌人的头颅而不是砍掉敌人肢体的决心，将战争进行到底。

支撑起这种划时代变化的是一项壮举，在拿破仑之前任何一个欧洲军事家和君王都不敢想象，更无法实现的一个壮举：20万人的大军在近两百公里正面上开展的800多公里长距离战略机动。

进军命令是在8月26日下达的，此时拿破仑已经将征英大军改组为"大军团"（许多人将"大军团"视为法兰西帝国军队的同义词，但事实上大军团仅仅是拿破仑在1805—1807年和1812—1814年间亲自指挥的军团），共分9个军。其中第一军（贝

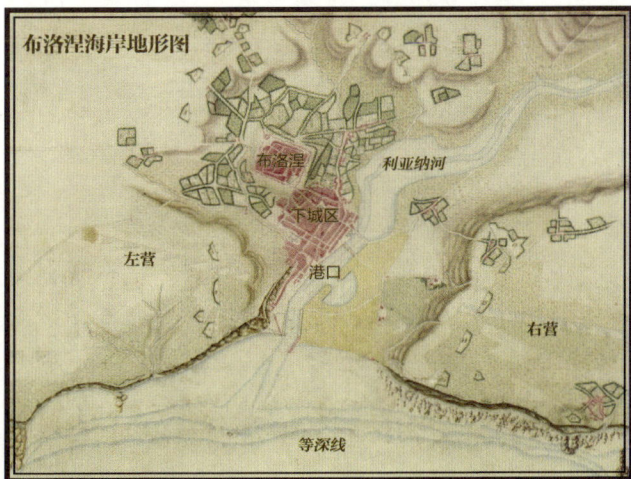
◎ 布洛涅海岸地形图

纳多特），1.5万人；第二军（马尔蒙），2万人，第三军（达武），2.5万人；第四军（苏尔特），2.8万人；第五军（拉纳），2.6万人；第六军（奈伊），2.1万人；第七军（奥热罗），1.4万人；近卫军（贝西埃），6000人；预备骑兵军（缪拉），2.1万人。另外还要包括南德意志地区诸侯国的援军，2.8万人。

到了9月2日，原本被布置在法国西岸沿海各地的"大军团"共20个步兵师、11个骑兵师、286门野战炮，总共176000人，已经开始了向600公里外莱茵河畔的战略机动。法军在行军中相对而言较为放松，队形较为松散，其步速约为每分钟85至90步，偶尔在紧急情况下采用每分钟120步的冲锋步伐（认为法军在行军中一般以冲锋步伐前进是李德哈特等外行人的常见误解），允许士兵以舒缓姿势持枪，不必以整齐步伐行进。从大西洋海岸边上到莱茵河一线的600多公里路程，按照老习惯要走40多天。然而，整个大军，除距离800多公里的第七军外，全都在20多天之内完成了行军任务。法军在整个行军过程中，曾经遇到大雨，道路非常泥泞，加之作战方向骤变，补给准备又不充分，十几

万大军在长途行军过程中出现了不少伤病和逃亡人员，但其比例相对而言并不算太高。毕竟，依靠今天看来这是一个十分简陋的道路步行，以及依赖四轮马车乃至牛车运送辎重的时代。

到了9月底，整支大军已经渡过莱茵河，开始了对奥地利人的攻击性行军。10月6日，法军苏尔特、拉纳军在缪拉强大骑兵的配合下，在多瑙沃尔特突破了奥军在多瑙河的防线，并在右岸建立巩固阵地。尽管贝纳多特一再反对，但拿破仑强令他的第一军直接通过中立国普鲁士领土安斯巴赫，形成了对奥军侧后方的包抄。潮水一般的法军渡过多瑙河，突入奥军德意志军团后方，如洪流一样向南方和西南方的奥军阵地背后推进。

奥地利人原来的设想中，法军要到11月10日左右才能到达多瑙河。因此奥军还在幻想着先于法军到来的俄军援军，结果被神速推进的法军杀了一个措手不及。可以说，法军在战斗打响之前就已经赢得了胜利。

10月20日，法军取得乌尔姆大捷。奥军自德意志军团军需总监（即参谋长）

◎ 风雨中前进的拿破仑大军

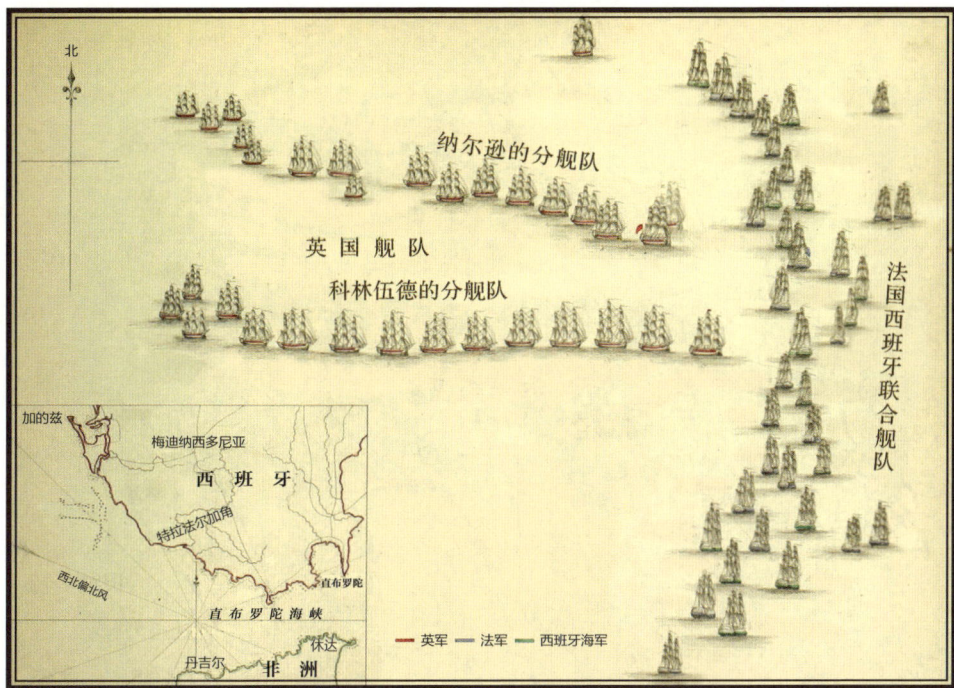

◎ **特拉法尔加海战**

马克以下 16 位将军，2.3 万官兵和 60 门火炮，成纵队在法兰西皇帝拿破仑一世面前依次走过并放下了他们手中的武器。正在奥军中效力的法国流亡者德洛特上尉在日记中感慨："缠绕我们的困境，给我们留下了永难洗清的污点！"

曾有人称马克在投降前仍在苦等俄国援军，结果俄军迟迟未到，最后马克只得缴械投降。其实俄军是如期到达了，但奥地利的将军们在和俄罗斯人制定作战计划时，竟然忽略了俄历与公历相差 12 天，俄军的如期而至自然比奥军的如期而至要晚 12 天。这个说法源自法国人的臆测，看似有趣，实则荒谬。俄奥两军早在 1799 年对

法战争便有合作，也未曾因历法出现此类问题，俄奥两国关于 1805 年战局的外交关系文献汗牛充栋，关于出兵、行军日程也讨论再三，维也纳和马克早就对库图佐夫的行军步伐了若指掌，因此并不会犯那种低级错误。

取得辉煌胜利的法军并没有停下脚步，他们追亡逐北，对残余奥军展开了摧枯拉朽般的追击。一支逃向讷德林根的 2 万奥军被缪拉和拉纳的部队合围。奥军 1.3 万名步兵全军覆没，剩余的大部分骑兵和奥军德意志军团总司令费迪南德大公的奥军残部汇合。结果该部在纽伦堡附近被缪拉的骑兵军追上并击败。只有费迪南德大公带

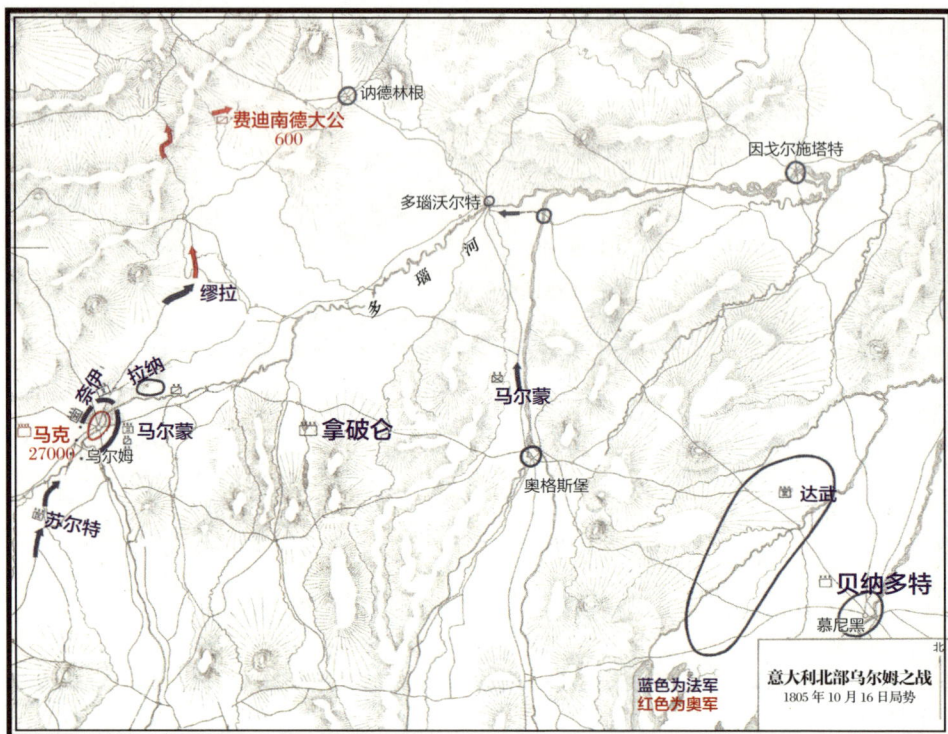

◎ 乌尔姆之战

领的 1700 名骑兵和 500 名骑炮兵突出了重围，逃到了波希米亚的山里。

通过乌尔姆战役和一系列追击作战，多瑙河地区的奥军差不多被全部歼灭。奥军损失五万余人，丢掉了 200 门火炮，90 面军旗，几乎所有的将军都成了俘虏。

拿破仑在乌尔姆接收奥军投降的第二天，法军将士还在为辉煌胜利欢呼之时，特拉法尔加海战惨败的噩耗传来了。法国—西班牙联合舰队于 21 日惨败于纳尔逊率领的英国舰队之手。与此同时，奥地利前线的战事也开始向不利于法军的情况发展。库图佐夫率领的俄军先头部队 3.8 万人，已

经穿过奥地利，前进到奥国西部边界的因河一线。这支俄军途中还汇集了陆续败退下来的奥军，实力已经不容小觑。奥地利名将卡尔大公指挥的奥军意大利军团也已在意大利北部摆脱了马塞纳指挥的法军意大利军团的牵制，目前正向国内撤退。最为严重的是，由于法军此前强行通过安斯巴赫，普鲁士的态度已经发生了急剧变化。十几万普军正在向奥地利边境开进，准备加入第三次反法联盟，投入反对拿破仑的战争。

所有的这一切让沉浸在胜利喜悦中的法军意识到，还有更加艰苦的战斗在等待

◎ 特拉法尔加海战油画，上图为奥古斯特·梅耶所作

着他们，还有更多的胜利需要去赢得。鉴于面临的形势对法军非常不利，拿破仑当机立断，命令部队尽快抢占维也纳，切断在因河一线的俄军之退路，想在卡尔大公率领奥军回到奥地利以前，把这支俄军包围歼灭在多瑙河以南地区。

为了达到这一目的，拿破仑作了如下部署：缪拉指挥的骑兵军充当先锋，从正面突破俄军仓促组织的因河防线，尔后迅速东进，抢占维也纳城，切断库图佐夫部与其国内的交通线；第三、第四和第五军作为主力跟随骑兵军前进；第一军向萨尔茨堡方向发起进攻，配合上述四个军的行动，第二军和第六军分别向莱奥本和因斯布鲁克采取行动，切断俄军与意大利北部奥军的联系，同时担任大军右翼侧方警戒，第七军负责保护法军的后方交通线，担任大军的后方警戒。

作完上述部署以后，拿破仑感觉到多瑙河北岸地区对当前作战的重要意义，随即抽调了一个骑兵师和两个步兵师，于11月6日新编一个第八军，并命令该军迅速在林茨渡过多瑙河，单独在多瑙河北岸行动，构成大军的左翼侧方警戒，同时，视战况的发展，切断库图佐夫部队的后方交通线。

正当拿破仑做出上述部署的时候，俄军统帅库图佐夫也预感到了形势的严重性，因而极为明智地采取了应急措施。他在法军还来不及展开行动之前，就指挥俄军迅速撤离了因河防线，在克雷姆斯渡过了多瑙河，尔后继续向北实行退却。俄军撤退时，炸毁了多瑙河上几乎所有的桥梁，以阻止

法军的追击。甚至库图佐夫还在撤退途中打了一个漂亮的伏击战，差一点就吃掉了第八军的一个师，让拿破仑第一次领教到了库图佐夫这员老将的狠辣与狡黠。

11月13日，缪拉骑兵军的前锋直抵奥地利首都维也纳城郊。此时，奥地利的弗朗茨皇帝已经带着皇亲国戚和所有军队逃往达摩拉维亚的奥尔米茨（今捷克共和国奥洛莫乌茨），去投奔俄罗斯沙皇亚历山大一世了。于是近代以来从未被外敌占领，连奥斯曼近卫军都望而兴叹的名城维也纳，就轻易被少量骑兵所夺取。14日，拿破仑到达了这座历史名城，并下榻于富丽堂皇的肖恩布鲁恩宫。更为重要的是，法军在维也纳获得了极为丰富的粮秣和弹药补给。

轻敌冒进的俄奥联军

拿破仑进占维也纳后，迅速调整了部署。骑兵军和第四、第五军一刻也不停留，立即从维也纳出发，北渡多瑙河进行追击。第三军从维也纳继续向东，行至普雷斯堡，保障大军右翼的安全，并且大张声势，尽量造成拿破仑正在这个方向的假象。第一军向西北开进，行至波希米亚的布德韦斯（今捷克共和国捷克布杰约维采），负责监视从乌尔姆侥幸逃出的费迪南大公，保障大军左翼的安全。刚刚组建的第八军，由于在追击中遭到了俄军的伏击，战斗力受到损害，因而受命调防维也纳，负责保障补给基地的安全。拿破仑做出这种部署，目的仍在于尽快歼灭俄军。

但是俄军统帅库图佐夫充分展现了他

◎ 库图佐夫

在撤退方面的指挥艺术，不断通过后卫部队的血战和狡黠的诡计来迟滞敌方的追击。俄军在从因河河畔撤到布吕恩（今捷克共和国布尔诺），再撤到奥尔米茨的这段长距离撤退中，尽管损失了大约 1.2 万人的后卫部队，但主力却摆脱了危险境地，并保持了强大的战斗力。11 月下旬，由俄罗斯本土开过来的包括俄国近卫军在内的 2.7 万名援军，在沙皇亚历山大一世的亲自率领下，赶到了奥尔米茨。与此同时，奥地利皇帝弗朗茨一世，也随同撤退的奥军到达了该城。于是，俄奥联军终于停止撤退，并在奥尔米茨附近占领了有利于防守的阵地。

几乎与此同时，为了防止俄军继续撤退，拿破仑下令停止追击，在布吕恩就地组织防御。就这样，双方相继停驻下来，相距六十余公里，各自占领阵地，积极谋划着下一步行动。

对于下一步行动计划的制定，俄奥联军内部争吵得相当厉害。以联军总司令库图佐夫为首的大部分老将，特别是吃过拿破仑苦头的奥军将领，主张暂时避战，不与拿破仑发生接触。如果法军来攻，就应该毫不迟延地继续撤退，以等待时机。他们认为要等待卡尔大公率领的奥军和后续俄军援军到达以后，才可以停止后退。至于进攻，那得是 12 月 15 日普鲁士参战以后的事情了。

年轻气盛的沙皇和联军的军需总监（参谋长）、奥地利将军魏洛特，以及俄军的青年将领们认为，法军已经疲惫不堪，战斗力大大削弱，并且拿破仑因为不断分兵，直属兵力已经所剩无几。俄奥联军现在已经拥有相当大的兵力优势，应该立即转入对法军的进攻。

最后冲动易怒、拥有极强虚荣心的年轻沙皇发布了决定性的命令：向法军的所在地布吕恩进军！

11 月 27 日，俄奥联军转入反攻，投入兵力达 85400 人，其中俄军五万两千余人，奥军三万三千余人，共有大炮 278 门。联军将这些兵力分成五路纵队，从奥尔米茨附近的阵地出发，逐次向东南方向的布吕恩缓慢开进。

一直以来，俄罗斯沙皇亚历山大一世的这个冲动决定都被后世史学家所诟病。但实际上，这个冲动决定有着更深层的原因。首先，在战争爆发前的外交战中，拿破仑曾经毫不留情地指出，亚历山大一世在他父亲——前任沙皇保罗一世被人用枕头闷死的事件中，扮演了极不光彩的角色。

◎ 沙皇亚历山大一世

拿破仑的愤怒可以理解，因为保罗一世当时已经成了拿破仑的好朋友，两国原打算共同对付英国。当时的人们和后世很多史学家也都认为亚历山大一世参与了那件阴谋。因此这样的指责或者可以称作揭露，亚历山大一世不可能不进行报复。

其次，也是最为重要的，俄奥联军在奥尔米茨已经快坐吃山空了，后勤压力逼迫其必须尽快进攻。近9万的俄奥联军每天要消耗掉大量的后勤物资。俄军在境外作战，其后勤部门已经被压垮，既没有足够的马车将粮食送上来，也没有足够的钱让部队就地购买。本来他们寄希望奥地利友军，但被拿破仑打得落花流水的奥军已经落魄得一塌糊涂。最为严重的是，奥军

的物资大多储备在已经被拿破仑占领的乌尔姆、维也纳还有布吕恩。比如缪拉在布吕恩就发现了60门火炮和大批弹药。法军在维也纳的仓库里，发现了足可装备3到4个军的武器弹药，1万担面粉和1.3万蒲式耳（1蒲式耳约36.37升，1.3万蒲式耳等于472810升）饲料。被征服的维也纳每天还要供给法军7.5万磅（约34019.43千克）面包、2.5万（约11339.81千克）磅肉、20万磅（约90718.47千克）燕麦、28万磅（约127005.86千克）干草和375桶葡萄酒。从11月26日起，葡萄酒的供给量即增加到每天677桶。亚历山大一世无法坐看法军享用本属于自己的补给和美酒，自己的军队却要勒紧裤腰带。

沙皇发布进攻命令不久后的28日，俄奥联军和法军爆发了一次小规模的骑兵战。在布吕恩以东21公里处，巴格拉季翁指挥的联军前卫在一个小村前面的高地上击败了缪拉的骑兵。那个小村子的名字就是：奥斯特利茨（今捷克共和国布尔诺附近斯拉夫科夫）。

久违的胜利更激发了那些主战派的激情和勇气。至于拿破仑本人则在这股火上又浇上了一点油。当联军进攻的命令传进拿破仑的耳中，拿破仑简直欣喜若狂。因为他已经清楚地看到，立即展开会战对自己是有利的。之前拿破仑还害怕敌人拼命撤退而拖延战局，使得他不能在普鲁士人参战前打垮敌人。

为了促使亚历山大一世这个主战派得到更多支持，拿破仑命令法军从前沿阵地开始后撤，做出打算退兵的样子。然后他

派出自己的侍从武官萨瓦里将军去奥尔米茨谒见亚历山大，建议进行停战谈判。拿破仑还特别指示萨瓦里，叫他请求沙皇，同意与拿破仑举行单独会晤；如果亚历山大不愿意与拿破仑会见，那就建议他派一个全权代表来法军大本营进行谈判。

拿破仑的举动使得联军司令部里充满了欢呼声："拿破仑胆怯了！拿破仑的军队筋疲力尽，要完蛋了！必须趁此机会击败法军，不能放过拿破仑！"亚历山大也认为拿破仑不到万不得已时是不会这样低声下气的。因此，他冷冷地拒绝了拿破仑关于进行个人会晤的要求，只派了自己的侍从将军多尔戈鲁基公爵前往法军大本营进行象征性的谈判。

俄奥联军立即做出决定：向正在退却的惊慌失措的拿破仑进攻，把他彻底击垮！至于库图佐夫的劝阻，则被彻底无视了。为此这位老将军采取了无声的抗议，后来当联军的参谋长、奥地利将军魏洛特在说明沙皇的作战计划时，被新贵们称为"懒将军"的库图佐夫竟然打起了瞌睡。按照与会的法国流亡者朗热隆（也就是电影《奥斯特利茨》中那个为联军效力的法国指挥官原型）的说法，他离场时"懒将军"早已睡得死死的。以德语为母语的布克斯赫夫登虽然在倾听讲话，却肯定什么都不懂。塞尔维亚后裔米洛拉多维奇保持着沉默，波兰人普日贝谢夫斯基站在后面，俄罗斯人多赫图罗夫则是唯一一个关注地图的人。至于朗热隆本人，他声称自己主动质疑魏洛特，倘若联军离开普拉岑高地，法军又对高地发起攻击，届时应当如何应对——

不过考虑到会战当天朗热隆的反应，这一说法的真实性相当可疑。

此时，拿破仑则正在着手调动兵力，以便把所有能够调拢来的部队都集中起来。原来派往西面监视费迪南德大公残部的第一军，和派往普雷斯堡担任大军右翼警戒的第三军，立即调上前线，限令它们在两天之内赶到布吕恩附近。这样，除了继续留守维也纳的第八军，保卫后方交通线的第七军，以及在南部地区对意大利方向进行警戒的第二、第六军外，他把其余的六个军即近卫军、骑兵军和第一、第三、第四、第五军，迅速地集中到了布吕恩地区，使得法军的总兵力达到了7.3万人，并拥有139门大炮。

应该把这支大军布置在哪里？拿破仑最终把他的战场选在布吕恩以东的奥斯特利茨。这可不是心血来潮的决定。早在法军向北追击俄军时，拿破仑随军来到这里，他便发现了这一带地形良好，是一个理想的战场。他当时就同周围的将领说道，他要在这里打一仗。据说，拿破仑每到一地方都非常注意周围的地形。这一习惯使他在作战中获益不少。他曾对人说过，凡能对自己有利的地方，都要加以研究，因为说不定将来会在那里打仗，会要占领那个地方。所以，选择有利战场，是拿破仑作战中的一大特点。

12月1日，拿破仑将全军沿一条叫作哥德巴赫的沼泽小河右岸向东展开，其正面宽约10公里。该阵地位于布吕恩以东10公里处并且在布吕恩市和奥斯特利茨村的中途。防线北起布吕恩与奥斯特利茨之间的

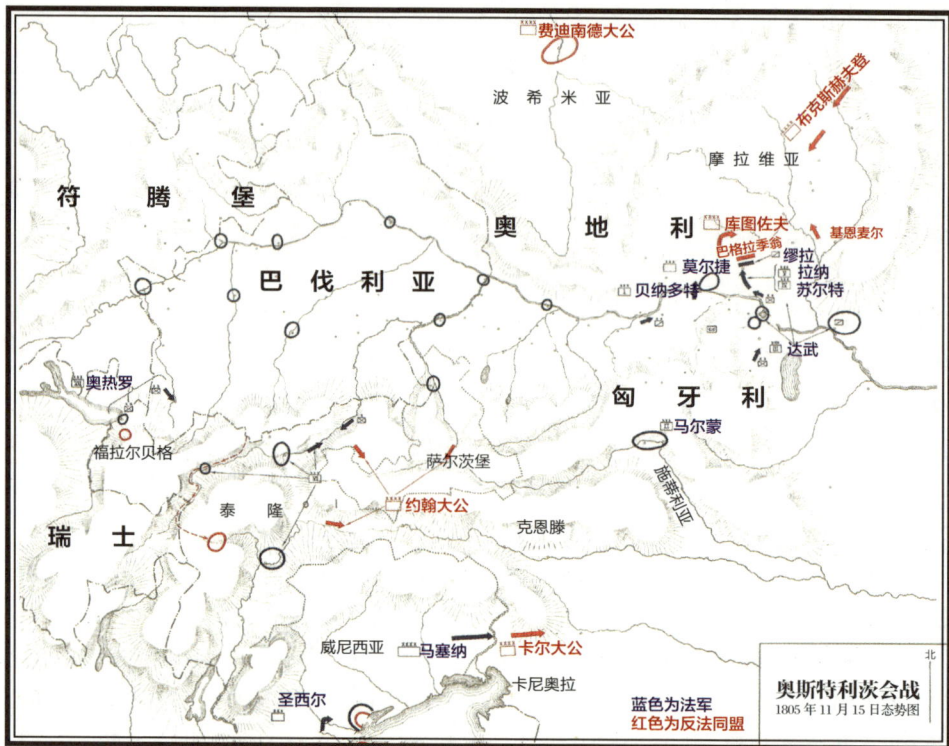

◎ 奥斯特利茨会战1805年11月15日态势图

乡村大道，南至扎钱湖北缘的特尔尼茨村。整个防线分为南北两段，各为五公里正面。法军战线的中部有一个名为普拉岑的高地，可以俯瞰整个法军战线。拿破仑为创造进行反击的条件，故意示弱于敌，引诱敌军来攻，果断地决定放弃了这一要点。

法军阵线的北段，也是法军的左翼有一隆起的圆丘可为依托，正好在布吕恩-奥斯特利茨大道的北边，奥地利人称之为"玛利亚-施内贝格"，法国人则称其为"桑通"，据说这座圆丘外形类似法军在中东看到的穆斯林坟墓"桑通"的样式，因而得此命名。此处由拉纳的第五军和贝纳多特的第一军，共25700人和44门大炮扼守，构成了北线防御的第一线。

在两个军侧后方约1.6公里的地方，隐蔽地布置着缪拉骑兵军的7400名骑兵，36门骑炮，和贝西埃率领的5500名近卫军，24门大炮。此外，还有乌迪诺掷弹兵师的5700人作为总预备队，以及法军的大本营，他们构成了北段的第二线。拿破仑的指挥所就设在这条线上。因为有河谷和丘陵地的遮蔽，第二线部队的配置情况，即使站在普拉岑高地的最高处也观察不到。可从位于高丘之上的拿破仑指挥所却能看到哥德巴赫河谷和对岸的普拉岑高地。

法军阵线的南段，也就是法军的右翼，位于特尔尼茨的正南，从蓬托维茨沿哥德巴赫一直延伸到索科尼茨和特尔尼茨。苏尔特的第四军依托一连串冰冻的水塘（此后这些水塘被法军夸张为能够淹死成千上万人的冰湖）和一大片沼泽地防守于此，兵力23600人，大炮35门。在特尔尼茨以西五公里外的赖格恩修道院里，急行军而来达武的第三军弗里昂师正在休整，这个师从维也纳出发时约有7400人和12门大炮，在44小时内急行军140公里后，扔下了大批掉队人员，最终仅有大约3800人抵达奥斯特利茨战场。

但实际上，拿破仑的部署有更深一层的计划，北线防御主要依托第五军和骑兵军来支撑。南线防御的压力将全交给第四军的勒格朗师和第三军的弗里昂师承担。拿破仑亲率第一军和第三军的两个师，以及近卫军和掷弹兵师作为中军主力。必要时，第一军将被拆分，支援其他战线。

拿破仑如此做的目的是：首先，引诱俄奥联军把主攻方向指向法军防御薄弱的右翼，即普拉岑高地和冰湖之间的地段。然后，乘俄奥联军主力南移而中间空虚之机，集中法军中军主力在中段进行反击，不惜一切代价夺回该地区的要点普拉岑高地。尔后，法军中军主力向南卷击，以冰湖及周围的沼泽地带为铁砧，以从北面压过来的法军中主力为铁锤，歼灭俄奥联军主力于普拉岑高地和冰湖之间地区。

整个作战计划南线法军的任务将是最重的。他们要像斗牛士那样，把俄奥联军这头蛮牛引向自己，同时又要保证不被敌人突破整个防御。

俄奥联军的战略部署正如拿破仑所预料的那样：俄奥联军分成了六个纵队。北面的两个纵队是巴格拉季翁公爵的前卫部队1.3万人和利希滕施泰因亲王的第五纵队1.3万人，他们横跨布吕恩－奥斯特利茨大道两侧，负责法军阵线北段。在中部，俄奥联军占据了拿破仑放弃的普拉岑高地，在那里布置着科洛弗拉特、米洛拉多维奇的联军第四纵队1.3万人，此外，康斯坦丁大公指挥的1.1万名俄国近卫军作为总预备队。联军的主攻方向在普拉岑高地以南，承担这一任务包括金迈尔的联军左翼前卫、多赫图罗夫的第一纵队、朗热隆的第二纵队、普日贝谢夫斯基的第三纵队，共有3.4万人，由俄将布克斯赫夫登指挥，他们负责进攻哥德巴赫溪畔的苏尔特军勒格朗师。

俄奥联军认为当面的法军最多不过5万人，因此预计在普拉岑高地和冰湖之间能够轻易突破对方的防御，尔后迂回到法军的右侧，切断通往维也纳的退路，将所有法军聚歼于布吕恩以南和以东地区。

奥斯特利茨的四顶皇冠

1805年12月1日，两军都已经完成了军队部署。从整个兵力对比来说，法军仍然居于劣势地位，可是，经过双方的具体部署，局部地区的兵力情况就有明显的变化。在南翼法军仅以1万多人牵制着联军4万多人，而在北翼，法军则集中了约6万人去对付联军的4万多人。法军在局部上形成了优势。

◎ **奥斯特利茨会战前夜**

　　当天，拿破仑向军队发表了一篇慷慨激昂的演说：

　　军人们，你们面前的俄军正准备替在乌尔姆战败的奥军复仇。他们正是你们在霍拉布仑（即巴格拉季翁展开的申格拉本后卫战）所击败的那些部队，现在却跑到这里来了。

　　我们所占据的阵地坚不可摧，如果敌人企图迂回我军右翼，就势必将其侧翼暴露在我们的面前。

　　这次胜利将结束我们的战役，我们可以住进冬季营房过冬，并将得到国内新建军的增援。到那时，我所致力赢得的和平就将无愧于人民，无愧于你们和我自己了。

　　当晚9点钟，拿破仑骑马沿着全线视察野营中的部队。一年之前的今天，拿破仑加冕为法兰西帝国皇帝。现在这个自己加冕一周年的日子，皇帝却即将展开一场决定帝国命运的决战。即使如拿破仑也不免为了明天的命运而忐忑不安。

　　法军士兵们则以一种异乎寻常的方式来迎接这位皇帝和庆祝拿破仑加冕一周年，他们把干草捆成火把，点燃后在空中摇晃。军队崇拜英雄的火光照亮了夜空，他们围着这个身穿灰大衣的伟大统帅忘情跳舞和欢呼。那些跟随拿破仑征战多年的老兵们更是向皇帝保证，要夺取敌人的军旗和火炮来庆祝陛下加冕纪念日，要让俄国熊跟着他们的节奏跳舞。所以士兵请求拿破仑不要站在火线上，不必亲临前线战斗，而以旁观者的身份观看战斗。

　　拿破仑此时又做了一次即兴演讲：

　　士兵们，我要亲自指挥你们每一个营。如果你们以你们一贯的勇敢，将混乱带到敌人的阵线之间，我将一直远离火线。但如果幸运女神有任何犹豫，哪怕仅仅一秒钟，法兰西帝国的皇帝将站在最前线，带领你们前进！

士兵们，我们要以一记迅猛的攻击结束这场会战！

这一番话让法军士兵们更加慷慨激昂，"皇帝万岁！"的巨大呼喊声使对面的联军都为之震动——不过，过于乐观的联军竟然认为法军这是要烧营撤退！

1805年12月2日，东方刚刚泛起白色的曙光，浓雾罩着战场，而7.3万名决心以死效忠的法国官兵，已经准备就绪，严阵以待。

早上7时左右，穿绿色军服的俄军和穿白色军服的奥军，各自排成密集的队形，展开在大约12公里的正面上，同时向法军发起了进攻。

奥斯特利茨会战正式爆发了！该战役因两军统帅分别为法兰西帝国皇帝，奥地利帝国皇帝弗朗茨一世和俄罗斯帝国沙皇亚历山大一世而又被称为"三皇会战"。但实际上，当时战场上汇聚着整个欧洲的四座皇冠！因为奥地利皇帝弗朗茨一世同时又是神圣罗马帝国皇帝弗朗茨二世。

在战争正式打响前，请容我简单描述双方的军队。奥地利军队步兵因为连续战败，早已士气低落。此外，奥斯特利茨会战中的奥军步兵仅有萨尔茨堡步兵团和少数边区部队尚属完整，其他各团多数是由老弱病残充斥的后备部队组成，连沙俄的军官都为其混乱程度感到愕然。不过，奥地利骑兵与炮兵仍然保有着相当强的战斗力，它的骑兵和炮兵将在战斗中令法军付出惨重的代价。

作为联军主力的俄罗斯军队的炮兵和骑兵都很强大，而且有着自己鲜明的特色。俄国步兵的特色是强壮结实、勇敢，但也是不可救药的宿命论者。他们受宗教影响比其余任何欧洲国家都要深重，俄国士兵可以任劳任怨的服从长官，尊敬长者，无条件的热爱他们的"小父亲"——沙皇。但同时他们在战场上缺乏主动性，常常容易失控。一旦失去指挥官或指挥官不利，

◎ 奥地利军队士兵

◎ 沙皇俄国军队士兵

他们就纷纷溃退。不过此时的俄军军官团是由已故名将苏沃洛夫一手调教出来的，经过了与奥斯曼帝国多年的战火洗礼。

一直以来，很多人对俄军的战斗方式都有一个固定看法，认为俄军只重视白刃冲击而不重视火力。他们的根据是苏沃洛夫在《制胜的科学》里的一句话："子弹是笨蛋，刺刀是好汉。"

但实际上这是源自于断章取义的误解。《制胜的科学》的原话是这样的："珍存三天的子弹，有时要珍存到够用整个战役，假如子弹来源没有保障的话。射击要少而准，刺刀要刺得狠。子弹会上当，刺刀不会上当。子弹是笨蛋，刺刀是好汉。……要爱惜枪膛里的子弹！……冲击时不得拖延！要对准目标猛射。"

可以看出，苏沃洛夫的这段话是希望士兵们珍惜弹药，不要漫无目标的乱射，而要进行准确射击。其实俄军的战术中，将射击与白刃冲击放到了同等的地位上。《制胜的科学》一书中强调射击的部分要占到 1/3 左右。

根据记载，1805 年前的俄军中普通步兵一人一年会下发三发实弹进行射击训练，猎兵六发（库图佐夫曾改为十发），战时自然也会将训练量倍增，以俄军科斯特罗马步兵团为例，他们在 1805 年组建后到当年年底的不到一年时间里，平均每人射击训练消耗了 30 发实弹和 70 发陶土弹。

因此，俄罗斯步兵实际上是一支擅长排枪射击和白刃格斗，让人望而生畏的劲旅。为了对付俄军，拿破仑还专门在战前发布了一条命令：

每个旅的第一团应成横队展开，第二团则保持密集的连纵队。第二团的第一营在右，位于第一团第一营的后方。第二团的第二营在左，位于第一团第二营的后方。炮兵置于前面两个营之间的间隙中，在两翼也应布置若干炮兵。在每旅后面，都应有一个骑兵中队或至少一支骑兵队，以便在敌人溃败时穿过间隙实施追击。

采用这种战斗序列，你们既能以展开火力痛击敌人，又可以保持密集纵队应付敌之突击。

这是拿破仑第一次就战术程序向部队发布命令，也是法国军队所使用的横纵队混合序列进攻阵型第一次被以命令的形式被记录下来。就如同一直以来大家对俄军有误解一样，拿破仑战争时期，法军的作战方式也一直被误解。很多人认为其只会使用纵队进行进攻，甚至一些学者也支持法军重型纵队进攻的理论。其实以散兵进行支援的横纵队混合序列进攻阵型才是法军作战的真正模式。法军如何具体使用这种战术，我们将在后续章节里具体讲述。

会战一开始，在战线南段，实施进攻的联军主力发展就遇上了麻烦。尽管在兵力上具备优势，奥军步兵的三次进攻均未能拿下特尔尼茨村。在俄军加入其中，攻克特尔尼茨村后，匆匆赶来的弗里昂师第 108 战列步兵团发动刺刀突击，顺利将其夺回。联军随后投入大约 10 个营的兵力，再次夺取了特尔尼茨，但此后一直未能向西扩张战果。与此同时，朗热隆和普日贝谢夫斯基指挥联军第 2、第 3 纵队勉强攻克了西岸的索科尔尼茨村，迫使法军逐渐向后退却，但弗里昂师的第48、第111战列步兵团则在路过时临时加入战斗，一举击退联军。

尽管达武军弗里昂师在急行军中减员极多，但他们的出现阻止了俄奥联军向南段法军的侧后实行迂回，稳定了防御阵势，同时也吸引更多的联军投入这个方向。由于法军的新锐力量突然实施猛烈的反击，已经占据索科尔尼茨村的联军第2、第3纵队先头部队不得不向河的东岸撤退。于是，联军又向南线投入了新的生力军，达武此时也指挥弗里昂师剩余的第15轻步兵团和第33战列步兵团抵达索科尔尼茨附近，双方在这里爆发了残酷而血腥的争夺战。最

终，骁勇坚韧如达武也无法抵御敌军巨大的兵力优势，南线法军开始且战且退。

此时，北线法军也和敌人发生了激烈战斗。奥地利骑兵无愧昔日威名，不断压迫法军后退。但拉纳第五军的步兵很快在桑通圆丘上法军大炮的支援下，稳住了阵脚，以方阵抑制住了奥军骑兵的冲击。然后缪拉的骑兵军适时发动反冲击，两个军合力动摇了敌人的阵线，将敌人赶回了奥斯特利茨村。

普拉岑高地上的近卫军对决

真正决定性的战斗爆发在战线中段的

◎ 奥斯特利茨会战态势图

普拉岑高地。上午9点，原本笼罩战场的大雾彻底被太阳所驱散。拿破仑敏锐的观察到高地上的联军因为支援南线已经被削弱了。他立即命令苏尔特率第四军的旺达姆师和圣伊莱尔师去夺取该高地。

攻击的法军勇猛无比，然而米洛拉多维奇麾下转战千里的士兵也不是善茬。尽管几乎没有准备，莫纳赫京依然指挥诺夫哥罗德团因地制宜，在雾中伏击了法军第14战列步兵团第1营，法军圣伊莱尔师的蒂埃博旅长沉痛描述，"他们在近距离上倾泻出异常致命的火力，打得既突然又吓人，第1营崩溃了、逃跑了……像他（第14战列步兵团团长）这样战争经验丰富的军官怎么会因为没有派出若干侦察兵搜索河谷、找出俄军而陷入伏击呢？我实在不知道这是为什么！"。虽然如此，蒂埃博麾下的第36战列步兵团和圣伊莱尔师莫朗旅还是顺利击退了莫纳赫京，夺取了普拉岑高地西南的普拉岑村。圣伊莱尔师瓦雷旅和旺达姆师则径直杀上普拉岑高地，依靠数量优势和训练有素的火力击退了米洛拉多维奇所部主力。

普拉岑高地一失守，沙皇亚历山大一世随即意识到了自己的失策，他因而在库图佐夫的协助下，下令将所有的预备队调上来，企图重新夺回这一高地。这样一来，在高地附近展开了激烈的争夺。排枪的轰鸣、大炮的巨吼和刺刀冲锋时的咆哮一直持续了两个多小时之久。尽管奥地利步兵多数是新兵，却也在俄奥两国君主和名义上的总司令库图佐夫注视下一再发起猛烈反击。俄奥联军对高地一共发起了四次冲

击，就连朗热隆都抽出第二纵队的一个旅赶回增援，但历次反击均以失败告终。

当库图佐夫无奈地命令联军第四纵队向匈牙利方向退却后，他也要求康斯坦丁大公以近卫军投入战斗掩护退却。这也滋生了日后法俄两国近卫军展开争夺普拉岑高地的最终决战传说，虽然它极富美感，却并非实情。

旺达姆师的第4、第24战列步兵团刚刚走下高地，着手追击俄军步兵，便发觉俄军近卫骑兵气势汹汹地杀向高地东侧。第4战列步兵团当即列成方阵准备抵抗，虽然他们击退了俄军的第一轮攻击，俄国近卫骑炮兵的4门火炮却随即猛烈轰击。当血肉之躯的方阵被撕开缺口后，俄军骑马禁军团便冲入其中肆意杀戮，甚至将法军视若珍宝的鹰旗收入囊中。颇有意思的是，第4战列步兵团的名誉团长是拿破仑的哥哥约瑟夫，而骑马禁军团的名誉团长则是亚历山大的弟弟兼皇储康斯坦丁，这场步骑血战某种程度上也是两国皇室间的比拼。

击溃第4战列步兵团后，俄军近卫骠骑兵团和骑马禁军团又以迅雷不及掩耳之势撕开了第24战列步兵团的横队战线——面对可怕的骑兵，他们甚至没有列成方阵！第24团也扔下了一面鹰旗，所幸被第4团的溃兵误认为本团旗帜捡了回去，总算免去了鹰旗落入敌手的耻辱。苏尔特的参谋圣沙曼回忆，当这两个团的败兵退向普拉岑高地时，设在高地顶部老葡萄园的法军指挥部里出现了这样的对话：

皇帝叫道，"那究竟是什么？""啊，

陛下！"总是喜欢奉承又缺乏临阵作战能力的贝尔蒂埃元帅喊道，"他们送给您一群多么雄壮的战俘呀！"

事与愿违，这些法军溃兵甚至一边大叫皇帝万岁一边毫不停歇地逃跑。拿破仑当即下令拉普将军率法军近卫猎骑兵团上前迎击，与此同时，贝纳多特第一军的德鲁埃师也抵达高地，作为生力军投入战斗。

法军近卫猎骑兵在近卫骑炮兵的火力支援下打散了俄军近卫骑兵的队形，将俄国的近卫骠骑兵击溃。然而，他们很快撞上了依托葡萄园有利地势展开抵抗的俄军普列奥布拉任斯科耶近卫团，俄军除了步兵的火力外，还有8门骑炮也及时加入了战斗，不久便迫使法军近卫猎骑兵退却。不过，法军并未远离战场，德鲁埃师的散兵不断对行军中的俄军展开袭扰，猎骑兵则一路尾随俄军，时刻准备出击，不久便伺机再度击溃重整后的俄军骠骑兵，俘获骑炮2门、步炮1门。

散兵、骑炮兵的袭扰令俄军谢苗诺夫斯科耶近卫团的一个营方阵出现了动摇，法军近卫猎骑兵与近卫马穆鲁克趁机杀入，破开方阵并缴获营旗一面。俄国近卫军指挥官康斯坦丁大公见势不妙，投入了刚刚赶到不久的近卫军精华——禁卫骑兵团和近卫哥萨克团。禁卫骑兵团先是投入了半个团，骑兵威慑下的法军散兵立刻向后退却，德鲁埃师也列成若干个营方阵严阵以待，拉普则以半个近卫猎骑兵团适时展开反击将其击退。列普宁公爵随即指挥剩余部队投入战斗，击退了拉普，但达尔曼则带着另外半个近卫猎骑兵团和1个近卫掷弹骑兵中队杀入战场。俄军骑马禁军团的奥列宁上校也指挥3个中队卷入激战，双方各5个骑兵中队展开了拉锯战，俄军普列奥布拉任斯科耶、谢苗诺夫斯科耶近卫团余部趁机撤离战场。

就在双方骑兵混战了大约一刻钟后，贝西埃元帅亲率法军近卫掷弹骑兵的4个中队从侧翼杀来。据说他们冲锋时高呼："让彼得堡的女士们哭泣吧！"（意指要痛击沙皇俄国的贵族子弟）。数量上和训练上都占据优势的法军近卫骑兵最终撕开了俄军战线，列普宁麾下的禁卫骑兵团第4中队仅有18人免于战死或被俘。

就这样，法国皇帝的近卫军击败了俄国沙皇的禁卫军！法国皇帝击败了俄国沙皇！

◎ *法国近卫军士兵*
1. *军刀*
2. *近卫军步兵背包*
3. *掷弹兵弹药盒*
4. *刺绣帽徽*
5. *近卫军肩章（图例为中尉肩章）*
6. *近卫军第一掷弹兵团袖口和纽扣细节*

　　到了下午 3 时，联军在整个战线的中部和北部都被法军彻底击溃了。只有在南部的主力，还被法军的部分兵力牵制着，正处在普拉岑高地和冰湖之间的孤立突出不利态势中。其左翼是沼泽地和湖泊，右翼和侧后受到占领普拉岑高地的法军的威胁，处境更是危急。拿破仑占据普拉岑高地以后，很快把火炮调了上去，用以支援法军的全线反攻。

　　很快，拿破仑指挥法军主力对联军南翼主力翼列和侧后实施了最后的突击。法军呼喊着，从高地的斜坡横扫下去。面对这一无法抵挡的洪流，联军左翼很快就溃散了，多赫图罗夫的第一纵队和金迈尔的左翼前卫大部分被压缩到了扎钱湖和默尼茨湖之间的沼泽地带。尽管法军公报宣称"冰湖"里吞噬了两万联军，法军火炮仍朝着冰面不断射击，俄奥两军的绝大部分官兵还是艰辛地越过了这两个池塘，死于"湖"中的多数是被沉重火炮拖入池底的挽马。

　　联军惨败的局面已经非常明朗了。整个联军的溃散势不可挡。就连弗朗茨和亚

拿破仑在奥斯特利茨会战中获胜

历山大的侍从人员，也都顾不得皇上的安危而把两位至尊丢在路上，各自逃命去了。也许可以说，是冬天短暂的白昼救了两位皇帝的性命，使他们侥幸地逃出了法军的包围。在激战中，联军总司令库图佐夫负了伤，差一点当了法军的俘虏。

夜幕降临了，一切都结束了。这一仗，俄奥联军损失了2.7万人和180门火炮，其中被俘1.5万人。法军自称的损失仅有不到9000人——尽管1万人或许是更为准确的估计。

第二天，法军所有部队都受到了拿破仑的赞扬，他说：

士兵们，我对你们表示满意：在奥斯特利茨一天中，你们完成了我要求你们以果敢精神去完成的一切。不朽的光荣归于你们，我的雄鹰们。

在俄奥皇帝指挥下的十万军队，不到4个小时，就被打得落花流水。

我将带领你们回到法国，在那里我将尽我所能保护你们的利益。我的人民一定会兴高采烈地再和你们相见。你们只要说：

"我参加了奥斯特利茨会战"，他们就会回答说："好一个勇士！"

奥斯特利茨胜利的奖赏是丰厚的。

1805 年 12 月 4 日，奥地利皇帝弗朗茨和拿破仑会谈，达成停火协议。12 月 5 日，原本来宣战的普鲁士外交使节见到拿破仑，反而祝贺胜利并表示普鲁士愿意和法国结盟。拿破仑语带嘲讽地说："命运女神把你祝贺的对象改变了。"

12 月 27 日，奥地利和法国签订普雷斯堡和约。奥地利退出反法同盟，弗朗茨取消自己"神圣罗马帝国皇帝"的封号。至此，第三次反法同盟瓦解，神圣罗马帝国的历史也告终结，拿破仑正式成为欧洲的霸主。

为了庆祝这次胜利，拿破仑在 1806 年 2 月 12 日宣布在星形广场（今戴高乐广场）兴建"一道伟大的雕塑"，迎接日后凯旋的法军将士，它于 1836 年最终竣工，奥斯特利茨的胜利和拿破仑所取得的其他 95 场胜利被铭刻其上。这就是今天著名的巴黎凯旋门，又被称作"雄狮凯旋门"。

◎ *凯旋门*

耶拿战役
将普鲁士一口气吹倒

BATAILLE D'IÉNA

文 / 原廓、吴畋

奥斯特利茨会战的硝烟仿佛还未完全散去，就有人开始向拿破仑在那次辉煌胜利中建立起的欧洲第一名将的霸主地位发出了挑战。

1806 年 9 月，英国、俄国、普鲁士和瑞典等国组成第四次反法联盟。随着反法联盟的建立，欧洲大陆的军事形势又重新紧张了起来。此前，由哈布斯堡王朝统治的神圣罗马帝国，于 1806 年 8 月 6 日正式宣布解体。奥地利帝国在先后三次败于拿破仑之后，国力日衰，已经远远不能与法国分庭抗礼了。在这个形势下，普鲁士和俄国便成了遏制法国的主要对手。不过，俄国在奥斯特利茨惨败之后，本身也面临着一些问题。同时，土耳其不断地对俄国进行侵扰，使它不得不有后顾之忧。

◎ 普鲁士国王威廉三世

因此，掌握着近千万人口，可迅速动员187000名正规部队的普鲁士王国就成了此次第四次反法联盟的中坚力量。其实，在1805年的第三次反法联盟战争时期，普鲁士国王弗里德里希·威廉三世本已决定参加反法联盟，并预期在12月15日以后正式向法国宣战。结果拿破仑在奥斯特利茨的辉煌胜利打乱了威廉三世的计划。现在第四次反法联盟一经建立，普鲁士自然冲到了反对法国的最前线。

外强中干的"第一强军"

普鲁士敢于对连战连胜的法兰西帝国开战，其信心和勇气完全来自那支由弗里德里希大王所缔造和留存下来的强悍军队。虽然自法国大革命以后，法国军队创造了一系列伟大的胜利。但在普通欧洲人的心目中，"欧洲第一强军"的桂冠仍非纪律严明、训练有素的普鲁士军队莫属。

普鲁士军队比其他军队更加重视步兵的军事训练，他们依赖军官团和严酷的训练来确保其军队的质量。军官团的成员几乎全部从乡村贵族中招募，权威和地位不

◎ 普鲁士掷弹兵的进攻

是靠专业技能或所受教育，而是靠高度的责任感和铁的纪律。他们早年在军官学校接受严格的军事训练，接着又在部队服役数年，他们的军队生活始终是反复不停地操练自己属下的士兵。

就是凭借着对训练和纪律的狂热痴迷，弗里德里希大王率领的普鲁士军队在1756年至1763年的"七年战争"期间，屡挫强敌，赢得了一个又一个会战的胜利。最终造就普鲁士"欧洲第一强军"的声望和地位。即使到了拿破仑战争时代，普鲁士步兵的排枪齐射、装填速度还有横队前进和队形变换都是一时翘楚。普鲁士骑兵更是骁勇善战，除了无畏而坚决的冲锋，他们步伐的矫健、队形的整齐、攻击的勇猛、集合的迅速更是欧洲其他国家羡慕的对象。连拿破仑本人都是弗里德里希大王的狂热崇拜者。

更为重要的是，普鲁士军人对法国军队拥有着强烈的心理优势。这种心理优势就是来自"七年战争"当中著名的罗斯巴赫会战。1757年11月5日，罗斯巴赫村附近，弗里德里希大王仅用2.2万人就击败了3.6万名法国和1.2万名神圣罗马帝国的联军，打死打伤3000人，俘虏5000人，还夺去了65门火炮。而普军的伤亡只有550人。

在此战之前的法军也拥有着如日中天的声望和显赫的战绩，罗斯巴赫会战开始前，一些法国军官还傲慢地表示和普鲁士打仗是"赏脸"给普鲁士。结果开战后仅仅一个半小时，普鲁士步兵凶狠的排枪齐射和骑兵恐怖的冲击就将法军彻底打垮。法军败得是如此之快，以至于到会战结束

◎ 罗斯巴赫会战

之时，很多普鲁士步兵还一枪未射呢！

因此，普鲁士的军官和上流显贵们，对于可能即将来临的战争，都充满了必胜的信心。他们骄傲地认为，拿破仑以前所打败的都是那些无能的意大利人、软弱的奥地利人和笨拙的俄罗斯人。只要普鲁士军队鼓足勇气，必定能给那个来自科西嘉岛的穷小子一个扎扎实实的教训。

但实际上，普鲁士可怜的财政收入、庞大的军队规模和畸形的先军政治早已让那支曾经的"欧洲第一强军"变得外强中干。而这种隐患其实从弗里德里希大王时代就开始埋下了。

《克劳塞维茨传》中曾这么记述：

（普鲁士）是个中世纪型的分等级国家，贵族在国内占统治地位，并以宰割农奴和未成熟的资产阶级而致富。军事体制就建立在这个封建的基础上，同时也是贵族的一个牟利手段。容克的连队管理制度在弗里威廉一世时代还比较严格，到弗里德里希二世时，却采用了极有害的形式。

具体情况是这样的：国王将全年兵饷一次发放给连队，每人月饷为3塔勒零5格罗辛。但是训练期只有3个月。后来甚至只有2个月，其余10个月连长在本连70个本地士兵中放60个人的假，只将通常约为60人的外籍士兵保持足额。由于放假的兵不领饷，这笔钱就进了连长的腰包。同时，还允许一部分外籍兵作为'自由哨兵'在营区内放假，找点工作干。国王虽然有规定每连必须经常保持76名士兵，但连长们却千方百计尽量多放假，因此连里往往只有三四十人。士兵的装备和给养也成了生财之道。军队的服装变得越来越寒酸。军服上身做得很短，省下很多布料。至于衬衫，起初是改为背心，以后就完全取消了，只在上身的前襟中间缝上一块布做做样子。士兵的靴子质量也极其低劣。

沙恩霍斯特的学生、后来的普鲁士陆军大臣冯·海尔曼博·因也在他的回忆录中把弗里德里希大王时代的军官叫作"奸商"。他记述，募兵官也像狡猾的连长一样，对普鲁士军队起了拆台作用。这些募兵官把各邦那些声名狼藉的无赖都搜罗到军队里来。因为招募这种无赖最便宜；而花钱越少，军官们从招兵费中捞的就越多。

博因写道："它使军队半数由这种无用的坏蛋组成，他们把从这支军队开小差跑到另外一支军队去当作自己的职业，为的是可以三番五次地领到一笔新的赏钱。他们除军饷以外还想方设法通过偷窃和欺骗捞外快，给士兵阶层丢尽了脸。这些坏蛋，以及用来维护纪律的棍刑，严重削弱了本国士兵的士气，因为一般士兵也常常无端受连累，遭到可怕的虐待。例如，为了在夜间监视一个坏兵，就把他安置在一个好兵的房间里。如果坏兵开了小差，好兵就得受夹鞭刑。"

到了威廉三世时代，问题就更加严重了。有人曾这样记述："上百个士兵正在装卸货物，木料场也满是干活的士兵。在军营里同样的事情也在发生，士兵什么活都干，甚至包括纺纱这种精细手工活。"

有人则在波茨坦看到："士兵出现在大街上每个角落，干你能想到的所有活，车夫、身着制服等待雇佣的仆人、掮客……当然，从中牟利最大的自然不可能是士兵，而是他们的尉官上司。"根据普鲁士总参出版的《1806年普鲁士步兵的作战训练》一书记载："有些营的营属火炮弹药中的火药被倒卖了，原本装火药的地方塞进去了沙子和铁屑……"当时的普鲁士营属火炮部队，其弹药车里不光是自己的炮弹，还需要运载该营步兵的子弹。也就是说，当时很多普军的步兵营其实处于无弹可用的状态。

不管是这些暗中的腐败，还是因为财政的紧张，须知轻视实弹射击对普军战斗力的破坏是十分可怕的。

普军1788年条令中要求："一个普通步兵团（2个五连制火枪兵营和半个四连制掷弹兵营，合计12个连，步兵姑且定为1500人左右）一年实弹训练量应为165普磅，亦即4125发实弹。"表面上，普军士兵每人每年能训练两发多一点，但实际上，军队每年只下发41.25普磅铅弹，其余铅弹则要求普军士兵将往年的铅弹回收再利用。

最为严重的是，普军另有规定："普通步兵无须实弹练习，只有每个连的10名卫兵（实际即轻步兵）有权练习。"因

此理论上，普军每个团有120名射手可以做到每年近40发实弹（其中9发为新发实弹）的训练，其他人不能进行实弹射击训练，要想练习就请自掏腰包购买铅弹。但理论永远是理论，根据当时一位普军轻步兵的回忆："在1806年之前，他每年只能拿到9发铅弹的对应火药，要铅弹得自己出钱！"

这种训练强度跟俄军尚且不如，跟重视训练的法军更是无法相比。法军按照1804年的相关条令，一个营一年可以得到250里弗铅弹实弹，即5000发实弹。以一个营840人计算，大约一人6发左右，而实际备战时可以达到一年几十发。例如，马尔蒙的第二军在1805年战前，平均每两周就要进行一次全体实弹射击练习。

当然，对于普军这些可怕的情况，那些高高在上的普鲁士显贵们是看不到的，他们往往还沉浸于往日的辉煌中无法自拔。

1806年8月9日，决心要同法国一决雌雄的普鲁士，宣布实行总动员，并立即开始向西南边界集结兵力。此时，普鲁士陆军的总数在20万人以上，但扣除预备队和守备兵团，普鲁士能动用的野战兵团并不很多。于是，普鲁士与其盟邦萨克森公国展开谈判，并获得了其支持。

9月下旬，普军的具体态势是：第一军团6万人为中路，由不伦瑞克公爵指挥，现已进到莱比锡，继续向其西南一线开进。第二军团约5万人为左路，由霍恩洛厄公爵指挥，现已进到德累斯顿，在该地得到两个萨克森师约2万人的加强后，正向霍夫方向前进。第三军团约3万人为右路，

由吕歇尔和布吕歇尔将军指挥，现已进到格廷根及其以南地区。

为了协调三个军团的行动，威廉三世任命第一军团司令不伦瑞克兼任普军总司令，而为了减轻各军团司令之间的摩擦，又宣布自己担任普军名义上的统帅。为了加强领导，他还把政府的各部大臣和军队训练总监一起带到战场上，统统给以顾问头衔。

这样一来，普鲁士军队的统帅机构实际上成了互相牵制、各不隶属的奇怪模式。所谓军事会议，实际上等于内阁会议。最后到了9月底，这个奇怪的统帅机构终于制定出了一个作战计划。第三军团直指法兰克福，同时负责主力军团右翼的安全；第二军团挺进拜罗伊特，同时负责主力军团左翼的安全；年轻的主战派路易·费迪南德亲王率领前卫部队，为中路普军的前进开路。左右两个军团的任务，主要是牵制法军的行动，而在有利的情况下，则对法军实行包围。作为主力的第一军团，应向维尔次堡方向实施进攻，国王及其战时内阁均随该路行动。

根据上述计划，在普鲁士决定对法作战和全国动员的两个月后，这支旧制度下的"欧洲第一强军"于十月初陆续到达下述位置：中路，到达哥达和埃尔富特地域；左路，到达耶拿与霍夫一线；右路，到达埃森纳赫附近。普军的全部集结都是在丛林密布的图林根山林和弗兰肯山林的遮掩下进行的。图林根山是埃尔茨山脉向西的延伸部分，它将萨克森和波西米亚分隔开来。那道长将近130公里，高达千米的山峦构成了北边的易北河盆地与南边的美因河左侧支流之间的分水岭。这样一来，组织复杂而又指挥多头的整个普军，将撒在一个宽大的正面上，等待着与法军决战。

迅速而大胆的攻击

对于普鲁士的参战，法军其实是很意外的，甚至拿破仑根本没有料到普鲁士会有任何敌对行动。奥斯特利茨会战以后，拿破仑带着他的近卫军返回巴黎去了。整个法国大军团，基本上散驻在中欧各地，由身在慕尼黑的总参谋长贝尔蒂埃元帅代行指挥职责。

甚至8月中旬，拿破仑还在考虑把大军团的大部分从德意志撤走的问题。

8月17日，他还写信给贝尔蒂埃说："我们应该认真考虑调回大军团的问题，因为在我看来，有关德意志的疑虑已经完全澄清。你也许会宣布大军团即将行动，但实际上，在我得知对俄和约批准之前，我是无意把布劳瑙交还给奥地利人的。此时，应停止一切战争准备，不要再让部队渡过莱茵河，所有人员都要作好返回法国的准备。"

直到9月4日，拿破仑还给他的两个军长奈伊和达武各批了三周的假，因为他们两人的夫人都快临产了。贝尔蒂埃也被告之可以返回巴黎休假。

因此当8月份弗里德里希·威廉三世开始动员之际，法军根本没有任何准备作战的想法。当时法国大军团的兵力分布如下：第一军2万人，由贝纳多特指挥，位于安斯巴赫和纽伦堡。第三军2.7万人，由

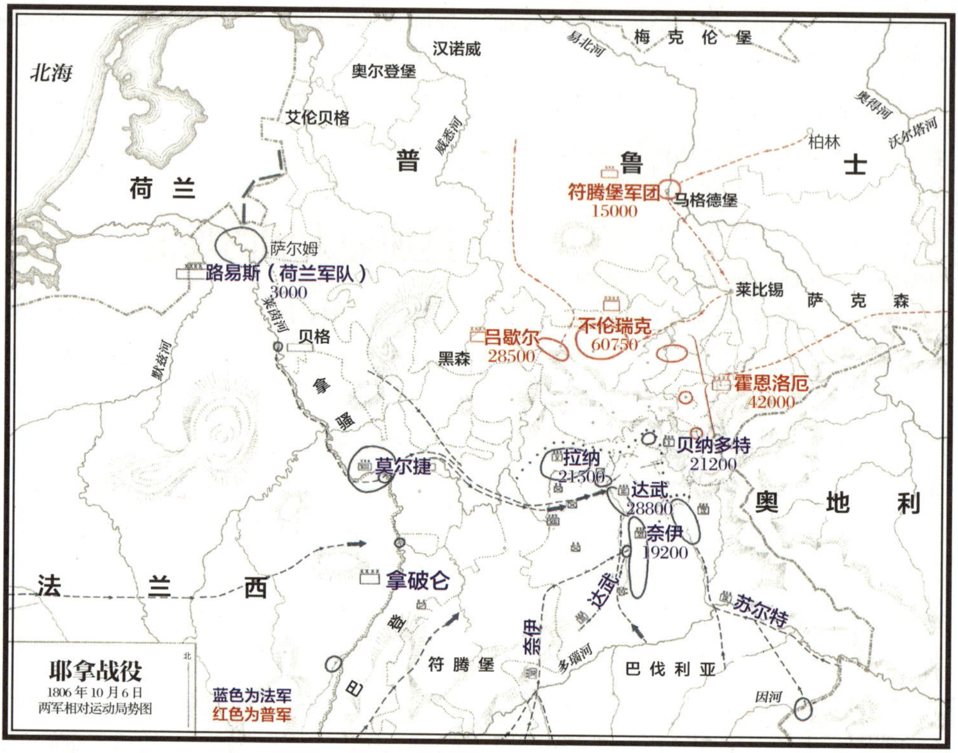

◎ 1806年10月6日，耶拿战役

达武指挥，驻扎在讷德林根附近。第四军3.2万人，由苏尔特指挥，驻在奥地利西北部边界的因河一线。第五军2.2万人，由拉纳指挥，驻在巴伐利亚的美因河一线。第六军2万人，由奈伊指挥，驻在多瑙河与伊萨河之间地区。第七军1.7万人，由奥热罗指挥，位置在法兰克福周围。驻在法兰克福及其附近地区。贝尔蒂埃代行指挥的大军总部，还有缪拉2.8万人的骑兵军，都驻在慕尼黑。

9月5日，拿破仑得到可靠的情报，获悉普军开始调动，正在向南部和西部边界集结。对此，拿破仑反应敏捷，并立即展开行动，向总参谋长贝尔蒂埃发出了指导法军行动的第一号命令，指示贝尔蒂埃派工兵军官去侦察班贝格至柏林的道路，并要求大军团各军做好准备在八天之内在班贝格－拜罗伊特地区集结。

欧洲事态的新变化迫使我认真地考虑我军的处境。……

我的意图是，八天之内，所有各军都应在克罗纳赫以南集结。我估计从班贝格边界的集结地到柏林大约有十天的行程。……我想知道萨勒河和埃尔斯特河在格拉的情况。……易北河在维滕贝格处的渡口情况又怎样？德累斯顿、托尔高和马格德堡等镇的设防情况如何？将在慕尼黑和德累斯顿所能弄到的最好的地图都收集起来。派情报官去德累斯顿和柏林弄清普军此次调动和集结的真实意图。你在搜集情报时务必非常慎重，因为我尚无意与柏林为敌；我之所以要这方面的详细情报，主要是以防不测。

很快，随着各方面情报的反馈，军事态势就越来越清楚了。普鲁士军队于9月13日进一步向南推移，进入其盟国萨克森境内。拿破仑于9月18日得到这一消息。他据此认为，尽管普鲁士还没有公开宣战，但是这一行动本身说明，势将爆发战争已是明白无误的事情了。于是，他立即着手具体的准备工作。

当晚11点，他命令近卫军沿着驿站，从巴黎向马因斯进发。他还命令其御厩总管科兰古将其八匹马和所有的望远镜都先送走，对外却扬言他不过是去贡比涅打猎而已。

事实证明，从9月18日开始，拿破仑那庞大而富有效率的军事指挥机器，以极高速度转动起来了。仅在9月18日和19日两天里，拿破仑就口述了102道命令和各种指示文件，其中最重要的是《有关大军团集中的一般性指示》——这就是耶拿战役的基本文件。在这个指示中，拿破仑下令各军务于10月7日以前迅速完成集中的任务。

根据命令，贝纳多特的第一军应于10月2日占领纽伦堡；达武的第三军应于10月3日占领班贝克；苏尔特的第四军应于10月4日占领安贝克；拉纳的第五军应于10月3日占领科堡；奈伊的第六军应于10

月2日占领安斯巴赫；奥热罗的第七军，应于10月2日占领法兰克福；缪拉的骑兵军应该集中于维尔茨堡；贝西埃的近卫军应该集中于美因茨。辎重纵队于10月3日集中于维尔茨堡。大军的野战司令部于10月3日前在班贝克开设完毕。

这个命令十分冗长而详细，它是在9月20日发出，在慕尼黑的贝尔蒂埃于9月24日才收到。

经过几天繁忙的工作，拿破仑迅速完成了调动法军的第一阶段任务，同时也对国内的财政、外交和政治等方面的事务，以及西海岸的对英防御问题，做出了必要的安排。根据形势的发展，他决定亲自到前线去。9月24日夜间，拿破仑在约瑟芬皇后和侍从们的伴随下离开巴黎，28日到达美因茨。他在此获悉，直到27日，普鲁士军队还停留在埃森纳赫、迈宁根及其以东地区。

10月2日，拿破仑到达维尔茨堡，正式接管了大军团的指挥权。

此前，经过一系列卓有成效的情报工

◎ **法军开始集结**

作，拿破仑对敌人的兵力部署有了颇为清晰的了解。敌军显然是在艾森纳赫—耶拿一线展开兵力，仅以一支弱小的兵力掩护其弗兰肯山林的东翼。所以，如能迅速推进到萨勒河谷和埃尔斯特河谷，直指普劳恩、格拉和瑙姆堡，就可以迂回这个侧翼。

就如同之前拿破仑在给荷兰国王、他的弟弟路易·波拿巴信中所说的那样："战争的全部艺术就是一个非常合理而十分慎重的防御继之以一个迅速而大胆的攻击。"

拿破仑在精心准备和缜密安排之后，要对他青年时代偶像腓特烈大王所缔造的"欧洲第一强军"正式发出挑战了。

大军团以缪拉的六个骑兵师为前导，构成其打击力量的六个军编为三个纵队：

右：苏尔特的第四军、奈伊的第六军和1万人的巴伐利亚军：拜罗伊特－慕赫贝格－霍夫；

中：贝纳多特的第一军、达武的第三军与近卫军：班贝格－克罗纳赫－洛本施泰因；

左：拉纳的第五军、奥热罗的第七军：施魏因富特－柯堡－诺伊施塔特。

这就使一支18万人的打击力量在48公里宽的正面上以三支平行的纵队向前推进。各军之间都处于相互支援的距离之内。

这个包围普军的大"左旋转"运动的外翼将由苏尔特的第四军担任。苏尔特大胆的战术领导对奥斯特利茨会战的胜利曾做出很大的贡献，并被拿破仑誉为"欧洲首屈一指的战术指挥家"。

即使如此，为了避免部下对自己的战略计划再有任何误解，拿破仑在10月5日向苏尔特发出了一个指示。这也是全部战役中最具启发性的文件，因为拿破仑在这里把他的整个战略战术轮廓进行了详细说明。

我已经让沃尔兹堡、弗尔克海姆和克罗拉赫三地成为兵力和补给的集中点，并决定将全军分为三个纵队，开始进入萨克森。你是右路纵队的领先者，在你后面是奈伊元帅，与你相隔半天的行军里程，再后面是一万人的巴伐利亚部队，与奈伊相隔一天的行程。这样使右路纵队有五万人以上兵力。贝纳多特元帅在中央纵队中居于领先地位，在他后面是达武军和骑兵预备队的大部分，总兵力约为七万人。他的前进路线是经过克罗拉赫，罗本斯坦和希莱兹。左翼纵队由第五军领先，接着是第七军，他们取道柯堡，格内芬沙和沙尔费德前进。这又是一个四万人。但你到达霍夫时，全军也都会分别达到各自指定的位置。我个人与中央纵队一同前进。

把这样强大的优势兵力集中在这样狭窄的空间之内，你一定感觉到我决心不受任何影响，无论敌人选择哪个方面，我们都可以用比他强过一倍的兵力攻击他。

如果敌人用来对抗你的兵力不超过三万人，那么你应与奈伊元帅合作攻击他。当你一到霍夫之后，你的第一个工作就是接通到罗本斯坦，艾贝尔斯多夫和希莱兹的交通线。那一天（10月10日）我将驻在艾贝尔斯多夫。

你可以想像得到，用一个二十万人所组成的"营纵队"绕着这个地方（德累斯顿）运动，那是多么壮观！我们需要的不过是一点艺术和一点运气。

横纵队混合进攻阵型

那么拿破仑所说的"营纵队"究竟是一种什么战术呢？为什么欧洲人从 17 世纪末一直到 19 世纪中叶还要排成横线，笨拙地"互相枪毙"呢？

这一切就要从步兵手中的武器说起，因为战争当中的战术都要根据武器的具体情况来制定。从 17 世纪末开始，装有刺刀的燧发枪就成了欧洲步兵手中的标配武器。这是一种前装滑膛枪，火药和弹丸从枪口装入，燧石夹在击锤上，扣动扳机时，击锤撞击火药池（击发槽）上的金属盖片（扣簧），产生火花，点燃火药池中的引火药，通过火门引燃枪膛里的发射药，从而将弹丸射出。以拿破仑战争期间法军所使用的 M1777 式燧发枪为例，全枪长 151cm，重约 4.54kg，枪管身长 112cm，口径 17.5mm，刺刀长 410cm。

大致的射击步骤如下：

1. 将扣簧向前推，露出击发槽

2. 将击锤扳到半击发的安全保险位置

3. 咬破弹药纸包上端（内装直径 15mm 左右的铅制球形子弹和 10 克左右的黑火药）

4. 向击发槽中点入少量火药

5. 扳回扣簧盖住击发槽

6. 将余下火药连同弹丸由枪口灌入

7. 抽出枪管下的装填杆

8. 用装填杆压实火药和弹丸

9. 撤回装填杆，放到原位

10. 将击锤扳到击发位置

12. 瞄准射击

◎ M1777 式燧发枪

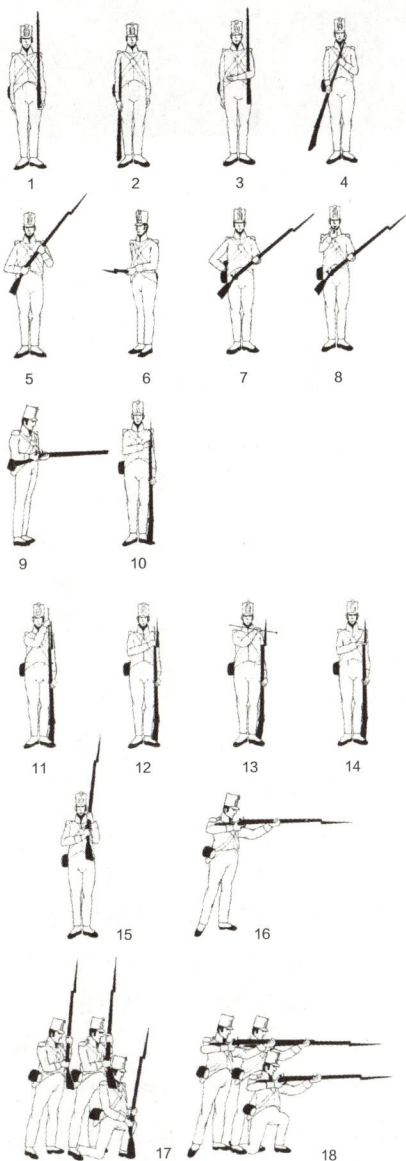

◎ 燧发枪装填发射流程

◎ **排枪齐射**

因为这种繁琐的射击步骤，一般熟练步兵的射速大约为每分钟 3 发，普鲁士步兵因为严格的训练能达到每分钟 4 发的射速，所以才在 18 世纪下半叶一度傲视整个欧洲，1779 年颁布的普鲁士步兵条令附录中便规定，"新兵需日日练习，直至能够在一分钟内射击四次为止"。然而如前面所说，随着弗里德里希大王晚年军政管理的紊乱和形式主义的滋生，普鲁士步兵陷入了对单纯射速的狂热追求，甚至产生了不惜加重步枪推弹杆、不发放实弹、不要求准确度，也要在训练场上实现一分钟装填射击空包弹 8 ~ 10 发的病态要求。

公平地讲，虽然是滑膛武器，但如果做工精良，其命中率还是可以接受的。根据美国战争再现活动爱好者的经验：用带前后准星的燧发滑膛枪、高质量滑膛枪管、精铸球形弹丸外加鹿皮包裹、射 200 码（1 码约为 0.914 米，200 码约为 182.88 米）人体靶，枪法非常好的人命中率能保持在八成左右。

但军队的武器从来都是报价最低的商人所提供，以普鲁士军队为例，它的普通军用燧发枪普遍没有后准星，质量都停留

在让人能够容忍的极限边缘，加上枪托的不合理射击，导致士兵根本无法瞄准射击。用拿破仑的话说："这的确是能发到士兵手中最倒霉的武器了。"拿破仑战争期间，普鲁士的沙恩霍斯特将军曾经对普、法、英、俄、瑞等国的各式步枪做了一项试验。以表现较好的法国滑膛枪为例，对一个 3.05×1.83m 大小的目标，射击 100 发，在 100 步长（1 步长约为 0.76 米，100 步长约 76 米）的距离上可以命中 60 发，200 步长时 40 发，300 步（约 228 米）时只有 25 发。英国人的试验是，面对骑兵横队那么大的模拟目标，在 90 米、180 米、270 米的距离上，老兵和新兵的命中率分别为：53%、30%、23% 和 40%、18%、15%。

同样根据美国战争再现活动爱好者的经验：使用军用燧发枪，单人射击人型目标，好射手在 200 码的距离上也只能有 1/3 的命中率，100 码（约 91.4 米）上大约有 2/5~3/5 的命中率。12 个人并排站立模拟步兵横队，对相应距离成横向排列的 12 个靶子使用仿 1777 式燧发枪进行射击。对 100 码处的目标，10 次齐射命中弹丸 90 发左右，150 码（约 137.16 米）就只有 40 发，200 码只命中 10 发左右。

不过以上均是在理想状况下的试验射击结果，在战场上因为战友伤亡、硝烟、枪炮和喊杀声，以及紧张心理的影响，实际命中率要低得多。

因此在不高的射速，过低的命中率等因素的影响下，为了集中火力、获得足够的杀伤效果，同时应对敌方的冲击。欧洲的将军们不得不让步兵紧密地站在一起，

排成多列横队，以便发扬火力和提供足够的纵深。

到了18世纪中期，欧洲各国军队普遍接受了3列横队队形。射击时，第一列跪着、第二列弯腰半蹲着、第三列则完全站着。或者第一列跪着、第二列完全站立、第三列移动一下，从第二列士兵的间隙进行射击。不过，第三列士兵射击时，容易对第二列造成误伤。因此，实际作战中，第三列经常不参与射击，只充当前两列伤亡后的替补。

到了拿破仑战争时代，一些国家的军队为了更好地发扬火力已经开始尝试两列横队，比如威灵顿在半岛战争时期。但当军队易遭骑兵攻击时，军队就会排成四列横队，如威灵顿在滑铁卢。

现在我们具体来说说，上一集提到的法军以散兵进行支援的横纵队混合序列进攻阵型。其实在拿破仑战争时代，对于军队最小的编制——连来说，只有一种队形，那就是三列横队。

横队、纵队、方阵等队形是对营以上

编制单位而言的。营是当时最基本的战术单位，一般包含6~10个连，人数从六百多人到千余人不等。所谓营横队、营纵队、营方阵其实就是营长将所含三列连横队进行变换、组合和排列的产物。将所有三列连横队排成一个大横队，就是营横队，18世纪的传统线式战争就是将所有营都排成营横队。这种阵型的优点是便于发扬火力，缺点是对地形和纪律要求非常敏感，移动速度慢而且非常难保持队形的整齐。另外，横队在防御中也容易因为持续的伤亡导致正面宽度不断减少，使得各营之间出现空隙，给攻击方提供可乘之机。

营纵队，就是将整个营的所有三列连横队纵向排列。根据其正面宽度，分为双连纵队、单连纵队等几种纵队。如果一个营有6个连，双连纵队就是正面是2个连，纵深3个连，每个连排成三列横队共9行，单连纵队就是正面1个连，纵深6个连，每个连排成三列横队共18列，这是两种最常见的纵队模式。

其实纵队不是法军所独创，它从18世

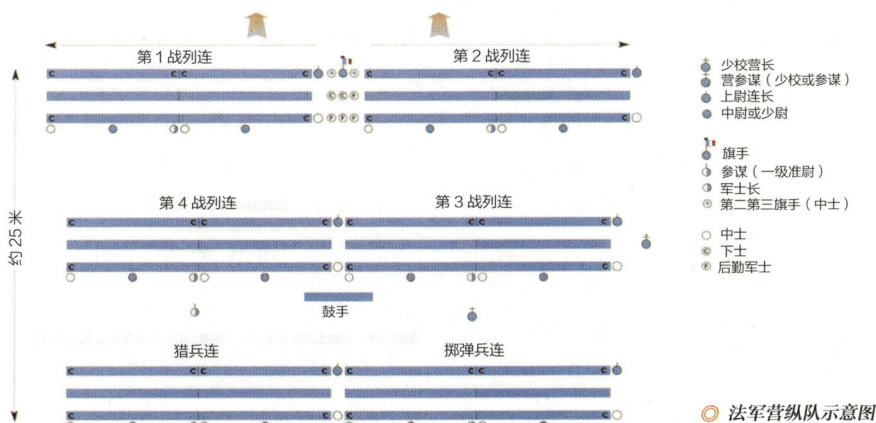

法军营纵队示意图

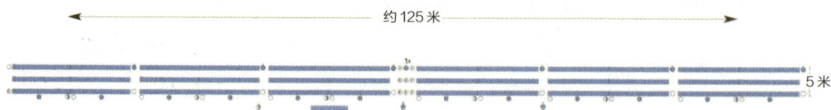

◎ 法军营横队示意图

约125米

5米

纪中后期开始就是欧洲各国正规步兵所使用的常见队形，只是法国大革命时代作为法军进攻的常见选择而扩大了使用面，各国军队也随之仿效了。

纵队的优点是行进速度快，转向方便，适合通过复杂地形，可以快速通过敌人的火力。因为两军距离越远，防守一方正面可射击的士兵就越多。事实上纵队对士兵素质要求并不低，法军著名史学家科林就曾指出，"认为热情有余和经验不足会导致步兵采用攻击纵队队形的臆测可谓大错特错。没有接受过纵队训练的营会在第一时间被同化成轻步兵，继而数量锐减、（在作战中）处于劣势。"《火药武器在战场上的杀伤效率》一文中曾经做过估算，当面对英军 800 人的两列横队时，攻击纵队在 250 米处要面对 800 支步枪，200 米处仍要面对 650 支，150 米处就减少为 480 支，100 米处只需要面对 330 支步枪了。因此纵队最适合前冲锋、抢占要点和行军。不过纵队的缺点也很明显，纵队不适合发扬火力，纵队和横队进行对射必然失败；纵队也非常容易遭到炮兵火力的杀伤。

对于纵队的缺点，法军的将军和军官们其实非常清楚。拿破仑就曾经说过："除非有优势的炮兵，否则纵队就无法突破横队。"拿破仑战争时代，双方都有纵队发动刺刀冲击结果被对方横队火力击败的战例。比如在奥斯特利茨会战中，沙俄近卫军的两个团就发起过大约 300 米距离上的纵队刺刀冲锋——这一突击距离无疑太过遥远，结果很快就被法军横队的步枪火力和炮兵给打垮了。

在 1805—1807 年大军团的巅峰时代，法国纵队在最后战斗时，无论是排枪射击也好，刺刀冲锋也好，都尽可能展开成横队作战。所谓法国人喜欢排纵队端刺刀进攻，以及拿破仑的大纵队都是连续的密集纵队不过是误解而已。

法军确实有一些纵队进攻结果被打垮的例子，但实际上经过现代军事研究者的考证，这些例子很多都是因为将领对敌情的判断出现失误，士兵在纵队行军或抢占要点的过程中突然遇敌，来不及展开的不得已之举。

至于方阵则纯粹是为了抵御骑兵的冲击而排成的队形，通过形成一个四面向外的"刺刀丛"，来抵御骑兵的冲击。要想形成方阵涉及一系列复杂的部队调动，因此需要一定的时间来完成。

法军常用的横纵队混合序列进攻阵型，

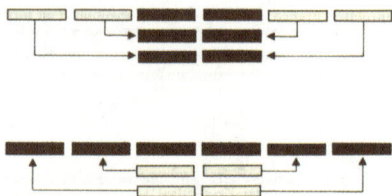

◎ 法军营纵队示意图

其实是法军旅或团级单位所实行的战术。通常法军会分出一部分营排成横队组成第一线引导进攻。同时从第一线的各个营里抽调出猎兵连组成散兵群，他们在第一线之前负责侦察活动并用分散火力袭击敌人。剩余的营排成纵队组成第二线，随后跟进。

这种作战方法就是用散兵群的行动和逐渐增加兵力，以拖延战斗的方法来疲惫成横队的敌人，并且大量地消耗他们，使他们不能再抵抗一直留作预备队的生力军的猛攻。如果之前的散兵群将敌人足够削弱了，那么第一线的各营横队就用排枪或刺刀冲锋击败敌人。如果敌人被削弱得不够，那么整个第一线各营就都散成散兵群，一方面继续削弱敌人，另一方面为第二线各营转换成横队发动最后的排枪或刺刀攻击提供掩护。

可以说，这种散兵群战术才是拿破仑战争时代法军的伟大创举。法国一向拥有良好的散兵传统，那些来自法国山地和森林地区的士兵们自小就拥有精准的枪法和矫健的体魄。

正如英国观察者威尔逊爵士描述的那样，早在 1794 年的低地战场上，法军散兵就"眼光像雪貂一样锐利，行动像松鼠一样灵活。他们非常善于利用沟堑、房屋、树木等地面掩护物，在不用受到多大伤害的情况下对敌人的战列步兵和火炮炮手造成重创。"

随着大革命战火的锤炼，法军将散兵线优化成了散兵群落战术，散兵不再是独立作战，而是组成小队，在互相掩护的情况下作战。这种散兵不再是专门的轻装部队，而是正规部队中不可分割的一部分。

这种创举使得步兵变得更加机动灵活，预示着专门的轻装部队和僵化的战列步兵将会被一种全能步兵代替。自革命战争之后，全欧洲的军队都开始学习和发展这种散兵群战术。一直到今天，现代步兵的战术也是脱胎于法国军队的散兵群战术。

耶拿的散兵群战术

现在，让我们再把视野拉回到 1806 年的欧洲大陆。拿破仑三路大军齐头并进，紧密配合的战略，让其在战役开始前就已处在十分有利的地位。不管普军将在什么时候和哪个方向出现，法军总是处在战略主动的位置。

如果普军扑向法军左翼或交通线，于是第五军在第七军支援下，就担负前卫的任务，把敌军钉住不放。此时，第一和第三军则实行迂回，打击在敌军的侧翼上，至于第四和第六军则保留为预备队。反之，如果敌人向法军正面进攻，那么第一和第三军就上前迎敌，而第五和第七军，或第四和第六两担负迂回任务。

这就是拿破仑在耶拿战役开始以前设想的计划。而把自己的计划对部属作如此明白和充分的解释，则是拿破仑进行作战指导的一大特点。这样做，能使部属更深刻地领会自己的意图，更自觉地贯彻既定的计划。

正当法军积极备战的时候，普军统帅部却没有什么作为。满足于开完了军事会议的弗里德里希·威廉三世看不到当前军事形势的严重性，仍然处在普军强大有力的自我陶醉之中。由于 5 万俄军已由华沙等地向西开进，前来与普军会师，另外约 8 万人的后续部队也在随后跟进。普王得意地认为，有第四次反法联盟做后盾，有强大的俄军直接支援，现在已可采取行动，给拿破仑施加一点压力。因此，他迫不及待地于 10 月 1 日发出了最后通牒，限令拿破仑在 10 月 8 日以前将法军全部撤到莱茵河以西，不然就是战争！

对于威廉三世最后的通牒，拿破仑以实际行动做出了回应。10 月 8 日，法国大军团越过了萨克森边界，通过人烟稀少的图林根山林北进！战争正式爆发了！

拿破仑的六个军所组成的营纵队像三条无法阻挡的洪流一般滚滚向前。法军在穿过图林根山林的狭窄通道时经历了艰苦的行军，他们卓越的行军能力再次展现出来。法军士兵每人携带 4 天口粮，而各军还为每人准备了十多天的干粮。奥热罗的第七军以平均每天 38 公里的速度，连续行军 9 天。拉纳的第五军在 50 小时中走过了 104 公里；贝纳多特军在 69 小时中走过了 120 公里。与此相对应的，普鲁士军队在耶拿战役中每天的行军速度很少超过 24 公里。

8 日当天，缪拉的轻骑兵向罗本斯坦和萨尔堡前进，击退了在他们前面的普军骑哨。苏尔特的前卫在霍夫与一个萨克森师遭遇，萨克森师被逐退到北面 32 公里的施莱茨。在那里，他们又碰上了贝纳多特的前卫，结果在前后夹击之下，萨克森师被彻底击溃。为了支援那个萨克森师，霍恩洛厄命令路军团的主力渡过萨勒河，向法军展开全面进攻。这个命令发出不久，他忽然意识到，这样匆忙前进有些太冒险了，随即他又

收回命令，可是已经迟了。路易·费迪南德亲王所率的 10 个步兵营和 10 个骑兵中队约 9000 人已进抵鲁多尔施塔特。10 月 10 日，他在那里遭遇拉纳的部队，这支由普军和萨军混合组成的军队被彻底击败。年轻的费迪南德亲王在全军覆没之际，仍奋勇搏杀。一名法国下级军官对他大喊："先生！投降吧！否则叫你去见上帝！"亲王没有说话，仅以猛力地劈砍作为回应。那名法军军官举刀回击，结束了亲王年轻而勇敢的生命。

之后法军充分利用了第一次战斗的成果，紧紧追赶着撤退的普军。13 日下午 3 时左右，拿破仑到达耶拿以南约 5 公里的地方时，接到拉纳送来的报告。拉纳汇报说他已经占领耶拿城，而在耶拿以西四公里左右的地方，在通往魏玛的公路右侧的高台地上，发现有 1.2 万到 1.5 万名普军。

拿破仑急忙策马奔向耶拿，一个小时以后，他到达耶拿西北约 2 公里的兰格拉芬山。这是霍恩洛厄原想占领的地方，结果因为普鲁士国王的干预，而未去占领。在这个能够俯瞰耶拿西北整个高台地势的山上，拿破仑见到了拉纳，听取了必要的情况报告，随后还居高临下地观察了普军的前哨阵地。通过亲眼观察，拿破仑更加坚定了自己的信念，认为普军将在这片高原地上接受会战。

此时，双方在敌情判断上都犯了一个错误。拿破仑认为自己捕捉到了普军的主力，结果只是霍恩洛厄的普军左路军团。霍恩洛厄恰巧相反，把法军的主力当成了侧卫。他认为，法军主力已经赶往莱比锡去了，更没有想到，拿破仑本人就在兰格

拉芬山上。

拿破仑当时的意图是：利用13日到14日的夜间，把他能够很快集中起来的三个军，即第四、第六和第七军，以及便于机动的骑兵军，迅速调拢，靠近已经占领阵地的第五军和近卫军。这样，拿破仑将把大约8万人的兵力全部集中到耶拿附近的高台地上，牢固控制该地的南部和东部。法军将首先击退当面普军的前哨，接着全面展开兵力，尽快扩充作战地区，以便在15日或者15日以后与普军进行决战。

14日清晨，拿破仑口授下达了作战命令：

奥热罗元帅（第七军）指挥左翼，他应将其先头师成纵队置于靠近魏玛的大路上，

加赞将军已将在高原的炮兵阵地尽量前置，他在高原左段也应保持足够的兵力，与其纵队的先头部队平齐。此外，他还应沿着整个敌军战线在高地下来的各个路口布置散兵。一旦加赞将军前进，他就应将其全军在高原上展开，并相机前进，以构成整个军团的左翼。

拉纳元帅（第五军）应在黎明前将其全部炮兵部署在其过夜的地方，构成火力线。

近卫炮兵应部署在岭上，近卫步兵则应置于高原的后面，排成五列横队，第一列横队由轻步兵组成，据守山顶。

位于我们右侧的村庄（克罗斯维茨）应以絮歇将军的全部师属炮兵进行轰击，然后立即攻占之。

◎ 拿破仑在耶拿战役开始前检阅部队

将由朕亲自发信号，所有人员都应在拂晓时准备就绪。

奈伊元帅（第六军）在黎明时应在高原的边沿就位，以做好准备，一旦该村被攻克则立即攀登高原向拉纳元帅的右方前进，然后从那里展开兵力。

苏尔特元帅（第四军）应从右方已侦察过的那条小径展开，并继续留在该地附近构成右翼。

各元帅所部战斗序列均应成两线布置，散兵线不计在内，两线之间的距离不超过200码（典型的横纵队混合序列进攻阵型）。

各军的轻骑兵应置于最适当的位置，以便各军军长可以相机使用。

重骑兵一到达就应进入高原上的阵地，并在近卫军之后充作预备队，视情使用。

今天，当务之急是在平地上展开，以后我们再根据敌人的运动和兵力作进一步的部署以便将敌人从他们目前所占领而对于我方展开又十分必要的阵地驱逐出去。

富有趣味的是，这道命令是拿破仑在半夜时借助于兰格拉芬山上的营火口授的。由于大军团进展神速，一时未能弄到该地区的大型地图，所以这道命令既没有提供地图参照，又没有具体的地名，命令中所提到的地形特征——"高原"，"我们右侧的村庄"——都是拿破仑在天黑之前观察敌军阵地时匆匆记下的，当时已来不及仔细侦察并确定敌军的翼侧。

将近拂晓时分，天气异常寒冷，晨雾越来越浓。拿破仑由一群侍卫簇拥着，出发视察部队，检查战斗准备情况。他们打

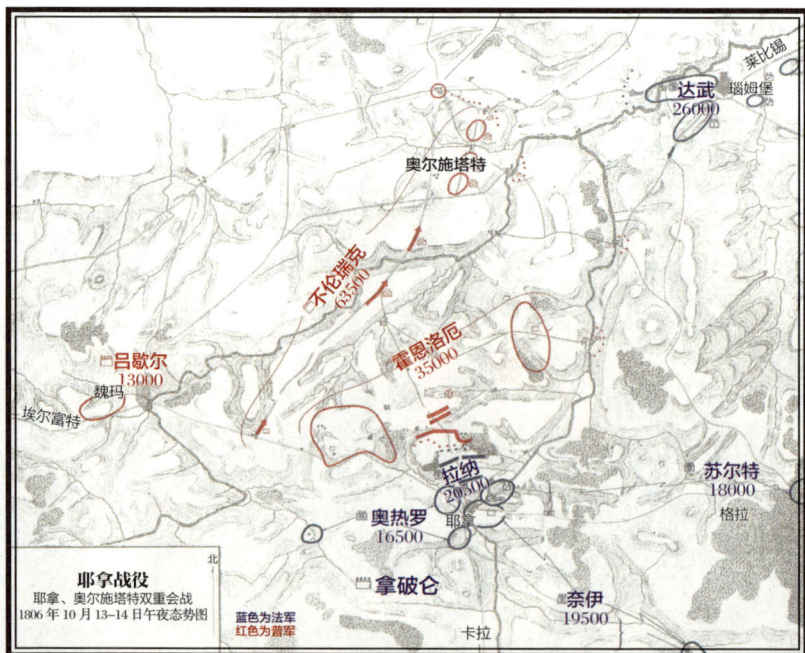

◎耶拿、奥尔施塔特双重会战

着火把行进，有意大声喧哗。拿破仑不时地同士兵和军官们交谈，激励他们的斗志。拿破仑走到哪里，哪里就是一片欢呼。欢呼声穿过浓雾，传到了普军兵营。普军听到连续不断的欢呼声，又看到火把的光芒。所有的这一切都让他们想到了一年之前的奥斯特利茨，所有的可怕联想，不禁让普军士兵们瑟瑟发抖起来。

上午6时，拿破仑发出了攻击命令。第五军占领兰格拉芬山的两个师同时并进，发起钳形攻击。8时30分左右，当面的克罗斯维茨村、柯斯皮达村和鲁齐罗达村，相继被法军攻占。这样，法军夺得了逐次展开兵力的地盘。随后，第四军的先头师加入战斗，攻占了当面的柴维提勒森林。与此同时，第七军爬上了台地，占领依斯尔提德弗罗村，取得了一个立足点。

上午9时刚过，拿破仑第一阶段的作战计划已经圆满完成，法军在高台地上完全站稳了脚跟，并夺得了能够展开大量兵力的战场。这时，拿破仑命令暂停攻击，按照预定计划，后续部队相继展开兵力，为下一步的决定性战斗做好准备。

10时左右，浓雾消散了，和煦的阳光照耀着大群向高原中部前进的法国部队。直到这时，霍恩洛厄才如梦初醒，意识到他已面临着法军的主力，因而紧急地去向吕歇尔军团求援。同时，为了改善防御态势，等待援军到达，他决定立即发起反冲击，趁法军立足未稳而夺回前哨师丢失的阵地。霍恩洛厄准备以三个萨克森旅通向魏玛的公路线上组织防御，保障主力侧后的安全；自己率领其余的步兵和骑兵实施进攻。同时，命令溃散下来的前哨师在主力后方集结休整，补充弹药。

霍恩洛厄的反击骑兵共计45个中队，已经接近了费尔曾海里根村，于是分为两翼，当他们正准备向法军前锋两个师的散兵群冲锋时，却突然遭到一支法军部队的猛烈攻击，霍恩洛厄的反冲击计划被打乱了。可这个攻击并不是由法军那两个前锋师发动的，坐镇在兰格拉芬山上的拿破仑，也被这支不知从何而来的部队弄得莫名其妙。

这是奈伊的奋勇之举！奈伊的第六军应在法军获得立足点以后从第四军的右翼加入战斗，可是，该军到达耶拿以后，奈伊听到高台地上激烈的枪炮声，担心自己错过了参战机会，因而不等命令就亲自率领3000精兵往前开进。他率部登上高台地后，发现第七军和第五军的结合部上有一个较大的间隙，便机动地从这里投入了战斗。

拿破仑获悉奈伊只领3000人，马上当机立断，命令手中仅有的两个骑兵团投入战斗，前去支援奈伊。同时，命令居中的第五军加快进攻速度，以策应奈伊的行动。由于孤军冒进，奈伊的3000人完全被普军包围了。双方展开了激烈的战斗，反复争夺费尔曾海里根村。最后，由于得到了两个骑兵团的增援，又有第五军正面攻击的策应，奈伊终于在这个村落站稳了脚跟。

在奈伊的支援下，拉纳的第五军到达与普军格拉维尔特战线对峙的位置，普军此时已经在该村北面展开。在横队排枪齐射方面，普军仍有相当的战斗力，因此在遭遇到猛烈的排枪火力攻击之后，拉纳的部队就缩了回去。随后法军散兵群依托着

◎ 执行散兵作战的法军士兵

房屋和树林作为掩护物向普军还击，火力同样非常可怕。霍恩洛厄的幕僚们力劝他命令格拉维尔特发动突击以夺回村庄，但是他却不听，决定等待吕歇尔到来。

英军著名的普鲁士爱好者毛德上校在他的《耶拿战役史》中说："接着就发生了一件怪事，这是军事史上最离奇和最不幸的怪事。一个外表极为壮观的步兵方阵，人数约为两万人，在整整两个小时中，站在开阔地上，暴露在法军散兵无情的火力之下。法军散兵却都躲在土墙后面，几乎使普军找不到可以还击的目标。结果到处死伤枕藉，只有少数还在继续射击。"1806年的普鲁士军队中不乏射术精湛的职业轻步兵——猎兵与射击兵，他们也曾在若干场合发挥出色，但他们数量上太过稀少，而没有散兵战训练，甚至连训练弹药都十分匮乏的普通步兵则无疑会沦为法军的枪下败将。日后相当长的一段时间里，法军一直对普军拥有着散兵战的优势。比如1807年的但泽围城战中，有普军在1600步（约1216米）外被法军射杀。也有普军士兵回忆说：法军

散兵能在1500步（约1140米）之外，普军无法还手的距离上，杀伤普军列队的战列步兵。

当格拉维尔特的人员正在作无益的牺牲时，拉纳和奈伊的步兵已经透了依斯尔斯提特尔森林，切断了在魏玛路上的萨克森旅与普军中央兵力之间的联系。萨克森人在魏玛公路上进行了非常英勇的战斗，拒绝放弃他们的阵地，结果不是被杀就是被俘，没有一人幸免。为了填塞这个缺口，霍恩洛厄将最后的一点预备队也都投了进去。

战斗形势急剧发展着，霍恩洛厄已经完全陷入被动局面。法军的左右两翼，即第七军和第四军，除了留下少数兵力进行监视之外，分别以主力向普军的侧后进攻，会战达到了高潮。正在这时，缪拉的骑兵军和第六军的主力也都全部到达了高台地。这样，除了正在参战的5.4万人，拿破仑手里还有大约4万人作为预备队。拿破仑密切注视着两翼情况的发展。待到12时30分左右，他意识到发起最后攻击的时刻到了，立即将预备队，近卫军和骑兵军全部投入战斗，向开始动摇的普军发起总攻。普军抵挡不住，沿着山坡溃逃，争先恐后地向苏尔巴赫奔跑。法军士兵们感到胜利在望，顿时士气倍增，随即紧追不舍。霍恩洛厄终于认识到大势已去，下令部队撤退。普军随即一哄而散。法军获得了全胜，士兵们像追赶羊群一样，漫山收容俘虏。因为法军在逐步推进时，到处都可以收容到俘虏，甚至连普军的全部炮兵都投降了。

这时，霍恩洛厄还抱着最后一线希望，就是援军马上到来，使溃散的部队躲到援

军后面，以免全军覆没。不过，第三军团司令吕歇尔却没有霍恩洛厄那样焦急。他接到求援信件时，距离法军不过10公里，而他的部队保持了普军固有的缓慢行军速度。直到下午2时左右，吕歇尔的先头部队才与法军接触。吕歇尔把他的主力展开在大罗门斯提德与柯特晓之间。他刚一站住脚，就有一支法国骑炮兵开始在斯普林斯堡的山头出现，并立即向他们射击。虽然如此，普军还是排着纵队继续前进。结果，普军缺乏散兵担任侦察和掩护任务的弱点产生了致命的后果。突然之间，法军步兵好像蜂群一样涌来，在炮兵支援下，冲过设伏地，发射强烈的火力。在15分钟之内，布吕歇尔的多数步兵营还来不及展开就减少了一半的兵力，再过一刻钟，法军骑兵

◎ 缴获普鲁士军旗的法军第四龙骑团士兵

发动攻击，普军就完全崩溃，向魏玛逃窜。布吕歇尔本人也受了致命伤。

恩格斯在《步兵战术及其物质基础》中对此战的战术做出了如下评价："由拿破仑发展到最完善地步的新作战方法，比旧方法优越得多，以致在耶拿会战以后，旧方法遭到无可挽回的彻底的破产。在这次会战中，动转不灵、运动迟缓、大部分根本不适于散兵战的普鲁士线式队形，在法国散兵群的火力下简直瘫痪了。"

奥尔施塔特双重会战

到下午4时，耶拿会战已经结束，法军开始追击。缪拉的骑兵一口气挺进了魏玛，又俘获数以千计的普军残部。那天夜里，拉纳前进到了乌门费尔斯提德，奥热罗和奈伊到了魏玛，苏尔特到了士瓦本斯多夫。拿破仑和他的近卫军又启程回到耶拿，他深信已经击败了普军主力。

出乎拿破仑的意料之外，当他进入耶拿时，第三军一个叫托布里安的上尉参谋，已在那里等待多时了。这位上尉报告，第三军在奥尔施塔特及其以东地区，击败了由不伦瑞克指挥的普军主力6万人，普鲁士国王和他的大本营也包括在内。拿破仑简直不敢相信自己的耳朵，并大声地对托布里安说："你们元帅把一个人看成了两个人吧？"可是事实的确如此，拿破仑在耶拿赢得的胜利固然辉煌。可真正洗刷罗斯巴赫会战耻辱的，却是达武第三军在同一天所赢得的奥尔施塔特会战。

因为两场大战几乎同时爆发，其结果

又相互影响，所以两场会战又被并称为——耶拿、奥尔施塔特双重会战。

13日夜间，拿破仑主力所没有捕捉到的普军中央军团主力到达奥尔施塔特并在那里宿营。当时，该军团尚有五个师，包括52个步兵营、80骑兵中队、16个炮兵连，总计步兵约4万人，骑兵1万人，火炮230门。布吕歇尔指挥骑兵师担任军团前卫，其后是施密特指挥的步兵师，普鲁士国王，以及不伦瑞克的指挥机构，紧跟在后面前进。他们在开往奥尔施塔特的时候，曾听到从耶拿方向传来的激烈炮声，但没有发现什么异常情况，因而也就安心地在奥尔施塔特住了下来。

普鲁士国王的意图是，13日晚在奥尔施塔特宿营，14日经由哈森豪森和弗莱堡，继续向易北河以北撤退。结果担任前卫的布吕歇尔骑兵师和施密特的步兵师，在一片大雾之中迎头撞上了一堵岿然不动的人墙。这是达武第三军的前卫，他们已经在哈森豪森村和周围一带牢牢地扎下了根！

达武此时的兵力仅有步兵24500人、骑兵1500人、火炮44门。但是当13日他根据俘虏的口供得知普军主力在国王率领下已经接近时，达武还是毅然前进，毫不犹豫地去迎击普军。虽然他相信敌人总数有7万之多，也明白贝纳多特的第一军不可能从行经多恩堡的崎岖道路上及时赶到战场。

这就是达武。那个貌不惊人、眼睛有些近视，甚至还有点秃顶，平常没什么架子，喜欢跳华尔兹舞的小个子元帅。在战场上，他永远那么冷静、坚定、灵活和富有成效。他是拿破仑最有能力的将领，也从未战败过（至少在一些法国人看来的确如此），

而且对拿破仑忠心耿耿，至死不渝！

14日早晨6时，也就是法军在耶拿发起攻击的同时，达武率领他的三个师从瑙姆堡向凯森渡口进发。前面的是居丹师，其后是弗里昂师和莫朗师。

上午8时左右，居丹师到达哈森豪森附近。达武命令该师立即以村庄为中心展开兵力，依托村庄组织防御。这样就关闭了普军后退的大门。该师在展开兵力的过程中，同普军的先头部队约600名骑兵发生了遭遇战。由于法军已经预有准备，加上有着浓雾掩护，普军的第1次冲击很快就被法军打退了。

普王看到退路已被切断，命令布吕歇尔率领其师的全部骑兵，立即发起第2次冲击。同时，命令跟进中的施密特师迅速前进，协同骑兵师攻下哈森豪森村。布吕歇尔接着发动了4次进攻，但由于居丹师占据了有利地形，控制了公路，结果普军四次冲击都被打退。普军擅长的线性战术又一次在法军的散兵群战术下吃尽了苦头。

就如同一位普鲁士军官记述的那样："在森林中，法军士兵们都解散了行列，也不采取任何操练中的行动，仅仅依靠树木的掩护来发射。他们不仅可以与我们相媲美，甚至还更优越。我们的士兵惯于在开阔地形并肩作战，所以反倒很难适应这种几乎没有秩序的情形，容易成为敌人的目标。"

到上午9时，弗里昂师赶到了。因为达武看到敌人是以右翼方面为主攻方向，以求打通弗莱堡公路，所以把居丹师摆在哈森豪森的周围，把弗里昂师放在他的右方，即夹在哈森豪森与斯普尔堡之间。

鉴于法军右翼防御坚强，不伦瑞克决定改变主攻方向，把随后赶上来的两个师全部投到哈森豪森村南侧，进攻法军的左翼。普军连续发起冲击，居丹师伤亡巨大，开始抵挡不住，师长居丹在迫不得已的情况下做出决定，要把预备队调上来。结果此时普军因求胜心切，指挥人员显得急躁，导致了不良后果。首先，施密特师长冒险率军进击而战死。接着，急不可待地不伦瑞克亲自率领一个掷弹兵团向哈森豪森冲锋，结果也负重伤，被抬下战场，二十多天以后死于汉堡附近。不伦瑞克负伤以后，军团实际上失去了统一的指挥，因为国王不懂军事，而且没有立即指定军团司令的代理人。

为了尽快打通退路，普军方面又把随后赶到的两个新锐旅投到法军的左翼。幸好第三军的最后一个师，即莫朗师也及时赶到了。该师顶着普军重炮的压力，将普军慢慢向后压迫。

激烈的战斗一直持续到中午时分。普鲁士国王集中了所有剩下的骑兵，把他们全部交给刚刚到达的威廉亲王，命令他孤注一掷，发起最后一次冲击。结果，骑兵冲击又被打退。

达武看到，普军的攻击势头明显地减弱了，于是当机立断，命令位于左右两翼的弗里昂师和莫朗师同时转入进攻，向普军的两翼包围过去。两个师乘势进击，相继攻占了李豪森和施皮尔贝格。大约在中午12时30分，普军开始全线撤退。位于中央的居丹师随即开始反击，攻下陶格维茨村之后，乘胜向吉恩施泰特发展。

这时，普军后方还有卡尔克罗伊特率领的后备部队，大约是两个师的兵力。布吕歇尔和卡尔克罗伊特力劝国王，希望把这些兵力调上来，与同样损失严重的法军决一雌雄。可是，达武已经把火炮架在松纳贝格山山脊上对着奥尔施塔特谷地纵射，普军增援纵队像刈草一般纷纷倒下。因此普王弗里德里希·威廉三世不肯冒险，认为还是转向魏玛撤退为妥。他以为，只要向霍恩洛厄和吕歇尔两个军团靠拢，普军就还有相当的实力。他当然并不知道，就在这个时候，他的另外两个军团的命运，也不比他好多少。所以普王弗里德里希·威廉三世决定退向他们那边，准备会合之后再在第二天向法军挑战。

法军的追击以艾卡特斯堡为限度，因为达武的部队已经力竭，而且他的骑兵也不足以逐退普鲁士军。因为法军没有全力追击，一开始，普普士军保持着相当良好的秩序，可是不久就碰到了惊弓之鸟似的溃兵，才知道霍恩洛厄已经被击溃了，这也就是说魏玛道路已经被切断了。威廉三世即命令他的军队向北旋转，改从索米达道路行进。在布特尔斯提德，这些精神已经涣散的人员遇到如潮水一般从耶拿方面撤退而来的溃兵。于是情形更加混乱，因为他们相信法军正在跟踪追击，所以各个单位都已经溃不成军。紧紧地追赶着他们的法军骑兵加剧了这种溃逃。两股溃逃的普军汇合成了一股混乱的人流，人人惊恐万状，好像法军骑兵的战刀，就在耳旁呼呼作响，恐惧笼罩着这股人流。最后，法军一共俘获了2.5万人，火炮200门，军旗60面。

就这样，原指望狠狠教训一下科西嘉

◎ *拿破仑进入柏林*

穷小子的普鲁士国王，在战斗打响后的一周之内就遭到了彻底的失败。其中达武以2.6万人的劣势兵力，打败了五万多人的普军主力军团，这是1806年战争中的一个奇迹。

15日，拿破仑在他的第一次公报中这样说道："耶拿会战扫除了罗斯巴赫的耻辱。在我们的右翼，达武元帅的部队表现最为优异。不仅阻止了敌军前进，而且击败了敌军主力。这位元帅表现出来的过人英勇和坚定性格，都是战士的第一流楷模。"

当天上午，法军开始进行历史上最著名的追击：缪拉、苏尔特和贝纳多特开始了"三元帅大追击"，分别痛剿敌军残部，并消灭其抵抗力，错过两场会战的贝纳多特最终在哈勒决定性地打垮了试图组织抵抗的普军残部；而拿破仑则率领达武、奥热罗、拉纳和近卫军，沿大路向柏林进发。

10月27日，拿破仑以胜利者的姿态进入柏林。在普鲁士王宫里，拿破仑找到了弗里德里希大王的宝剑、颈甲以及勋位绶带和闹钟。他让人把这些东西带回巴黎，交荣军院保存。同一天，拿破仑还命令把弗里德里希大王为纪念法国人在罗斯巴赫的失败而建立起来的纪念圆柱运回首都去。

11月7日，布吕歇尔也在吕贝克投降了。于是，仅仅在法国大军团跨过萨克森边境24天之后，普鲁士和萨克森的全部军事力量都已经毁灭殆尽：战死和负伤者共2.5万人，被俘者为10万人，曾经的"欧洲第一强军"已经荡然无存。法军所获得的战利品更是不计其数，单单在柏林就有火炮4000门，马2万匹和枪10万支。

因此，有人夸张地说："拿破仑一口气就吹倒了普鲁士。"

艾劳会战

风雪中的骑兵英雄们

BATAILLE D'EYLAU

文 / 原廓、吴畋

　　1806年底，虽然"欧洲第一强军"已经荡然无存，但拿破仑的战争机器无法就此停歇。

　　当时，俄国人正急于为奥斯特利茨战败雪耻，10万俄军正在向西运动。由本尼希森率领的6万前卫军团，已经到达华沙以北48公里的普乌图斯克，其身后是由布克斯赫夫登率领的4万后卫军团。普鲁士国王弗里德里希·威廉三世及其宫廷成员此时虽已撤至东普鲁士的柯尼希斯贝格（一译"哥尼斯堡"、"柯尼斯堡"，意为"国王之丘"，今俄罗斯联邦加里宁格勒），但在战场上还有约1.5万人的一个军，由莱斯托克将军指挥，驻在但泽（今波兰格但斯克）和托伦附近。

◎ 本尼希森

激烈的霍夫前哨战

为了让普鲁士人彻底屈服和对俄军获得战略主动，拿破仑挥兵侵入普属波兰，开始了"第一次波兰战役"。虽然在严冬到来之际，与俄军交战是一种军事冒险，但拿破仑不能等到春天再行动。若等到来年春天，俄国人就能集结一支更为庞大的军队，而奥地利也可能被诱导加入他们的阵营为复兴而战。

11月24日，拿破仑命令缪拉率麾下骑兵军以及达武、拉纳和奥热罗三个军的配属骑兵共6.6万人，去占领华沙和普沃茨克之间的维斯瓦河一线，并确保布格河、纳雷夫河和弗克拉河上的桥头阵地。这三条河在华沙以北30公里的范围内汇入维斯瓦河，而华沙城正是进入整个北波兰平原的要冲。在其左翼，奈伊的第六军奉命渡过维斯瓦河占领托伦，从而开辟了一条走廊直通东普鲁士马祖里湖地区。

12月15日，拿破仑离开波森（今波兰波兹南）并于19日在华沙建立了大本营，

◎ **莱斯托克**

接管了作战指挥权。

法军的全面推进于12月23日开始。在左翼，奈伊的第六军和贝纳多特的第一军从托伦相继东进96公里，在别容渡过弗克拉河，并在此逐退了莱斯托克将军的普鲁士军。在中部，苏尔特的第四军在普沃茨克附近越过了维斯瓦河，然后前进大约40公里抵达普翁斯克。在右翼，拉纳的第五军、达武的第三军和奥热罗的第七军在越过布格河后，继续向塞罗茨克－纳谢尔斯克进军。

真正的战斗是12月26日打响的。法军右翼拉纳的第五军向本尼希森在普乌图斯克的阵地英勇进攻，但由于俄军步兵实力雄厚、炮火猛烈，再加上第五军将己方步兵分批添油投入，最后进攻被击退，第五军损失相当惨重。所幸第三军的一个步兵师及时出现，才令拉纳免于溃败。此战双方都损失了大约5000人。与此同时，在更北边的戈维明，奥热罗的第七军、达武的第三军一部和缪拉的一部分骑兵向布克斯赫夫登部所据守的地区猛攻。这次，依靠2:1的兵力优势，法军终于迫使俄军退往马科夫，双方各自损失了一千余人。俄军在夜幕掩护下，继续向东北40公里处的奥斯特罗文卡退去。大雨一直不停地下着，由于气候温和，无冰冻现象，所以沼泽般的纳雷夫河谷成为一片泥海。这一系列战斗中法军付出了与俄军大体相当的损失，而且也无法追击俄军，俄军由于泥潭过深也不得不放弃数十门火炮。

12月29日，拿破仑在写给约瑟芬的信中说："亲爱的，我此刻正住在一间破谷仓

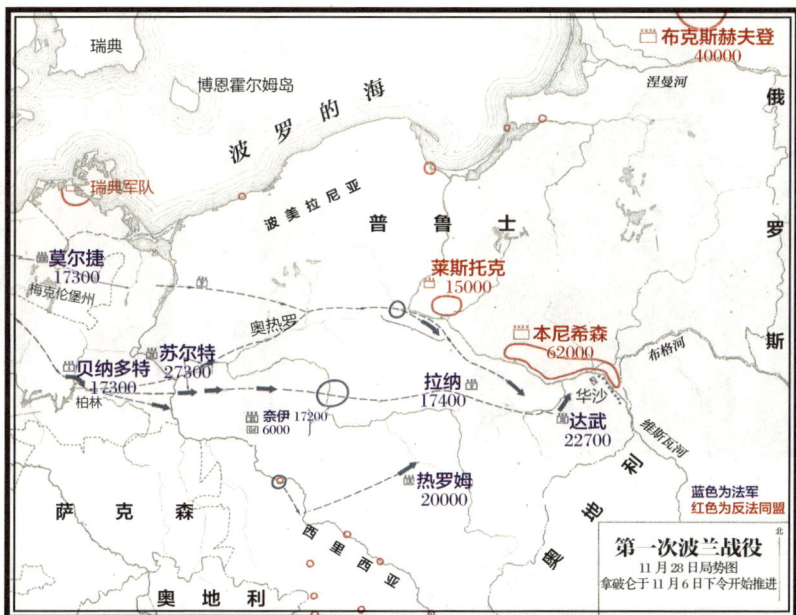

◎ 11月28日，第一次波兰战役

里，只能给你写一两句话。我已击败了俄军并缴获了30门火炮及其辎重，还俘虏了6000人（这自然是拿破仑式的夸张，因为它相当于这一阶段的俄军总损失）。但天气坏透了，大雨下个不停，而且泥深过膝。"

此时，大军团的士气非常低落，由于道路状况很差，部队经过长途跋涉后变得疲惫不堪。考虑到在大地封冻之前，泥泞将使任何进一步的军事行动都无法进行，双方都只好宿营过冬。俄军驻扎在沃姆扎和马祖里湖之间，法军则屯兵于维斯瓦河以东的华沙和埃尔宾一线。

可是奈伊的一次莽撞之举，却打破了双方那脆弱的平静，终结了双方的休整计划。当时大军团的左翼是贝纳多特的第一军和奈伊的第六军。由于第六军驻扎的奥

斯特罗德地区人口稀少，难以供养部队，奈伊便想进占北面远处较富饶的地区。

俄军因为国内后续部队逐渐抵达，原本准备着手展开冬季反击。现在奈伊的动作，让俄军先动了起来。在哥萨克捕获到若干法军信使，令俄军对奈伊、贝纳多特的部队状况了若指掌后，本尼希森立即率6.3万人西进，以便把奈伊和贝纳多特赶过维斯瓦河下游。1月25日，俄军反攻抵达莫龙根（今波兰莫龙格），贝纳多特在镇外一番苦战后将俄军前卫击退。恶战当中，绰号"无可比拟"的第9轻步兵团甚至被俄军缴获了第2营鹰旗，所幸旗上的"鹰"战前便已取下修理，因而没有丢失最重要的部分。不过，就在法军着手追击俄军时，他们却发现设在莫龙根镇上的第一军总部

◎ 发动攻击的哥萨克骑兵

◎ 法军第四骠骑兵团骑兵

已被哥萨克洗劫，战前从埃尔宾乃至一路通过的德意志城镇掠夺来的战利品自然落入俄军之手。更有甚者，贝纳多特还丢掉了自己的内衣。

拿破仑也原打算在此过冬使部队得以休整，但本尼希森的推进使他为前进基地托伦的安全担心起来。考虑到法军第一军和第六军都靠这个基地补给，而且俄军西进已使其左翼暴露，拿破仑决定在1月27日主动出击。他命令贝纳多特的第一军后撤，引诱俄军向维斯瓦河推进。大军团其余的第三、第四、第六、第七军和预备骑兵则将在2月1日拔营北上，在姆瓦瓦和奥特尔斯堡（今波兰什切特诺）一带集结，最后经阿伦施泰因（今波兰奥尔什丁）北上以切断俄军退路。

但是，在这个关键时刻发生了意外，幸运女神对俄罗斯人露出了笑容。哥萨克巡逻队捕获了一名法军参谋，他是被贝尔蒂埃派去给贝纳多特下达作战命令的。这样不仅贝纳多特未能协同进行预定的向心攻击，而且连拿破仑的全盘计划也泄露给了本尼希森。本尼希森立刻意识到其处境危险，遂赶紧北撤，向柯尼希斯贝格退却。

缪拉的骑兵前卫，在海尔斯贝格渡过阿勒河后，于2月6日在一个名叫霍夫的小镇追上了俄军。该镇当时由巴克莱·德·托利少将率领的大约7000名俄军后卫据守，这是一位几年后就将成为俄罗斯元帅兼陆军总司令的苏格兰裔将领。

被拿破仑评价为"面对敌人时是最勇敢的人"的缪拉，如今终于捕捉到敌军。于是，尽管他接到的命令是"配合"苏尔特第四军抓捕遇到的一切俄军，但缪拉还是决心单独展开攻击，一场激烈而急促的前哨战随即爆发。

俄军的正面是一条近乎沼泽的溪流，不过巴克莱没有炸毁溪上仅容四名骑兵并排通过的石桥，而是抽调一个猎兵营、两个骠骑兵中队和两门骑炮在桥头作为预警。

◎ 法军胸甲骑兵

俄军后卫的主力部队（4个步兵团、3个骑兵团、2个哥萨克团、1个骑炮连）则部署在石桥和霍夫间的狭窄道路上，由于作战空间并不开阔，巴克莱只将两个步兵团在路旁列成密集队形，另两个团（第1、第3猎兵团）在道路两侧的丛林中展开成散兵阵型。

下午2点左右，缪拉的第一波攻击由第10猎骑兵团与第3骠骑兵团发动，指挥他们的是奥古斯特·德·科尔贝，一位很有名气的骑兵将领。他并不赞同缪拉拿骑兵去单独冒险的行为，但是科尔贝像大部分骑兵将军一样，越是危险难攻的地方越能激起他的斗志。他丝毫没有犹豫，将他的2个团立即编组前进。

第10猎骑兵团刚冲过石桥，还来不及展开就遭到了俄军步炮兵凶猛的火力夹击，此时科尔贝近乎荒谬地命令该团在敌军炮火下变换战斗阵型，结果只落得仓促退却。第3骠骑兵团进展较为顺利，不过又遭到

了俄军"胸甲骑兵"（实际上是俄军伊久姆骠骑兵团，法军习惯性地将参战敌方骑兵夸张成精锐的胸甲骑兵）的反冲击。其间还发生了一场著名的单挑作战。

当时两军骠骑兵团像两堵墙一样接近，但在手枪射程距离上突然停顿下来。双方各派出一名中队长展开单挑，当法军中队长落马后，信心倍增的俄军骠骑兵随即以猛烈冲击撕开法军阵线。

对科尔贝而言幸运的是，后续的龙骑兵和骑炮兵及时赶到，法军炮兵立刻展开，压制住了敌方火炮，迫使俄军退却。缪拉随即投入了克莱因龙骑兵师的第1旅前去支援。这些勇敢的龙骑兵列成狭窄的深长纵队过桥，不过却撞上了科斯特罗马火枪兵团的三个营方阵，这个新建的步兵团尽管接受了大量训练，甚至得到了堪称慷慨的每人30发实弹与100发陶土弹射击练习，但在初次参战的戈维明战斗中出现了溃散。不过在经受了战火的洗礼后，他们

◎ 俄罗斯骠骑兵

在霍夫还是表现出色，连续挡住了法军龙骑兵的三轮骑乘冲击，克莱因的龙骑兵甚至出于无奈下马展开对射，却也无力突破。利用步兵争取的时间，俄军骑炮兵连的十余门火炮猛烈轰击法军龙骑兵，伊久姆、奥利维奥波尔骠骑兵团联手反击，甚至一路杀过了石桥！

就在这个时刻，多特普尔将军的胸甲骑兵投入战斗了。要知道，在"波兰战役"开始后，胸甲骑兵这个堪称法军骄傲的兵种还没有发挥过什么作用，他们自然十分渴望战斗。伴着胸甲骑兵们"皇帝万岁"和"向（缪拉）亲王集结"的吼声，法军骠骑兵、龙骑兵识趣地给"铁骑"让开道路。俄军骠骑兵在追击中已经队形混乱，他们也没有保留足够的预备队，已经52岁的多特普尔将军指挥第1、第5胸甲骑兵团顺利将其击溃，溃散后的骠骑兵甚至冲乱了原本严整的俄军步兵方阵，胸甲骑兵则见缝插针，挥舞长剑无情砍杀着科斯特罗马火枪兵团的官兵，巴克莱在战报中叹息

他目睹"这个无可比拟的团几乎被完全歼灭"——虽然多数士兵实际上还是从林间逃脱。尽管本尼希森又派来了5个步兵营增援，结果最左侧一个营也被击溃——胸甲骑兵动作快得让他们都无法列成方阵。

此时，苏尔特第四军的波河、科西嘉狙击兵营终于抵达战场，他们随即投入到与俄军第1猎兵团凶险的散兵战当中，堪称双方精华的狙击兵和猎兵展开了巅峰对决。不过第1猎兵团终究还是棋高一着，法方资料称他们"娴熟地展开机动，开始从波河狙击兵营前方和侧面展开痛击"。所幸格鲁希及时出动龙骑兵，将俄军猎兵赶回森林，甚至俘虏了该团团长，不过，几乎与此同时，法军的一名龙骑兵团长也被俄军炮兵的实心弹打死。格鲁希在回忆录中也坦承，即便被赶回森林，俄军猎兵依然维持着"致命"的火力，他的龙骑兵则在猎兵和炮兵火力下"损失可观"。

在此后的战斗中，巴克莱一直在霍夫镇上坚持到日落，苏尔特第四军的步兵屡次发起攻击，但始终未能取得突破，反而曾陷入俄军骑兵的反击陷阱，甚至让多特普尔的胸甲骑兵也陷入拉锯之中。随着黑夜的降临，俄军后卫最终大都顺利地离开了战场。

在霍夫战斗中，巴克莱面对优势兵力的法军，完成了堪与巴格拉季翁相比的后卫战杰作。除了科斯特罗马步兵团的灾难和骠骑兵的战斗失误外，俄军当天表现大体良好，以损失三分之一的兵力（大约2500人）的代价成功阻滞了法军。而在法军方面，根据苏尔特的战报，他的第四军死伤了1750名

步兵和 210 名骑兵，缪拉的骑兵则至少损失了 7 名胸甲骑兵军官、28 名龙骑兵军官和 8 名轻骑兵军官。尽管龙骑兵、骠骑兵和猎骑兵当天的表现并不尽如人意，但多特普尔的胸甲骑兵无疑表现极为出众，战后，拿破仑在整个第 2 重骑兵师面前拥抱了他，戎马 36 年的老骑兵激动异常，不善言辞的他喊道："陛下！为了展现我配得上如此荣誉，我必须为皇帝陛下而死！"（多特普尔的愿望不久便实现了。）

拿破仑时代的骑兵

霍夫战斗中出现的胸甲骑兵、龙骑兵、骠骑兵和猎骑兵都是当时欧洲骑兵的主要类型。在拿破仑的时代，骑兵仍然是一种极其重要的兵种，其机动力和冲击力保证了他们在战场上不可或缺的地位。中队是骑兵的最基本战术编制，衡量骑兵实力也喜欢用多少个中队来统计，就如同用多少个营来统计步兵的实力一样。

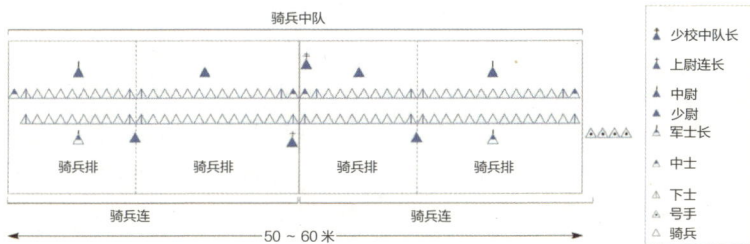

◎ 法军骑兵队形。骑兵中队由两个连组成，排成两列横队。在战时，负责指挥中队的一般是该中队的第一连连长，而"中队主官"（即骑兵少校）通常会指挥两个骑兵中队

◎ 法军胸甲骑兵的胸甲与头盔

◎ 法军卡宾枪骑兵所装备的头盔和胸甲

◎ 法军卡宾枪骑兵

◎ 法军近卫掷弹骑兵

　　每个骑兵中队因为时代和国家的不同，数量从 75 人到 250 人不等。以法军为例，1805—1807 年的骑兵团通常由四个骑兵中队组成，其中只有三个会投入战斗，一个留在后方兵站训练补充兵，两到三个骑兵团构成一个骑兵旅，两到三个旅组成一个师。

　　当时欧洲的骑兵主要可以分成重骑兵和轻骑兵两类。重骑兵是战场上的重要突击力量，用于突破敌方阵线弱点，消灭敌方骑兵，给已经动摇的敌方以毁灭性打击。轻骑兵的机动力要高于重骑兵。关于他们在近战中的具体作用，多特普尔将军曾有过经典的命令，"卡宾枪骑兵，勇敢的卡宾枪骑兵，击穿队列！胸甲骑兵，冲过敌军！骠骑兵，砍杀敌军！"除了战场杀敌之外，轻骑兵更多地从事侦察、袭扰、追击、掩护交通线等任务。两者马匹的要求也各不相同，重骑兵的战马要求健壮高大，对

速度和机敏性要求不高，冲锋时速度较慢，但冲击力较大；轻骑兵的战马要求灵巧擅跑，适合单骑作战和散开队形作战，对战马肩高没有过多要求。不过在实际中，由于各国国情不同，具体分类很多。

　　胸甲骑兵：这是当时欧洲最典型、最普遍的重骑兵。他们最显著的特征就是身穿表面抛光的钢制胸甲，头戴黄铜装饰的钢盔。法军骑兵装备的前后双面胸甲一般重 7~8 千克，虽然不会对灵活性有太大影响，但胸甲骑兵们一般只在阅兵和战斗时才穿胸甲。胸甲可以挡住刀剑、长矛、刺刀、甚至是手枪子弹和远距离步枪流弹，能够让胸甲骑兵在格斗中占很大优势。法国一名胸甲骑兵少校希波曾在拼杀中被骑枪戳刺和马刀砍杀弄伤 52 处，仍然幸存了下来，胸甲和头盔的保护功不可没。因此，胸甲骑兵列队冲锋时，胸甲的保护使胸甲骑兵

◎ 放荡不羁的骠骑兵

◎ 法军龙骑兵

更自信，同时对敌也是一种威慑。

法军同时还拥有两种其他国家罕见的重骑兵：卡宾枪骑兵和近卫掷弹骑兵，两者都以高大的熊皮帽而闻名，前者从 1809 年之后也开始装备胸甲。

龙骑兵：起源于 16 世纪，其名字的由来有两种说法：一、兵种使用的队旗上画了一头火龙；二、当时他们使用的短身管火枪被称为火龙。一开始，龙骑兵只是作为骑马的步兵而被训练和使用，自 17 世纪起，龙骑兵才真正成为骑兵。在拿破仑时代，龙骑兵的定位最为复杂，法国一般将其作为中型骑兵使用，训练中要求其能够承担轻骑兵的工作，在使用中拿破仑则将其和胸甲骑兵一并编入缪拉的骑兵军，作为突击力量使用。英国龙骑兵的情况最为特殊，因为该国没有胸甲骑兵，所以龙骑兵是其唯一的重骑兵。如在滑铁卢战役中先是建立功勋，

然后几乎被全歼的苏格兰灰骑兵团。同时，英国人还有作为轻骑兵使用的轻龙骑兵，电影《爱国者》中就有他们的身影。而且，英国龙骑兵是纯粹的骑兵，而欧洲大陆上的龙骑兵则还留有步行作战的传统。比如法国龙骑兵使用步兵火枪，奥地利龙骑兵还有便携式拴马桩。法、奥、俄等国的大部分龙骑兵都装备铜盔。英国龙骑兵配备头盔，轻龙骑兵为普通筒式军帽。

骠骑兵：这是当时欧洲各国骑兵共有的一个轻骑兵类型。最早的骠骑兵是匈牙利人的一个特有兵种，以其服饰华丽、马术精湛、刀法凶狠而著称。后来欧洲各国纷纷效仿，组建自己的骠骑兵部队。他们喜欢通过让人眼花缭乱的制服颜色、编织方法、花纹、头饰、花边等等方式区别于其他骑兵。明显的标志是左肩垂下的斗篷式短外衣，这种服饰源自马扎尔地区的土

◎ 法军猎骑兵

◎ 近卫第一枪骑兵团骑兵

耳其部落。另外由于骠骑兵的服饰紧身，没有口袋，存放贴身物品的储物袋"配囊"就成了骠骑兵的另一特征，甚至成为法军著名拿破仑战争刊物的名称。配囊系于武装带上，自然下垂，通常配有各种装饰图案。华丽的外表加上骑兵原本放荡不羁的生活作风使得骠骑兵在私生活上往往风流成性，不拘小节。但同时他们也勇猛无畏，悍不畏死。拉萨尔将军曾经说过："如果一个骠骑兵打了一年仗还没战死的话，那他不是骠骑兵，只是一个懦夫。"

猎骑兵：这是拿破仑时代法军轻骑兵的主力。他们几乎是骠骑兵的简化版本，承担与其类似的侦察、袭扰、追击、掩护交通线等任务，因为质优价廉，深得拿破仑的青睐。

枪骑兵：自17世纪末，欧洲已经很少能看到手持长矛冲锋的骑兵了。仅仅奥地利、普鲁士和俄罗斯那种有骑兵传统的东欧国家，还有一些使用长矛的骑兵。拿破仑在1807年见识到了波兰枪骑兵的凶悍，

随之组建了近卫波兰枪骑兵团。1810年，著名的"红色枪骑兵"团被组建。到了1811年拿破仑又进一步将6个团的龙骑兵转型为枪骑兵。此后，枪骑兵就随着拿破仑大军一起散播他们在冲锋和追击当中的恐怖名气。

在当时，燧发枪和燧发手枪在轻骑兵勤务中作用较大，法国骑兵也常常喜欢在正规作战中使用火枪。法国骑兵这种战术被不少人所诟病，认为会影响骑兵的冲锋效能，而且容易被敌人的白刃冲锋所击败。但其实这种战术不乏成功战例。比如1815年利尼会战结束后，普鲁士军官霍肯回忆道："前方一百步远处有一条法军胸甲骑兵战线，他们用一阵马枪齐射迎接我们，我军立刻掉头狂奔。尽管官兵们呼叫着让所有人停下来，还是没能阻止溃逃。"俄国沙皇亚历山大和英国的威灵顿公爵也都表示过："我完全赞同法国人（使用骑兵的方式）。"

不过总体上，对于骑兵来说，枪支在当

110

◎ 红色枪骑兵

◎ 由龙骑兵改编而成的枪骑兵

◎ 俄国哥萨克使用燧发手枪与枪骑兵战斗

◎ 刀剑的不同攻击方式

时的会战战场上依然处于从属地位，刀剑、长矛等冷兵器仍是骑兵的主要作战手段。

拿破仑时代的骑兵们普遍装备两种刀剑，直刃长剑和弧刃马刀。到底给骑兵装备什么样的武器好？这个问题一直从拿破仑时代争论到现在。很显然，长剑侧重于刺击，马刀侧重于挥砍。一些人基于"刺死砍伤"的基本原理，倾向于直刃长剑。刺击是最能有效运用马匹向前冲击的动能

的攻击方式。骑手要做的只不过是对准目标而不必费心去发力，因为仅仅借助马匹的冲力，这种刺击的威力已经极为恐怖了：如果准确刺中，对方将难逃一死。另一些人则更倾向于弧刃马刀，因为弧刃马刀可以流畅地挥砍，也比直刃长剑更轻巧而易于掌控。弧刃马刀因为轻巧所以很方便从身体一边移到另一边，这对骑兵极为有利，因为他们的面前总有一个碍手碍脚的马脑

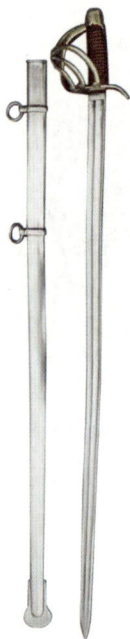

◎ **法国胸甲骑兵剑**

袋。更重要的是，在白热化的近战中，砍相对刺来说是一个更加本能的动作，因此在一个普通骑兵手中，利于砍的马刀要比刺剑来得有效。

从个人角度讲，在拿破仑那个缺乏防护的战争时代，弧刃马刀更适合骑兵间的格斗。诚然，直刃长剑更容易造成致命伤。英国第3龙骑兵团的威廉·巴拉格上尉曾这样记述："尽管好些法国人带着可怕的砍伤，却几乎没有人死于这些伤口，而这次侦察中却有12名英国龙骑兵在法国人的突刺下阵亡，还有一些的伤势也非常危险。"但突刺的伤口却不容易使得对方立刻失去战斗能力。甚至有时候，受到突刺致命伤的敌人因为高度兴奋或紧张之下的肌肉收缩，伤口并不会立即致命，这时候攻击方就很危险了。英国第11轻龙骑兵团的士兵乔治·法默就记录过这样一个例子："战斗中那个法国佬地伏在马颈上，向哈里·威尔逊刺去并成功刺穿了他。我当时确信可怜的威尔逊一定会立即阵亡，但他却从马镫中站起来给了那法国佬的头部狠命的一击，把对手的铜盔和头骨都一起砍透了，那法国佬的头一直被砍开到了下巴处。我从未见过力量如此巨大的砍击。随后威尔逊才和他的对手一起落马身亡。"

相比之下，弧刃马刀虽然没那么容易造成致命伤，但挥砍能割开肌肉、切断肌腱，砍开骨头，以及大量失血，这些创伤虽然不会致命，但会让对方立即失去战斗能力。即使如胸甲骑兵的面部、喉咙、颈部和腿脚也都是暴露在外的，对四肢的攻击可能不是致命的，但足以使他们失去战斗力。对于这点，法国近卫猎骑兵团的夏尔·帕尔坎上尉留下过一段话作为佐证："我们的骑兵习惯用刀尖刺击，而敌人却总喜欢用刀身进行劈砍。一旦敌人的马刀找准了目标，那就会是一次可怕的攻击，胳膊被它干净利落地卸掉并不是什么罕见的事情。"

不过对于大规模战争来说，直刃长剑和弧刃马刀所造成的伤亡并没有太大的差别。英国作者乔治·法默1844年在他的《轻龙骑兵》一书中做过统计，法国人受的伤大多在头面部，而且看起来很恶心，但双方重伤的比例其实相差不大。

从战术上讲，直刃长剑在一场正规的骑兵对骑兵的冲锋中，尤其是在最初的一阵撞击中最能发挥它的作用。直剑由于将人和马的动能加于剑的杀伤力上，因此能够对敌人起到更大的心理上的恐吓作用。一排又一排放平剑身的骑兵猛冲而来是一幅比同样人数的骑兵挥舞着马刀冲来更可怕的景象。弧刃马刀占优势的阶段则在于

◎ **英国1796式轻骑兵刀**

冲锋过后的混战中。当一队骑兵陷入混战的时候，他们的马会放慢脚步，刺击就失去了动能上的优势。在混战中骑手还要做许多的环步和快速的兜圈，每个骑兵就必须经常把他的刀剑从身体一侧移到另一侧来应付四面八方冲过来的威胁，以及攻击他四周的目标。轻巧灵活的弧刃马刀在这种战斗中明显有着更大的优势。

因此，直刃长剑和弧刃马刀装备的骑兵种类也界限分明，以胸甲骑兵为代表的重骑兵都是使用直刃长剑，以骠骑兵为代表的轻骑兵则装备弧刃马刀，具有双重功能的法国龙骑兵则装备略有弧度的长剑。

骑兵对骑兵作战时，战术、队形和机动性主要决定战斗的胜败，骑术和剑术只在小规模的混战中才拥有胜负的决定权。就如同拿破仑所说的那样："两个马穆鲁克可以抵挡三个法军，因为马穆鲁克武器更好、马匹更好、训练更好，拥有两双手枪、一支喇叭枪、一支卡宾枪、一顶有面甲的头盔、一副锁子甲、几匹战马以及几个协助他的步兵。但100名法军骑兵无须害怕100名马穆鲁克，300不用怕400，600不用怕900，十个中队就能赶跑2000名马穆鲁克——这就是战术、队形、机动训练的支配性影响。"骑兵之间队形整齐的决定性冲锋往往只需进行一次就决定战斗的胜负。不过骑兵在成功的冲锋后，队形也会相对地受到破坏，往往只有一部分并主要是第二列还能大致保持队形。这是骑兵最危险的时刻，只要有很小的一队生力军向它冲击，便能使它前功尽弃。因此，冲锋后迅速集合是真正优良的骑兵的标志。

我们在很多书里都能找到骑兵在号声的指挥下，重整队伍的记载。谁能最先重组好队形，谁就能获得战斗的胜利。因此，骑兵战术的基本规则，总是只把当时拥有兵力的一部分投入战斗。直到最后留下的预备队以完整的战斗队形全力向溃乱而惊散的敌群猛冲，才最终决定战斗胜负。以"七年战争"中普鲁士弗里德里希大王的条令为例。

各种动作均应以最快的速度完成，各种转法应以轻跑步进行。骑兵军官应首先把自己的兵士培养成优秀的骑手；胸甲骑兵应像骠骑兵那样精于骑术，还应熟练地使用长剑。骑兵应每日练习骑术。乘马通过起伏地、超越障碍和劈刺是主要的训练项目。冲锋时在敌军的第一线和第二线未被彻底突破前不得射击。

每个骑兵中队冲锋前进时，应持刀剑砍杀敌人，任何指挥官都不得允许部下射击，否则应受降级处分；旅长应对此负责。进攻时，首先应以快步前进，最后转为快跑，但要保持密集队形。如以此种方法冲锋，敌人必将被粉碎。每一骑兵军官应永远记住，为粉碎敌人必须做到两点：（1）以最大的速度和力量向敌人冲锋；（2）从翼侧迂回敌人。

可以说，在弗里德里希、赛德利茨等人的调教下，"七年战争"期间的普鲁士骑兵在快速和有组织地冲锋、迅速地变换队形、巧妙地向翼侧冲锋、冲锋后迅速集合和变更部署等方面达到了相当高的水准，也成为后世的楷模——关于普鲁士骑兵的严酷操练，曾有这样一则轶事，当弗里德里希大王对训练中的伤亡颇感痛心时，赛德利茨

◎ 油画《弗里德兰》，描绘在弗里德兰会战中，即
将发动冲锋的法国胸甲骑兵向拿破仑致敬的场景

如是回答，"陛下，如果您对少数几个摔断脖子的家伙大惊小怪，就无法得到在战场上所需要的无畏骑兵。"

拿破仑时代的骑兵则一般采用两列横队的冲击队形，骑兵冲锋的全过程是呈加速度进行的。在距敌方两三百法步（1法步合0.65米）的距离上，指挥官会命令："准备冲锋！剑出鞘！小步前进！"距敌150步（约97.5米）时，命令"快步前进！"50步（约32.5米）时，命令"冲锋！"此时，所有号手吹冲锋号，骑手将自己的马匹驱至最高速度。前排骑手将剑尖向前做刺杀状，后排骑手保持高举状态。加速度冲锋使得骑兵在接敌之前保持了队形的相对完整，给敌方阵线造成瞬间的最大冲力。如此冲锋是针对阵容齐整的敌方步兵或骑兵进行的。当对方阵脚不稳或溃散时，骑兵的速度就更为重要。此时，便可以放开了冲锋。总体上说，骑兵通常只能在步兵还没来得及结成方阵时取得胜利。按照当时的说法，"骑兵对步兵方阵进行冲锋，100

◎ 装备单面胸甲的奥地利胸甲骑兵

次中有99次要被击退。"一般情况下，骑兵要想冲破步兵方阵要依靠炮兵和步兵的火力支援。

总体上，拿破仑麾下的法国骑兵依靠严格的战术纪律、勇猛的冲锋和出色的兵种协同成为欧洲大陆上最强悍的骑兵。但法国骑兵缺点在于马匹质量和数量上均处于劣势，其本身骑术也不很高明。

不过拿破仑却在骑兵的种类和组织方面引领了接下来的一个多世纪，皇帝虽然并非骑兵内行，总想让马匹多拉快跑，却深谙使用之道。拿破仑在战争中大量使用胸甲骑兵，其他大部分国家的重骑兵在多数时候均不配胸甲（普鲁士等国便是如此，俄军也要到1812年才重新装备胸甲），唯一防护是军帽里的铁条；奥地利也只是装备前胸甲。但在拿破仑战争以后，几乎所有国家都认识到了加强骑兵防护的重要性，于是装备重型头盔和前后胸甲的胸甲骑兵成为各国重骑兵的中坚力量。

由于枪骑兵训练成本较高，对于又重又长的长矛，一个老手能刺穿野猪，可一个新人往往连只耗子都扎不死，18世纪的西欧国家普遍不重视枪骑兵，倒是俄国始终保留了大量使用长矛的民族骑兵和非正规骑兵，普奥两国在伙同俄国瓜分了盛产枪骑兵的波兰后，也都组建了一定数量的枪骑兵部队。随着法国人体会到为他们而战的维斯瓦军团波兰枪骑兵的凶狠和勇猛，拿破仑便着手将若干龙骑兵团改为枪骑兵团，曾多次遭遇法军枪骑兵痛击的其他国家也纷纷组建起自己的枪骑兵部队，甚至连胸甲骑兵和骠骑兵也开始使用长矛。

◎ 拿破仑与众将士在艾劳

此后，胸甲骑兵和枪骑兵这两个被拿破仑重新复兴的兵种一直存在到一战期间。

拿破仑最大的创举还是在骑兵组织上，他将轻骑兵配备给各军各师，增强了各军各师的独立作战能力。他还第一次把数个骑兵师编成一个大单位，称为骑兵军，将其作为决定性的毁灭力量。这种配备方式一直影响到现代军队当中坦克的配置方式。

艾劳战场的雪与血

现在，我们的视野再回到艾劳会战的战场上。

缪拉的骑兵与苏尔特的第四军占据了霍夫后，又继续前进，咬住了驻扎在艾劳的本尼希森俄军主力。

2月7日夜间，经过一场因争夺宿营地而起、双方各自死伤四五千人的混战，巴格拉季翁所部俄军被逐出艾劳。他们撤到艾劳附近的一处山冈上，俄军架设起大炮，并将那里构筑成坚固的阵地。

在法军夺取艾劳后不久，拿破仑就亲自抵达了艾劳，开始指挥全军作战。他命令苏尔特的第四军约2.3万人（7日夜间的艾劳争夺战中仅勒瓦尔、勒格朗两师步兵即损失约4000人，第26轻步兵团甚至人员短缺到无法列成横队作战，因此8日战斗中第四军的主角是未参与夜战的圣伊莱尔师）和奥热罗的第七军约1.5万人，在近卫军约7000人、预备骑兵约1.1万人的支援下，在拂晓时从艾劳发起正面攻击。达武的第三军约2万人迂回俄军左翼，奈伊的第六军约 1.5 万人咬住俄军右翼，即莱斯托克指挥的普俄联军约 8000 人。

如果贝纳多特第一军、达武第三军、奈伊第六军都能够赶到战场，那么法军就能在兵力上压倒俄军。可是不仅后两者姗姗来迟，派往贝纳多特的传令参谋甚至都被俄军俘获，让第一军近 2 万士兵抵达的可能化为泡影。

2 月 8 日凌晨，艾劳会战在一片风雪中正式爆发了。此时扣除正在赶往战场的莱斯托克所部，俄军在艾劳的总兵力大约为 6.7 万人，大炮有 260 门。法军此时的总兵力约 5.6 万人，大炮却仅有 140 门，只相当于俄军的一半。拿破仑只得在兵力、火力不占优势的情况下参与会战。

凌晨 6 点 30 分左右，俄军着手展开炮击，冰雹般的炮弹令艾劳镇上的法军出现了一阵短暂混乱。不过法军炮兵还是及时展开反击，双方的将近 400 门大炮一齐迸发出怒吼，掀起了"从所经之处粉碎、扫除一切的死亡飓风"。原本根据拿破仑的计划，此前攻占艾劳的勒瓦尔、勒格朗师将牵制俄军中央和右翼。圣伊莱尔师、奥热罗军和缪拉的预备骑兵则移向己方右侧，牵制俄军左翼，等待达武第三军抵达战场，而后联手发起合击，以 6 个步兵师和 4 个骑兵师的压倒优势兵力碾压敌军。上午 8 点多，拿破仑在艾劳附近的高地上观察到达武军正在接近，不待缪拉所部骑兵准备完毕，便命令圣伊莱尔师与奥热罗军发起攻击。

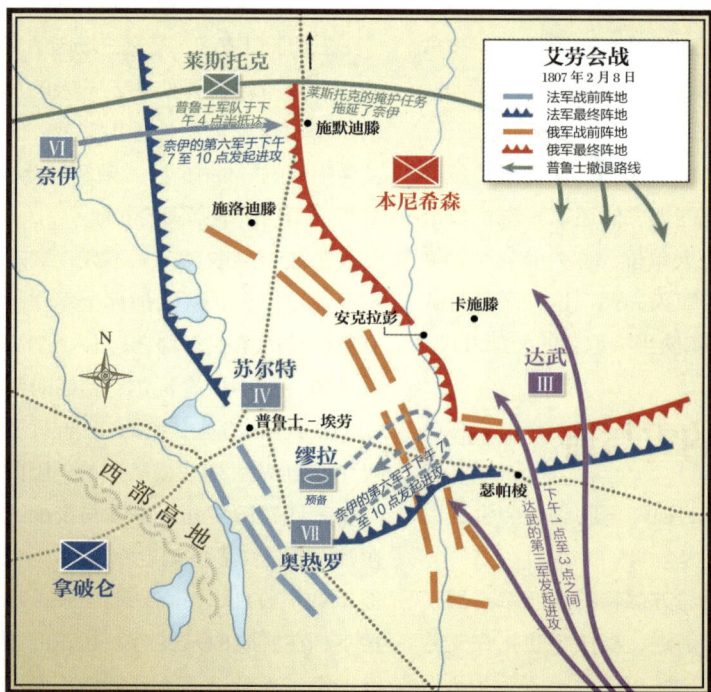

◎ 艾劳会战

49 岁的奥热罗当时正患急性风湿病，可还是毅然亲自带队参与冲锋，尽管他原本只能乘坐雪橇，最终还是骑上战马指挥部队。第七军德雅尔丹师、厄德莱师的 1.2 万名步兵一如当年在意大利战场上一样冲锋陷阵，但是一阵骤然而至的暴风雪使他们遭受了可怕的厄运。

扑面而来的风雪使士兵们的双眼都难以睁开，只能走一步便拖一步地挣扎着前进，更不要说准确看清前面的敌人了。于是参与攻击的三个师就这样在暴风雪中迷路了，第七军的两个师开始往左越偏越远，与圣伊莱尔师拉开的距离也越来越大。就在风雪势头稍稍减弱的时候，这两个师的行军纵队还没来得及展开就撞上了由 72 门大炮组成的俄军炮群，送给了俄军绝佳的侧射目标。此外，由于寒风自北向南吹拂，俄军炮兵并没有受到冰雪扑面的影响，可以相对准确地瞄准射击，但原本要支援步兵前进的法军炮兵却只能盲目射击，第七军自此陷入世界上最优秀的两支炮兵的火网之中，即便德雅尔丹师能够突破俄军结合部，也在本尼希森早有准备的纵队反突击前铩羽而归。

散开的法军步兵给予了俄军骑兵天赐良机，科尔夫少将当即指挥一个骑兵旅攻入圣伊莱尔师侧翼，迫使其退回原战线。正当德雅尔丹师和当面的俄军扎波尔斯基旅恶战之际，曼陀菲尔少将指挥圣彼得堡龙骑兵团和附近的骠骑兵团，突然杀入未及时列成方阵的法军，虏获第 44 战列步兵团的一面鹰旗（圣彼得堡龙骑兵团也是整个拿破仑战争中缴获鹰旗最多的联军部队），并让这个团付出了损失 6 成的惨重代价。当法军次日前来清理战场时，他们发觉第 44 团的战死士兵遗体大致排成了一个"匚"字形，而俄军骑兵则是从缺口处快速杀入。第 16 轻步兵团同样未及时列阵，也只有四成士兵得以脱险。

德雅尔丹师第 14 战列步兵团的命运更为凄惨。该团第 1 营撤退到一块高地上，正面是堪称俄军精锐的弗拉基米尔火枪兵团和团属火炮，侧面则是不断冲锋的俄罗斯龙骑兵和骠骑兵。团长恩里奥战死了，可第 1 营却仍然组成方阵在最艰难的条件下坚守不屈，第 2 营则与较为安全的第 105 战列步兵团会合。

根据马尔博的回忆，尽管"数以千计的哥萨克"淹没了平原，拿破仑还是从望远镜看到了这个团的坚强，他命令奥热罗元帅尽力拯救该团，奥热罗连续派了 2 个传令官去召回那个团。结果两个都被俄国骑兵砍死。第 3 次，元帅派出 24 岁的马尔博，马尔博快马在俄国骑兵包围中冲出一条路，令第 14 团回撤。代理团长望着急速逼近的俄罗斯掷弹兵，自知已经不能幸免，他将一面鹰旗交给马尔博，让他带回给拿破仑，士兵们则发出了皇帝万岁的最后怒吼。出于携带便利，马尔博打算拆开鹰旗，只带走金属鹰——按照法军习惯，这样便不算丢失鹰旗，孰料尚未拆下俄军已然杀来，马尔博仅以身免，驰回本方军阵时又遭到老近卫军的齐射款待，所幸人马都没被射中。这则回忆带有典型的马尔博式夸张。然而不论真相如何，第 14 战列步兵团的命运已经注定，第 1 营没有金

◎ *拿破仑向缪拉下达命令*

属鹰的旗帜被俄军带回了圣彼得堡，全团 1900 名官兵仅有五百余人尚存战斗力，损失接近 3/4，为第七军之最。厄德莱师同样损失惨重被迫退却，正如法国军官保兰描述的那样，整个第七军"犹如风吹残雪"般崩溃。

尽管奥热罗在战报中宣称第七军仅仅损失了 5200 人，但根据各团人数统计，艾劳会战当天仅步兵损失便至少有七千多人。马尔博更是夸张地宣称原本的 1.5 万士兵到傍晚为止已经只能集结起 3000 人，因为元帅和所有将领已经非死即伤，指挥这 3000 人的也不过是区区一名中校——实际情况自然比马尔博说得好一些，6 名将官中终究还有两人安然无恙。不论如何，败退下来的第七军已经完全丧失了战斗力，圣伊莱尔师也只能勉强支撑。此时苏尔特的第四军勒瓦尔、勒格朗步兵师在左翼与俄军相互牵制，双方都没有发起决定性攻击的能力，达武的第三军、奈伊的第六军依然未能抵达战场，战况对法军极端不利，苏尔特的一位参谋后来说，"这不再是如何获得胜利的问题，与此相反，我们需要集中在还掌握着的地方（守住阵地）"。暴风在此时也大致停止，法军的视野终于清晰，然而，拿破仑从公墓所在高地上只能看到一派绝望的景象，法军必须有所作为，但此时唯一有能力发起大规模攻击的只有缪拉所部骑兵。

虽然如此，拿破仑仍然保持着冷静。他马上找来了缪拉，指着前面"打起仗来像公牛一样"的俄军对缪拉说："你会让

◎ 艾劳会战中骑兵就位

这些家伙把我们吞掉吗？"缪拉立刻明白如果此时不阻止俄军，法军将被一分为二，并将输掉艾劳会战乃至整场战役。他必须带领他的骑兵勇敢作战，力挽狂澜。扣除此前已经投入战斗的各个骑兵师，缪拉此时手中还有 3 个骑兵师，共计 4 个胸甲骑兵团和 8 个龙骑兵团可供使用——不过，这 12 个团仅有 40 个骑兵中队，在波兰和东普鲁士的艰苦冬季里，各个中队也大多出现了严重减员，投入战斗的胸甲骑兵和龙骑兵总共约有 5000 人。

缪拉扬起马鞭（尽管他随身携带着一把土耳其弯刀，却很少抽出来使用），高喊一声，"跟着我！皇帝万岁！"跃马第一个冲了出去。由于事出仓促，缪拉只能临时拼凑部队，最接近他的是格鲁希将军指

挥的第 2 龙骑兵师，之后是多特普尔将军的第 2 重骑兵师，克莱因的第 1 龙骑兵师（欠两个团）则负责掩护多特普尔的右翼。12 个骑兵团的 5000 名骑兵随之集体发动了冲锋。他们在白雪皑皑的平原上奔驰着，不断穿过第七军的溃兵，阵阵的马蹄声，使大地也为之颤抖。5000 名骑兵高举刀剑，一起高喊："向亲王集中！皇帝万岁！"

格鲁希的龙骑兵处在最前面，他迅速地将他的龙骑兵两翼展开，与身处俄军步兵前方，正在追杀第七军余部的俄军龙骑兵、骠骑兵展开激战。第 2 龙骑兵师第 1 旅很快便被击退，格鲁希本人也不幸落马，差点受伤，然而他随即上马再战，指挥第 2 旅以不小的代价击退俄军骑兵。然而，在法军龙骑兵面前，俄军第 3、第 8 步兵师已

经摆开了完整的横队战线，龙骑兵就像拍击巉岩的浪涛一般无功而返。与此同时，克莱因的龙骑兵也击退了科尔夫的骑兵旅。

面对俄军的顽强抵抗，多特普尔的"铁人"骑兵必须投入战场，这些享受优厚待遇，被战友们称之为"大后跟"、"大靴子"的马上庞然大物如同霍夫之战一样展开了猛烈冲击。多特普尔此前曾向拿破仑夸口，"陛下，你只用看到我的大后跟，他们就像踩穿黄油一样冲进敌阵！"面对刚刚击退了格鲁希的俄军步兵，将近2000名胸甲骑兵以快步整齐推进，尽管步伐并不匆忙，却自有一股摄人威势。不过，在俄军尚属完整的步兵阵型面前，胸甲骑兵的第一次攻击依旧铩羽而归，但经验丰富的骑兵们立刻转向侧面，而后重整部队，以泰山压顶之势杀入俄军防线最薄弱的地方——第3步兵师与第8步兵师的结合部。

胸甲骑兵的第2波冲击最终撕开了防线，多特普尔与格鲁希的骑兵如同开闸洪水般涌入俄军战线后方，俄军的第二线部队未集结成方阵，也没有组成连续战线，便被骑兵淹没。胸甲骑兵甚至闯入了俄军总部附近的一片小树林，两个俄军骑炮连此时不分敌友地猛烈发射霰弹，总算用24门火炮挡住了法军骑兵洪流，多特普尔将军也在此时腿部中弹，丧失了战斗力，六天后伤重而亡——以此践行了他在霍夫战后许下的诺言。

就在法军骑兵突击势头被挡住的同时，俄军第3、第8步兵师的士兵惊恐过后开始勇猛还击，他们重新组成了战线，向着法军骑兵展开狂乱而猛烈的射击。一面是俄军威力可怕的炮群和骑兵预备队，一面是俄军步兵的刺刀与步枪，法军骑兵身处困境，一场混战就此展开。克莱因的骑兵尽管试图撕开俄军第2、第3步兵师的结合部，但腹背受敌的帕夫洛夫斯克掷弹兵团临危不惧，第一列士兵坚持射击，第二、第三列士兵后转射击，无隙可乘的第1龙骑兵师只得打道回府，却也免去了胸甲骑兵即将遭受的厄运。

在俄军当中，哥萨克是极具传奇色彩的一个兵种，他们被拿破仑称赞为世界上最好的轻骑兵，其指挥官顿河哥萨克阿塔曼普拉托夫也堪称整场拿破仑战争中最优秀的轻骑兵将领。不过，由于错过了整个1805年战局，普拉托夫还是在艾劳才第一次遭遇法军，而他这回就表现出了令人惊讶的战斗力和嗅觉。英国观察员威尔逊写道，"当胸甲骑兵向俄军战线中部发起拼命冲锋、穿过了一道间隙时，哥萨克立刻冲开了他们，用长矛刺杀他们，将他们打下战马，在极短的时间内，530名哥萨克便装备着从死者身上取得的战利品返回战场。"

缪拉的骑兵已经完成了突破的壮举，然而，随着时间的流逝、冲击效果的淡化，此时法军骑兵已经处于近乎绝望的窘境，缪拉只得下令骑兵沿原路返回。皇帝看见了这一切，他立刻下令贝西埃率领近卫军骑兵再次冲锋俄军步兵，同时发起救援——缪拉的骑兵原本意在拯救奥热罗的步兵，但此刻他们也需要近卫骑兵的援手。

打头阵的是达尔曼将军指挥的一千余名近卫猎骑兵（包括马穆鲁克在内），他们一度破开了一个有所残损的俄军方阵，却被另一个方阵击退，最终与俄军骑兵和炮兵陷入混战。正在此时，奥德内将军指挥的九百余名近卫掷弹骑兵终于抵达战线，他们是骑着黑马、头戴熊皮帽、身姿威武的重骑兵，尽管未曾佩戴胸甲，也被不少俄军误认为是人高马大的"近卫胸甲骑兵"。一部分重骑兵将猎骑兵解救出来，另一部分则和俄军骠骑兵展开厮杀。组织也已相当混乱的俄军骠骑兵来自三个不同的团，但在恶战中毫不畏惧，硬是在刀剑搏杀中将近卫掷弹骑兵击退，所幸指挥一半掷弹骑兵的勒皮克经验丰富，他随即命令退却骑兵重整队形，指挥手中的两个完整中队杀退了已经队形混乱的俄军骠骑兵。此后，

近卫猎骑兵与近卫掷弹骑兵相互掩护，两度突破俄军战线，为骑兵大部队打开了一条血路，勒皮克上校甚至率领两个掷弹骑兵中队突入俄军阵线中部。据并未参与冲锋的第20猎骑兵团军需军士帕尔坎听来的消息，一名俄国军官表示，"投降吧，将军。你的勇气把你带得太远了，你在我军战线后方"。勒皮克如此回复："看下这些脸庞，看看他们是否愿意投降？"随即以跑步发起猛烈冲击。步兵、骑兵、哥萨克与近卫掷弹骑兵间的一番血战因而不可避免。

激战中的近卫猎骑兵和掷弹骑兵都损失惨重。达尔曼将军受了致命伤，猎骑兵折损官兵245人、战马235匹。近卫掷弹

◎ 掷弹骑兵的冲锋

◎ **法国近卫军与俄国掷弹兵的鏖战**

骑兵，他们死伤官兵 185 人，此外还有 1 名军官和 51 名士兵成为俄军战俘——第 1、第 2 中队的鹰旗也落入哥萨克手中，随后辗转流入德意志商人掌握，直至 1911 年才得以回归法国。

勒皮克亲自率领的两个近卫掷弹骑兵中队付出了刻骨铭心的代价，他们起初只有三十余人得以归队，蒙受了与奥斯特利茨会战中列普宁公爵所部俄国近卫骑兵类似的惨痛损失。据帕尔坎记载，拿破仑亲自赶来拥抱勒皮克，并对他说："你身陷敌阵，我得不到任何消息，以为你们已经投降。"勒皮克慨然回答："你永远只会得到我们战死的消息而不是投降的消息。"拿破仑随即将其提拔为将军。俄军则径直认为深入的法军近卫骑兵几乎覆没，俄方参战者达维多夫写道，"近卫掷弹骑兵的两个中队位于退却中的敌军骑兵后方，在教堂和第二条战线之间扔下了性命"，叶尔莫洛夫的回忆大致相同，"两个法军近卫胸甲骑兵中队迷了路，发现他们身处我军步兵和骑兵之间，只有少数人得以逃生"。

中午之前，整个艾劳战场呈现犬牙交错的复杂态势，法国骑兵在反复冲杀，俄国步骑兵也在顽强地反击，并一度攻入艾劳城内。拿破仑所在的艾劳墓地成为俄军炮兵的重点轰击目标，在密集的炮火下，拿破仑身边的卫兵换了一批又一批，法军连近卫军都不可避免地出现了动摇，来自符腾堡的观察员甚至声称近卫步兵当天因炮击所致的死伤竟有四百余人！但拿破仑始终没有离开半步。

当突击俄军阵线的缪拉所部骑兵折返后，"一支 4000 人的俄国掷弹兵"（实际上，根据达维多夫、米哈伊洛夫斯基 - 丹尼列夫斯基的记载，这支部队是一个迷路了的

◎ 奈伊出现在艾劳战场

步兵营）脱离支离破碎的阵线，突破层层阻击，径直杀向拿破仑。贝特朗将军回忆中说，"在我一生中，从来没有像皇帝在艾劳那样使我吃惊的。当时他眼看就要被俄军踩在脚下，俄军在进逼，他却屹立不动。只是不断地说：'好勇敢啊！'"

就在贝尔蒂埃下令备马准备撤退之时，拿破仑沉稳的命令投入近卫军步兵。两支同样坚强的军队迎头撞在一起，双方都不屑朝对方开枪，于是这两支作风硬朗的近代部队在拿破仑这位欧洲第一名将面前，上演了一场中世纪似的血腥搏杀。激战中，第1近卫掷弹兵团第1营的鹰旗被炮弹打断，护卫它的一名军官不幸战死，五名军士受伤。所幸另一名军官疯狂冲入俄军阵列，夺回了鹰旗，将它插到一根枪管上鼓舞士气。

就在贝西埃的近卫步兵奋战之际，缪拉正在着手重组骑兵，多特普尔的胸甲骑兵当天已经无法继续投入战斗，格鲁希的龙骑兵只能掩护近卫炮兵，倒是克莱因的龙骑兵还能继续在右翼投入前线战斗。当他看到拿破仑遇到危险，就急命并未参与大冲锋、建制大体完整的布吕耶尔轻骑兵旅回援，他们快速杀入俄军步兵侧翼，步骑合击成功将其击退。

就这样，俄军的反击与法军的进攻都暂时告一段落，双方都失去了发起决定性

攻击的能力。在 7000 名前后参与冲锋的骑兵中，约有两千余名勇士死伤。而在这些勇敢骑兵的身后，同样有上千名俄军士兵丧失了战斗力。

战斗持续到午后，达武元帅给法军带来了转机。他以凌厉的攻势插入俄军左翼，使俄军左翼几近崩溃。不过下午 4 时，俄方也等到了他们的救星——莱斯托克的 8000 普鲁士人抢在奈伊元帅之前赶到了战场，并在炮兵支援下对达武元帅展开了反击。达武军在两面夹击之下顽强据守，一直坚持到晚上，终于等来了奈伊的第六军。赶到战场的奈伊元帅看到了一幅恐怖的景象：满山遍野的尸体和埋在雪中垂死的士兵。双方几乎都流尽了最后一滴血，俄国人正缓缓地退出战场。

奈伊元帅不禁感慨地说："这是多么大的一场屠杀啊！也没打出个什么名堂！"

战后据估计，法军的伤亡可能在 2 万到 3 万左右，这是拿破仑目前为止所进行过的会战中流血最多的一次。俄军的伤亡大体与法军相当，再加上缺乏营帐和给养，还将有更多在艾劳会战幸存下来的俄军士兵倒在漫漫风雪之中。拿破仑则凭借着他那不屈不挠的精神，依靠法军骑兵的奋勇冲锋，终于逼退了俄军，赢得了这场近乎平局的胜利。

博罗季诺
上千炮口下的勇气与牺牲

BORODINO

文 / 原廓、吴畋

博罗季诺——俄国的一个村庄，位于科洛恰河的左岸，在该河与莫斯科河汇合点的上方3公里处。博罗季诺周围的地形是一个点缀着丛丛松树和白桦的平原。北面是从斯摩棱斯克去莫斯科的新大道；南面是老大道。两条大路在莫扎伊斯克合一，继续向东延伸。

科洛恰河流经平原的北部，然后朝北弯曲，汇入莫斯科河。它和它的支流把大地切割得支离破碎，留下纵横交错的河谷，成为部队行进的天然隐蔽物。

1812年9月5日，拿破仑的征俄大军在这个距离莫斯科不到120公里的村庄附近，迎头撞上了已经严阵以待的俄罗斯大军。一场决定莫斯科之归属和俄罗斯

◎ 俄罗斯的战前动员

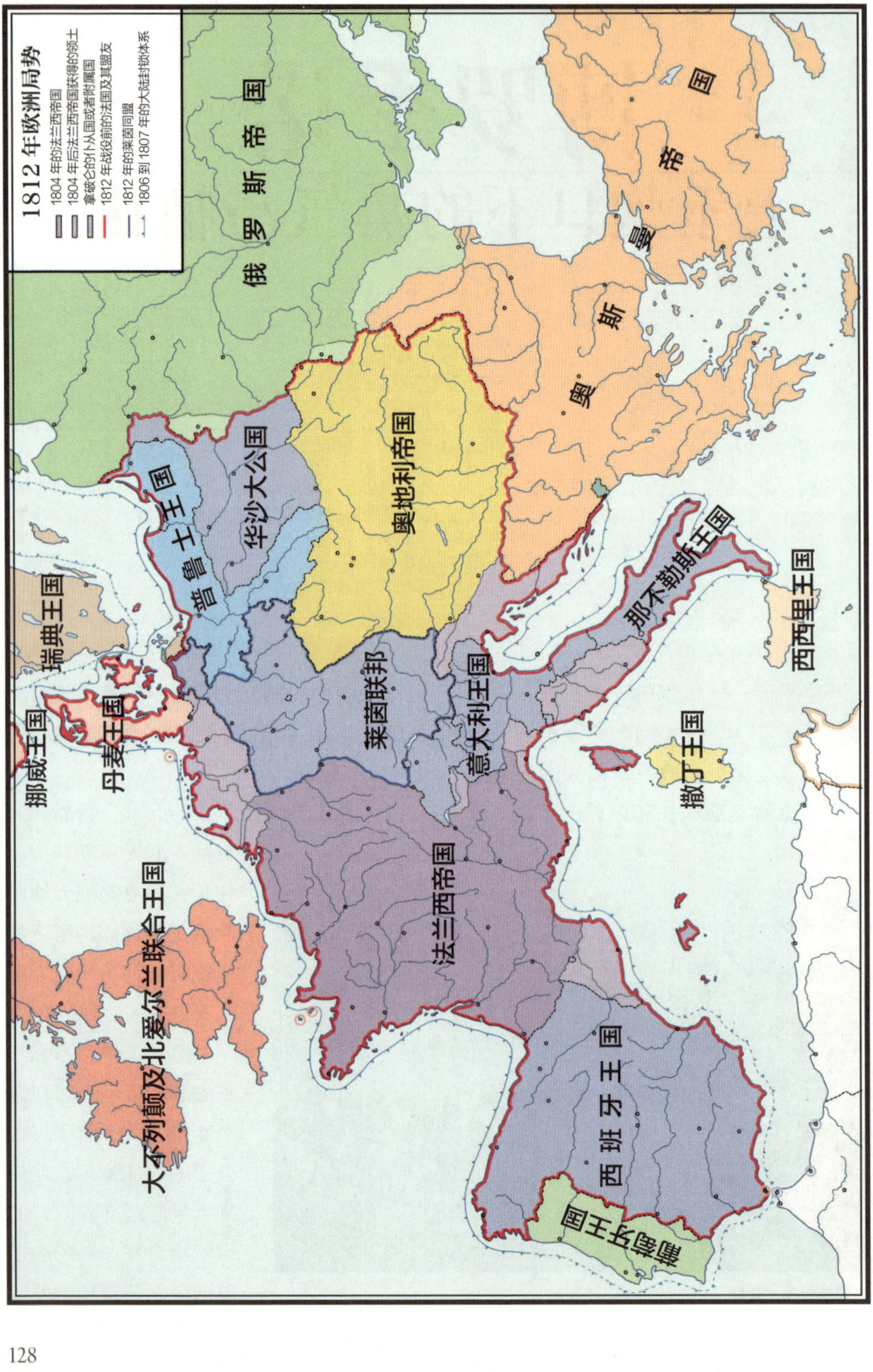

1812 年欧洲局势
1804 年的法兰西帝国
1804 年后法兰西帝国获得的领土
拿破仑时代八国或统治者附属国
1812 年战败前的法国及其盟友
1812 年的英国同盟
1806 到 1807 年的大陆封锁体系

俄 罗 斯 帝 国

奥 斯 曼 帝 国

瑞 典 王 国

挪 威 王 国

丹 麦 王 国

普 鲁 士 王 国

华沙大公国

奥地利帝国

莱茵联邦

意大利王国

那不勒斯王国

西西里王国

撒 丁 王 国

大不列颠及北爱尔兰联合王国

法 兰 西 帝 国

西 班 牙 王 国

国王长堤堤

© 1812年欧洲局势图

◎ *1810年法军在杜伊勒阅兵*

帝国之命运的宏大会战即将在这里爆发。

对于双方来说，这都是一场必打之战。

俄国的统治者和民众早就对俄军一退再退、任由法军长驱直入的做法怨声载道。俄军将士更是无论从民族情怀还是军人的荣誉感，都无法忍受让法军兵不血刃地占领"第三罗马"之称的莫斯科城。

"俄罗斯虽大，背后已经是莫斯科！"

法军更是对即将爆发的决定性会战迫不及待。拿破仑侵俄的战略目标就是在短期内歼灭俄军主力，然后再巩固占领地区，来年占领莫斯科，最终逼迫俄罗斯媾和。

为了实现这个目标，拿破仑和他的帝国聚集起史无前例的军事力量。

拿破仑的远征与后勤

这支当时欧洲历史最为强大的军队共有 265 个法国步兵营、291 个外国步兵营，130 门大口径攻城炮、1242 门各种口径的野炮、219 个法国骑兵中队、261 个外国骑兵中队，总计 513500 名步兵和炮兵、98400 名骑兵，共 611900 名士兵。这还不包括 25000 以上的军官、侍从，以及随军商贩、

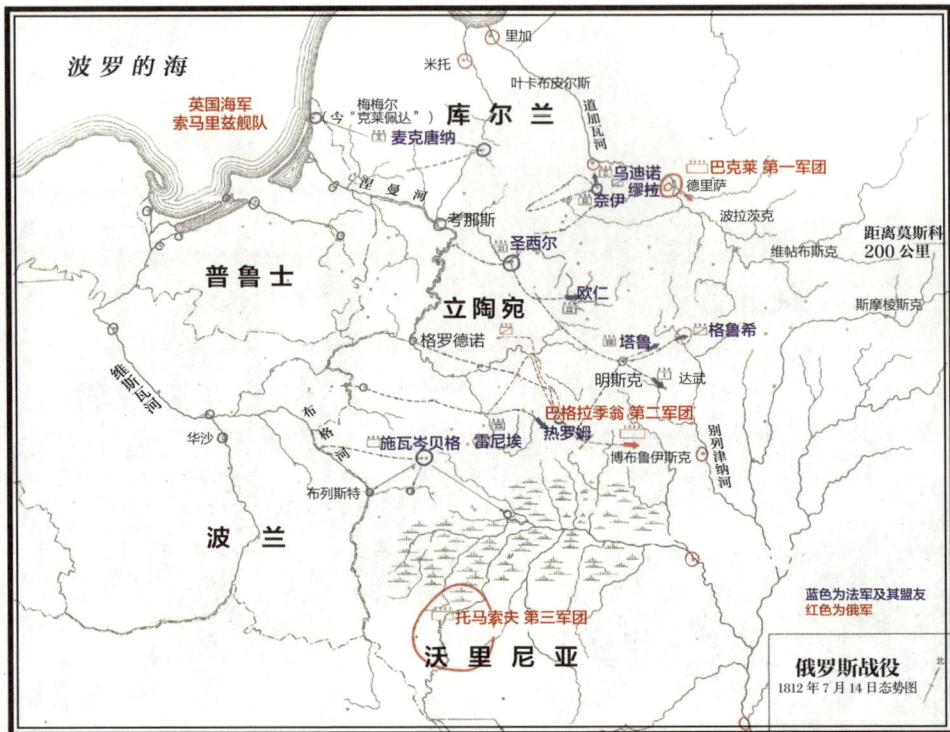

◎ 1812年7月14日，俄罗斯战役

妇女等其他随行人员。大军中的法国籍士兵约有35万人，其中真正的本土法国人大约只有25万，另外则是18万德意志地区军人，9000瑞士人，9万波兰人和立陶宛人，3.2万意大利人、伊利里亚人、西班牙人和葡萄牙人。

拿破仑所集结起的以往任何战争所无法比拟的庞大军队，为什么会最终惨遭失败呢？一些人简单的将其归结为拿破仑不重视后勤和俄罗斯"冬将军"的凶猛打击。

可实际上，具有黑色幽默意味的是，拿破仑所遇到的第一次大失败，恰恰是发生在他对后勤准备得最为周密和充分的情况下。

1812年1月，拿破仑就下达了在但泽储备给养的命令。在3月1日以前，该地已经集中了供40万人和5万匹马食用50天的粮秣。此外，在奥德河上还建立起更多的储备。为了携运这些给养，辎重部队大大扩充了，最后达到26个营之多。按其同军队的比例来说，比1870年伴随毛奇"现代化"军队的辎重部队还多。总计32700辆各种用途的四轮运货马车、两轮马车，以及弹药车。其中有超过6000辆四轮运货马车装运每日食物供给。这支规模庞大得令人咋舌的队伍使用了183911匹挽马。法国军队渡过莱茵河进入德意志地区时，还征集了15万匹马。

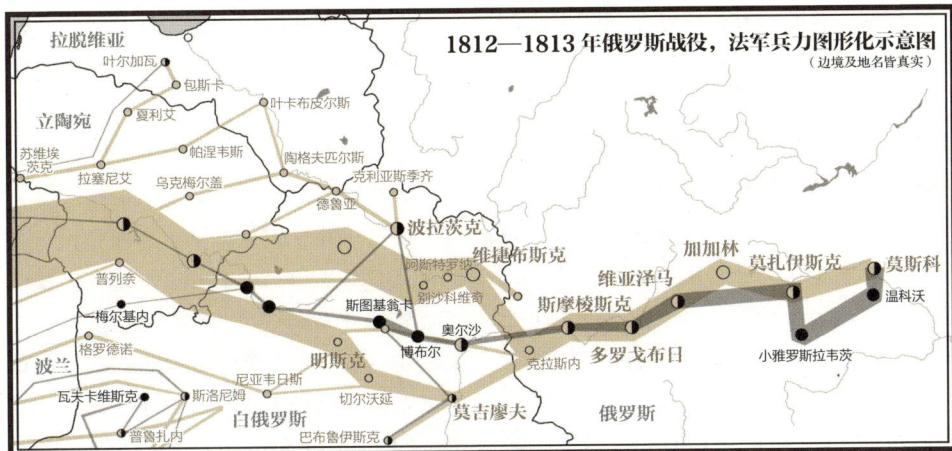

1812—1813 年俄罗斯战役，法军兵力图形化示意图
（边境及地名皆真实）

拉脱维亚
叶尔加瓦
立陶宛　包斯卡
夏利艾　叶卡布皮尔斯
苏维埃　　　　帕涅韦斯　陶格夫匹尔斯
茨克　乌克梅尔盖　　　　克利亚斯季齐
拉塞尼艾　　　德鲁亚
　　　波拉茨克
阿斯特罗夫诺　维捷布斯克　加加林
普列奈　　　　别沙科维奇　　　　　维亚泽马　　　莫扎伊斯克　莫斯科
一梅尔基内　斯图基翁卡　　　斯摩棱斯克　　　　　　　　温科沃
格罗德诺　　　　奥尔沙
尼亚韦斯　博布尔　克拉斯内　多罗戈布日　小雅罗斯拉韦茨
波兰　斯洛尼姆　明斯克
瓦夫卡维斯克　切尔沃延
普鲁扎内　　　　莫吉廖夫　　俄罗斯
白俄罗斯　巴布鲁伊斯克

◎ 1812—1813年俄罗斯战役，法军兵力图形化示意图

甚至在拿破仑制订战略计划时，后勤方面的考虑都起到了决定性的作用。为了给25万匹马供应饲料，战争被推迟到了6月底。拿破仑之所以从科夫诺出发，并推进到维尔纳，也是基于后勤方面的理由。

◎ 法军辎重马车

如果在更北边展开，由于东普鲁士与波兰道路极差，会遇到更大的阻碍，如果在更南边展开，又难以利用涅曼河给军队输送补给。甚至拿破仑在维尔纳耽误17天，致使俄军主力逃脱合围，也是为了理顺整支大军的后勤供给。

但遗憾的是，拿破仑所进行是一场远超过其时代技术能力的远征。他所建立起来的庞大后勤供应车队，并不能满足其军队的后勤供给。根据估算，如果拿破仑的60万大军只有1/3到达俄国首都，而所用的时间假定为60天（实际上是82天）。那么，在此期间仅人的给养总消耗量就达到1.8万吨。但实际上，即使补给车队行进地很快，每天走32公里，同时不输送军队所需的其他物资，也只能满足总消耗的一半。更加严重的是，根据大致统计，拿破仑其运输车队大约有1/3的运力要用于自身的消耗和运输中的损耗。很显然，在铁路出现之前，仅凭马车是根本供给不起这么一支庞大军队的。

根据现有的文献，拿破仑其实也认识到自己所受的技术力量限制。在他的计划中，法军另一后勤补给措施就是其最为擅长的"就地补给"。虽然俄罗斯农村远没有西欧和中东欧农村那么富庶。但当时法军却留下了"情况极佳……土地耕作良好……长着出色的庄稼……有最丰富的收成"的记述。特奥多尔·道奇中校在他的《伟大的将军们》一书中也提到："粮食是充裕的，因为俄罗斯和波兰多年没有出售它们的剩余谷物。"一封私人信件也指出："我们所到的地区，情况甚好，收成丰盛，气候宜人，你可以想见地方资财是很多的。军队的健康状况极佳。我们既不缺粮，也不缺肉。至于葡萄酒，则不如布贡多，但我们也没有理由怨天尤人。"但是最终，三个因素导致拿破仑的后勤计划遭遇了失败。

首先是法军纪律松弛，部队不进行有秩序的征发，而是不分青红皂白地大肆抢劫。部队违法乱纪还使地方居民逃跑，以至在军队的后方无法建立起正规的行政机构。符腾堡的王储就曾经抱怨过："如果奈伊能稍稍要求走在我们前头的法国军团守点儿秩序，所有部队就会吃得足足的。但所有走在我们前头的部队全都肆无忌惮地进行抢劫，放火烧毁一切。他们的行动未受到任何阻止。"

其次，法军中的外籍部队，特别是德意志地区的军队，其"就地补给"的能力很难与经验丰富的法军相提并论，像"约瑟夫·拿破仑"团这样的西班牙仆从军在搜索给养途中更是大量逃亡，继而结成盗匪团伙抗拒军法部门。

最后是俄军的焦土政策起到了一定效果。俄军对一切可供军用的物资采取了带走或破坏的方针。缪拉就报告说，他的行动地区原本是一个"非常富饶的地区"，但已被沙皇的士兵们抢得一干二净。

不过在此恶劣条件下，拿破仑和其军队在1812年跋涉近千公里，沿途在斯摩棱斯克和博罗季诺打了两次血战，进入莫斯科时仍保留了1/3的实力。而在1870的普法战争和1914年的第一次世界大战，德国军队的行动距离较小，行动地区非常富饶，补给机构健全，并且拥有了铁路这种划时代的后勤补给力量。但当他们到达巴黎和马恩时，也都只保留了大约一半的实力。由此可见，拿破仑征服俄国的后勤工作虽

◎ **法军团级辎重马车**

1812 年冬季维尔纳日均温度（摄氏度）

日期	10.28	10.29	10.30	11.1	11.2	11.3	11.4	11.5	11.6
温度	3.7	3.5	−0.5	−2	−4	−5.2	0	2	1.5
日期	11.7	11.8	11.9	11.10	11.11	11.12	11.13	11.14	11.15
温度	1	1	−2	1	1	3.5	−8	−9.2	−6.5
日期	11.16	11.17	11.18	11.19	11.20	11.21	11.22	11.23	11.24
温度	−3	−2	1.5	1.5	−0.5	−2.5	−6.2	−5.5	−2
日期	11.25	11.26	11.27	11.28					
温度	−2	−4	−4	−1.5					

然不是多么成功，但总体水平并不太差。真正导致其失败的是那个时代技术水平的限制和法军的纪律松弛。

对于拿破仑征俄的失败，很多文艺作品都归为俄罗斯冬天那彻骨的严寒。甚至有化学家声称，拿破仑征俄大军的制服上，采用的都是锡制纽扣。在寒冷的气候中，锡制纽扣会发生化学变化，分裂成粉末。由于衣服上没有了纽扣，数十万拿破仑大军在寒风暴雪中被冻死。其实根据近年来的考古发掘，当时征俄法军的扣子是铜锡合金所制作，也就是我们常说的青铜。这些扣子保存完好，过了这么多年，其所属团番号依然清晰可辨，根本没有所谓分裂成粉末的情况。另一个佐证就是当时的大炮也大多是青铜所铸造。难道两军是使用分裂成粉末的大炮作战吗？

事实上，1812 年的冬天与往常相比来得较晚，而且更加温和。天气好得让当时的俄罗斯农民认为上帝在帮助拿破仑。法军10 月 19 日从莫斯科撤退，当时的天气如"枫丹白露九月天一样晴朗"。冬天的第一场雪要到 11 月 6 日才来，此后不是回暖解冻就是只有轻霜。真正的寒冷天气要等到 12 月初才来，不过此时拿破仑已经率军撤过了别列津纳河，摆脱了俄军的拦截。[①]

其实，法军的重大减员恰恰发生在征俄的前期，甚至可以说是俄罗斯的夏天击败了拿破仑！俄罗斯的夏天常常是白天酷热暴晒，傍晚倾盆大雨，夜晚急剧降温，每天周而复始。已经被长途行军折磨得疲惫不堪的法军士兵，自然因为伤寒、疟疾、中暑还有白喉而一批批地病倒和掉队。以当时的医疗条件，面对这种情况只能束手无策地干着急。

如果能穿越回 1812 年的沙皇俄国，就能看到这样一幅场景。

数十万法军士兵和三十多万匹军马都在负重前进，人马所搅起的漫天沙尘令队列里的每一个生命都倍感窒息。天空中刹那间就可能有一阵倾盆大雨不期而至，将那些原本就难走的道路变得更加泥泞不堪。转眼又是艳阳高照，将车轮犁出的深沟暴

---

① Sokolov, O. L'Armée de Napoléon[M], Paris: Editions Commios, 2003：352.

斯摩棱斯克会战中俄军第3、第4步兵师的反击

◎ 行军状态下的火炮

晒的坚硬无比。这些微小的沟壑令士兵的双脚和军马的四蹄备其受折磨，更让大量马车毁坏报废。为了整修车辆，上千名工兵夜以继日地加工赶修，但局势仍在继续恶化中，沿途堆积的报废装备阻断了通道，严重阻碍了后勤物资运输补给的速度。

疲惫不堪的步兵部队由于负重过量、饥饿难忍，再加之思乡情切，开始大批的病倒。那些没有得病的士兵在未和敌人交战之前士气就已一落千丈，将随身背负的食物和弹药纷纷丢弃。

对拿破仑军队战斗力最大的折损还是来自军马的损失。15万匹从德意志和波兰村庄征集而来的军马最先出现了问题。它们可以工作数天甚至数星期，但却从没有行至远离自己村庄四五公里以外的地方。

很快，由于饲料不足、缺乏休息，特别是不习惯不间断地长途跋涉，这15万匹马中的绝大部分已经报销。接着，法军自本土带来的20万匹军马又因气候不适开始得流行腹泻病。这种牲口中的流行病还起因于法军士兵的不善饲养。这些来自法国乡村的农家子弟缺乏照料马匹的经验，乱用村庄里盖房的茅草、生玉米和粮食喂养那些饥不择食的牲口，就连待遇最高的近卫炮兵也不例外。布拉尔上校回忆说："我们被迫整日忙于割取新鲜草料，但一旦出现草料刈割殆尽的状况，便只能强行收割那些刚长出芽的大麦和燕麦青苗……这既破坏了收成，又为马匹准备了死亡。我们驱使可怜的马整日行动，不断加以强行军和劳作，最后却给它们最差的饲料！"。其直接结果就是缪拉的预备骑兵、各个军所配属的骑兵师的战斗力大打折扣。

由于挽马损耗惨重，拿破仑军队的火力支柱——炮兵也遭到了相当程度的削弱。拿破仑军队中发射6磅炮弹的火炮总重（包括炮车）约为一吨，而拿破仑最喜欢的、人称"皇帝的女儿"的12磅火炮则每门重达1.5吨左右。正常情况下，前者需要8匹马拉运炮车与弹药车，后者则需要12匹马。一旦大炮陷入了俄罗斯夏季那齐膝的泥泞中，就需要上百人的队伍及更多的马匹帮忙将之从泥泞中拉出。现在马匹已经大量损失，士兵们也早已疲惫不堪。

所有这一切就是俄罗斯盛夏之时，法国军队所遭到的梦魇。

拿破仑率领301000人的法军核心部队于6月24日渡过涅曼河。不到两个月后的

8 月 15 日，法军到达斯摩棱斯克，此时这支没有经历多少战斗的军队已经由于分兵、疾病、饥饿和逃亡减员 10 万人了。待遇远不如法军的仆从军步兵减员更为严重，粗略估计减员在 15 万人左右。不过，由于德意志、波兰骑兵更擅长养护马匹，仆从军骑兵却在相当程度上较好保存了战斗力。博罗季诺会战之前，拿破仑动员起来的六十多万征俄大军，已经减员几乎一半了。会战爆发之时，拿破仑手里所掌握的法军与仆从军中路核心兵力也只有大约 16 万人左右。

◎ 博罗季诺会战中的拿破仑

最凶狠的火炮对决

9 月 3 日，当上俄军总司令的库图佐夫亲率大约 11 万俄军和六百余门大炮在博罗季诺预先选定阵地，切断了法军通往莫斯科的两条大道。其后数天中，米洛拉多维奇率领的援军和斯摩棱斯克、莫斯科民兵相继抵达。尽管博罗季诺并不十分适宜防御，但它已经是库图佐夫在莫斯科城外所能选择的最佳阵地之一，克劳塞维茨在他的《1812 年俄国战局》中指出："就选择阵地而言，俄国的状况非常糟糕。在这个国家里，大面积沼泽普遍存在的地方林木也十分茂盛（如白俄罗斯地区），因此想找到足够容纳相当数量部队的地方都很麻烦。而在林木较为稀疏的地方，例如在斯摩棱斯克和莫斯科之间，地面相当平坦——没有任何明显的山脊——没有任何深陷的洼地，原野无边无际，所有地方都易于通过，村庄（的建筑）是木头做的，并不适于防守。关于这一点还必须补充的是，在这样一个

国度里，由于小丛树木不断出现，甚至连勘察都经常会受到阻碍，因此只有很少的阵地可供选择。如果一个指挥官那时候希望抓紧时间展开战斗的话——就像库图佐夫的情况，显然他就必须将就所能拥有的防御阵地。"

兵力较为雄厚的巴克莱第 1 西方军团被布置在俄军阵地的右翼和中部，防卫科洛恰河与莫斯科河之间的一环形地带。整个防卫体系的核心是构筑在库尔干小丘（库尔干意为墓地）上的一个多面堡，并以守卫这里的军长的名字命名为拉耶夫斯基堡，也称拉耶夫斯基炮垒，法军则称之为大多面堡。

兵力较弱的巴格拉季翁第 2 西方军团被布置在左翼。由三个箭头堡构成，以其统帅命名的巴格拉季翁堡构成了左翼中央的防御中心枢纽。

这里有个知识点要说一下，通常国内的书刊和文章都将拉耶夫斯基堡和巴格拉季翁堡称为棱堡。但实际上 1812 年俄军在博罗季诺所构筑的是野战工事——拉耶夫斯基多面堡与巴格拉季翁箭头堡。

◎ 博罗季诺，俄军方面

◎ 博罗季诺，法军方面

野战工事不同于土石构建的永备工事棱堡，主要由土木构成垒墙，只能一定程度上抵御野战炮兵的轰击，其结构也比棱堡要简单得多。箭头堡由顶端向敌的两段垒墙构成，前有护堡壕沟，箭头堡是有着短侧面的箭头堡，多面堡的背面则使用防栅封闭，这些野战工事本身都没有侧射火力，它们的位置应保障能用步枪火力互相从侧面掩护。不过，由于俄军工兵人手短缺，加之构筑时间仓促到只有一天左右，这些工事实际上并没有法军日后回忆中描述的那样坚实。

俄军除了 9.6 万正规步兵、1.8 万正规骑兵外，9000 名哥萨克和 3 万名民兵也加入保卫祖国母亲的战斗。总兵力超过 15 万人的俄罗斯军队，决心依托阵地与拿破仑的军队血战到底，重现大北方战争中波尔塔瓦会战胜利的辉煌。1709 年 6 月 27 日，彼得大帝亲率俄军在波尔塔瓦就是采取依托多面堡进行防守反击的战术，击败了当时的北欧第一强军瑞典军队。

9 月 5 日，亲率 13 万大军的拿破仑皇帝抵达了博罗季诺战场。他在驱马观察地形时，一眼便看出法军在向俄军主阵地发起进攻之前，必须先摧毁俄军左翼前端的舍瓦尔季诺多面堡。他把这一任务交给了第 1 军（由达武元帅指挥）第 5 师（由孔潘将军指挥）和第 5 军（由波尼亚托夫斯基公爵指挥）第 16、第 18 师（分别由克拉辛斯基、克尼亚杰维奇将军指挥），并派两支骑兵部队给予支援。双方的激战从傍晚日落前一直打到将近午夜才收兵。俄军损失了大约 5000 人后，放弃了舍瓦尔季诺堡，但为己方赢得了构筑工事的时间。法军虽然为自己赢得了一块重要的出击阵地，但其伤亡也几乎与俄军相当，第 5 师第 61 战列步兵团第 1 营死伤尤为惨重，坊间流传当皇帝询问该营身处何处时，团长布热如是回答："陛下，它（长眠）在多面堡里"。

9 月 6 日，整个战场平静得出奇。双方都在为一场重大会战做最后准备；俄军正全力以赴巩固阵地，拿破仑也渴望更细致地观察地形，准备其作战计划。正当拿破仑从舍瓦尔季诺堡北面的平坦地带，对俄军阵地进行观察时，达武元帅向他提出从侧翼进攻俄军兵力薄弱的左翼和后方。达武元帅认为，只需4万人便可以闪击俄军的这一薄弱防区，并迅速取得决定性胜利。这种带有拿破仑特有风格的战术本该受到这位皇帝的青睐，但拿破仑在稍作考虑后却拒绝了这一作战方案——其理由也相当充分，俄军庞大的轻骑兵优势可以让他们轻易了解法军动向，迅速填补薄弱环节，此外，达武计划中需要行经的林地也不利于大兵团机动。

最后制定的作战方案是：达武率第1军的三个师进攻巴格拉季翁堡，达武的后方集结着缪拉的3个骑兵军（第1、第2、第4军），在达武左翼。奈伊的第3军在朱诺的第8军配合下，以近卫军为预备队，从拉耶夫斯基堡北面的谢苗诺夫斯科耶村攻击俄军防线。法军的整个进攻重心是在约4公里的战线上打击俄军左翼和中央。

此外，欧仁的第4军和第1军第3师在科洛恰河北岸作战，其任务是摧毁博罗季诺村，然后利用三座特制的浮桥渡河，向拉耶夫斯基多面堡进军。波兰人波尼亚托夫斯基公爵的第5军沿老斯摩棱斯克大道从侧翼包抄俄军左翼。

一直以来，很多人都对库图佐夫将俄军的薄弱左翼布置和拿破仑没有抓住这个弱点而大加诟病。但实际上，库图佐夫手中保留着的大量预备队，可以迅速、可靠地支援俄军左翼。对于俄军这种机动防御，法军难以从侧翼包抄。即便不考虑俄军左翼较难通行的地形，即便法军能够迂回成功，俄军也有足够的时间来撤下去。为了最大限度地消灭俄军有生力量，打垮俄军继续战斗的信心，结束这场旷日持久、损耗巨大的战争，法军只能采取正面突击的战术，力求在狭窄地段上突破俄军防线，揳入俄军后方，将俄军逼至莫斯科河加以歼灭。

拿破仑与库图佐夫，一位是军事天才，一位是沙场老将。当面对与自己旗鼓相当的对手时，这两个人不约而同地放弃了花招和诡计，转而选择硬碰硬的堂堂之阵来决定两个伟大国度的命运。

大音希声，大巧无工。抛弃了那些欺骗和狡猾，在由大炮和刺刀构成的战争天平上，双方将士的勇气和牺牲成了决定胜负的砝码。博罗季诺也注定将成为遍洒英雄血的疆场。

9月7日早上6点30分，法国人的大炮率先打破了清

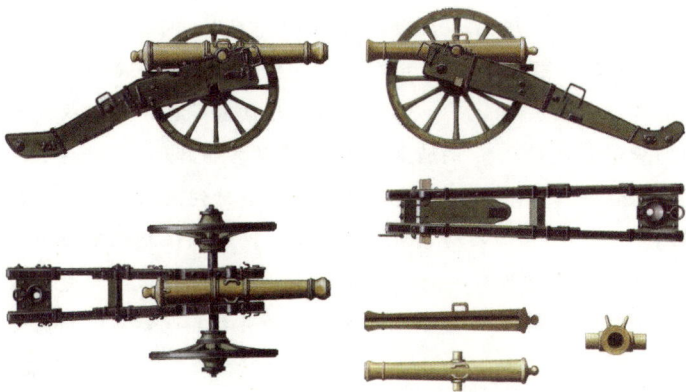

◎ 法军的12磅加农炮

◎ 法军的6磅加农炮

◎ 库泰索夫少将的最后血战，图中金色肩章者

晨的宁静。12.5 万法军在 594 门大炮的支援下，向总兵力接近 15 万人，拥有 624 门大炮的俄军发动了总攻。

在欧洲乃至世界的历史上，还从来没有哪两方军队聚集起如此多的火炮。这些由钢铁和青铜铸造的可怕猛兽，每一尊都能轻易将最勇猛的战士撕成碎片。俄法两军的作战也都是围绕着己方火炮而展开。于是一千两百多尊吐火猛兽将肆虐博罗季诺战场，制造出无尽的杀戮。

按照俄军当时的普遍看法，炮兵应当视火炮如生命，甚至在博罗季诺战前两天，亚历山大还从圣彼得堡发出旨意，要求库图佐夫"不得将丢失火炮的炮兵连长列入嘉奖名单"。当时还是炮兵连长的米塔列夫斯

基后来回忆，炮兵若想顺利向后转移火炮，就得在敌军步骑兵距离大约 100 沙绳（俄国旧长度单位，100 沙绳约合 213.4 米）时选择退却。但俄军第一西方军团的炮兵主任库泰索夫少将（他在此战中阵亡）却给俄军炮手们下达了一条看似离奇的命令：

让所有炮兵连向我确认，直到敌军真的骑上（你们）火炮才能离开。通告连长和军官们：他们必须坚持到敌人进入霰弹最近射程内再开火，这是确保我们不让出每一步阵地的唯一方法。即使放弃火炮，即使他们夺走你们的装备，也要在近距离上射出最后一轮霰弹！就算此后被敌军俘获，这样的一个炮兵连也会给敌军造成足以弥补火炮损失的伤害。

◎ 在炮位上战死的俄国炮兵

这道命令将让炮兵面临丧失装备乃至生命的处境，难怪库泰索夫本人在会战前夜来到拉耶夫斯基炮垒边感慨，"真想是知道我们中有谁明天能活下来！"不过，这道现代人看来难以理解，甚至有些恐怖的命令事实上却是俄法两军中的常态，同时代的黑森军官波贝克曾这样描述他所面临的法军："法军指挥官的基本准则之一是：倘若炮兵能够在近距离上发射几轮具备破坏性效果的霰弹，给推进中的敌军造成严重损失，继而钉死火炮，让人员撤离战场，他们就不注重己方的火炮损失——因为法军可以轻易得到补充。"铜矿储量与铜产量远高于法国、火炮生产也十分发达的俄国，效法先进经验使用这样的战术也不足为奇。

如果说，博罗季诺会战之中，俄军炮兵展现了"守"的极致，那么法军炮兵就展现了"攻"的极致。炮兵出身，但已经贵为皇帝的拿破仑甚至亲自组织和部署了三个炮群共 102 门大炮支援第一军的进攻。尽管在前期因为长途行军损耗惨重，进攻中的法军仍然凭借出动的庞大数量和多年来的征战经验在正规步兵、骑兵、炮兵上处于优势。不过，在同样关乎会战胜败的火炮数量和质量上，法军似乎稍逊一筹。俄法两军主力都是最为常见的 6 磅加农炮，但俄军在 12 磅重炮数量上占据明显优势，也拥有数目更多且弹道较为平直的曲射火炮（俄军中的独角兽炮介于加农炮和榴弹炮之间，是俄军的主要曲射火力），不过法军步兵团

法俄两军火炮详表

法军	火炮数量（门）	俄军	火炮数量（门）
12磅加农炮	57	12磅加农炮（中管）	68
		12磅加农炮（短管）	68
6磅加农炮	275	6磅加农炮	252
4磅加农炮	24		
3磅加农炮	111		
6法寸4线榴弹炮	10	1/2普特独角兽炮	68
5法寸6线榴弹炮	97	1/4普特独角兽炮	168
其余榴弹炮*	20		
总数	594	总数	624

★ 华沙大公国、萨克森、巴伐利亚、符腾堡等国的7磅（石磅，口径约相当于法军5法寸6线榴弹炮）或8磅榴弹炮

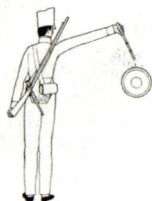

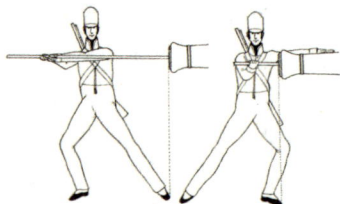

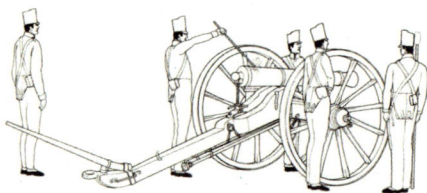

◎ **火炮装填与发射流程图**

携带了大量3磅、4磅团炮，这有利于及时协同步兵战斗。此外，法军炮兵将领的丰富经验也让他们在组织上优于俄军。

总之，英勇无畏、久经沙场的法军炮兵，不但充分运用了步兵伴随火力，还有效压制住了数量上占据优势的俄军炮兵。他们巧妙利用地物掩蔽，将轻型火炮推进到距离俄军仅有两百米甚至更近的距离上，12磅、6磅火炮则以炮群火力展开火力压制，迫使一个又一个零散投入的俄军炮兵连退却。当时俄军依然采用炮兵连整体后移补充弹药的方式，而法军则让弹药车来回运输补给，这让法军实际投入的火炮数量事实上高于俄军，集中于某一要点的火

◎ 拿破仑时代的火炮与炮车

炮数量更是占据了绝对优势。米塔列夫斯基如此描述拉耶夫斯基炮垒右侧的俄军炮兵命运："当我们到达现场时，一个部署在那里的重炮连很快就后退了，另一个连上前部署到同一位置，它尚未展开阵形、卸下前车，数百发敌军炮弹就已飞往那里。人和马真真切切地被屠宰，前车和弹药车碎片横飞……射出大约五发炮弹后，这个连放弃了阵地，另一个连抵达同一位置，蒙受了同样的命运……一个接一个部署在我们右侧高地上的炮兵连能够对五十乃至一百门敌军火炮做什么呢？"

就这样，法军炮兵用实心弹、霰弹、榴弹在俄军步兵的队形之中犁出了一道道血肉沟壑，将俄军骑兵的骄傲和身躯击碎，用集火射击打哑了一门又一门俄军火炮。他们凭借冠绝欧洲的炮位布置技术，以及勇敢到近乎疯狂的"大炮冲锋"战术，不仅在炮战中具备了决定性优势，也给敌军其他兵种造成严重损失。根据俄国方面的统计，在1812年之前的拿破仑战争中，俄军约有11.7%的伤员为炮伤，而在博罗季诺会战里，炮伤比例竟高达21.7%！

多面堡的血腥争夺

博罗季诺会战最血腥的战斗开始于巴格拉季翁箭头堡群。法军的前锋是孔潘将军的第1军第5师，意在拔掉俄军南端的那个箭头堡。整个师的矛头是第57战列步兵团，这个团在法军中名气很大，绰号是"恐怖"。法军的凌厉进攻迫使俄军调集火炮和密集步兵火力应对。俄军起初与法军展开炮兵对战，在发觉步兵接近后则猛烈射击步兵纵队，第2西方军团炮兵主任勒文施特恩表示："我军炮兵的处刑十分可怕，尽管敌军纵队不断得到增援，依然出现了明显衰竭。敌军越努力投入进攻，死伤就累加得越快。"

战斗当中，第5师师长孔潘受伤，达武元帅则在收拢部队时因坐骑中弹而落马，受了严重挫伤。不过消息传到拿破仑耳中竟成了达武战死，这让他决心用缪拉指挥法军左翼，迫使元帅派出一名副官向皇帝澄清自己依然幸存。尽管伤亡巨大，将5个野战步兵营全部投入战斗的第57团还是击退了俄军炮手，勒文施特恩也只得坦承，"敌军针对我军炮兵的冲力极为强大，炮兵被迫退却"。法军进而占领了最南端的箭头堡。据说，这次进攻被巴格拉季翁看在眼里，他甚至为对手的坚毅而感染，拍手叫道："勇敢啊！勇敢！"。

眼看一个箭头堡失守，俄军立即发起了反击。冲上来的俄军掷弹兵同样展开了刺刀冲锋。此时法军愕然地发现自己处于极度不利的状态。由于箭头堡结构简单，前方筑有胸墙和壕沟，可背面是敞开式的，

◎ 俄军掷弹兵老兵

因此法军在夺取它时要付出惨重的伤亡，却无法依托其防守。

于是面对着俄军反攻上来的生力军，法军无力应对，甚至连刚刚展现了极大勇气的第57团也不得撤出箭头堡。这次败退使整个第5师陷入了混乱，法军遂将前锋少许收缩。德赛的第4师开上第一线，孔潘的部队则撤到第二线。

法军的第二轮进攻发动于上午9点，拿破仑亲自观察战况后将奈伊的第3军投入战斗，他的3个师都已经列成了营纵队。此时法军支援火炮已经增加到了250门，而俄军的火炮也增加到了200门。

法军拉祖将军的第11师和勒德吕将军的第10师这次从北边进攻巴格拉季翁堡。第11师的第18战列步兵团也是个有名的团，绰号"勇敢者"。这个团的4个营前后依次排成纵队，在前进中拿下了第2个——也是位置最靠后的那个箭头堡。

此前易手的那个最南端箭头堡，最终在勒德吕将军第10师的第24轻步兵团和孔潘将军第5师的第57团夹击下被攻克。但是此时法军再也前进不了一步了，因为俄军的炮火相当猛烈，俄军的反冲击也杀到了法军眼前。俄军第3、第27步兵师，第2掷弹兵师，以及第4骑兵军和第2胸甲骑兵师全线压上。

一位法军军官留下了这样的记述："俄军的纵队……犹如移动的堡垒。在开阔地上，我们的大炮在他们中间轰开缺口，但这些勇士却不受丝毫影响，继续朝我们前进。"

在俄军的凌厉反攻下，法军再次被击退。先前英勇的法军第18团原有4个营的兵力，最后集结的时候只能凑够一个营了。

此后，法军又连续发动了第三、第四、第五次攻击，每次都是在拿下箭头堡后被俄军的反击赶了回去。此时的巴格拉季翁箭头堡群已成了各兵种相互厮杀的修罗场。双方炮兵疯狂地收割着成千上万条生命；双方骑兵不断被淹没在道光闪烁、马蹄飞扬、子弹呼啸的混战中；双方步兵浑身都是血迹和泥土，不断用刺刀挑开对方的肚子，或是被对方用刺刀挑起。连俄军第2西方军团的司令官巴格拉季翁公爵都穿起礼服，率队投入了肉搏战。

到了11点半，法军的第六次进攻在三百五十多门火炮的支援下终于取得了成功，夺下了三个箭头堡，并将俄军第2西方军团的司令官巴格拉季翁公爵击成了重伤（他于6天后伤重不治而亡）。

◎ 俄国骑兵和炮兵

　　一位俄国军官回忆道，"最大的损失正是公爵自己。战斗中，一块炮弹破片击中了巴格拉季翁的左腿，胫骨被打碎。一开始，他还以惊人的毅力掩饰他的伤口，以避免在部队中引起恐慌。但是很快他就血流如注，并从马背上滑落下来。副官将他抬走，送到临近的一个医疗点抢救。"

　　同时，俄军士兵也伤亡惨重，精锐的第2混合掷弹兵师只剩一个团的规模，而第27步兵师几乎已经不复存在。在此战中身负重伤的第2混合掷弹兵师师长沃龙佐夫将军回忆说："战斗开始1小时之后，我的师就已经不存在了。原来的4000人在会战结束后只剩下300人。我熟识的18名军官中只有3人幸存，而且只有1人没有受伤……我们并没有完成什么壮举，但没有一个人逃离战斗或投降。如果第二天

有人问我，我的部队在哪里？我会指着我们的阵地自豪地说，就在那里！"这番话和两天前布热团长的回答几乎如出一辙。

　　就这样，在失去指挥官和损失惨重的双重打击下，俄军再也无力发动反冲击。法军终于拿下了巴格拉季翁箭头堡群，此时距法军进攻开始已有4个多小时。自此，血腥的战斗开始转向北面的拉耶夫斯基堡，法军中央突破的势头，在层层加高的尸体堆中逐渐成形。

　　法军对于俄军中部拉耶夫斯基堡的攻击，从上午10点开始。法军布鲁西埃将军第14师的先头攻势很快就被俄军的炮火和散兵所遏制。随后达武第1军的莫朗将军第1师开始对拉耶夫斯基堡发起了决死突击。法军炮兵对多面堡及其两侧的俄军炮兵进行压制射击，大炮的轰鸣压过周遭一切的

声响，在这炮声的交响乐中，步兵的闪亮刺刀自溪谷凹地中一跃而起，出现在俄军眼前。法军第1师的阵形，是以第30战列步兵团打头，横队接敌，第17战列步兵团和第13轻步兵团排成营纵队跟在后面。

第30战列步兵团的弗朗索瓦上尉后来写道："实心炮弹飞来，在草地上跳跃、打滚，整行乃至半个连的队伍被击倒，形成巨大的空缺。博纳米将军（第1师第3旅旅长，该旅仅辖第30战列步兵团一个团）位于30团最前头，他让我们在霰弹火力最密集的地方停下来，重整之后再次以冲锋步伐向前推进。一道俄军战线试图阻止我军，但我们在三十步距离上展开了全团齐射，越过了尸骸……"

双方火炮形成的巨大烟幕笼盖了整个战场。俄军的拉耶夫斯基将军回忆说，烟雾完全隐蔽了法军，使他完全弄不清法军的状况。只听一阵排枪齐射之后，站在他左边不远处的一名副官突然回头大喊："阁下，当心自己！"他就看见法军掷弹兵队列已经涌过了多面堡的胸墙，密集的刺刀在朦胧烟雾中闪着寒光。拉耶夫斯基立即翻身上马，离开多面堡，转移至预备队方向。

法军这些汹涌而来的"掷弹兵"（在拿破仑时代的回忆录中，回忆者往往会将对手的普通部队拔高成掷弹兵、胸甲骑兵等精锐部队）一翻过墙垛，就受到来自俄军炮兵的反击，白刃战拉开了序幕。弗朗索瓦回忆，"我们冲向多面堡，爬过了炮口……俄军炮手尽力用长钉和推弹杆击退我们，在和他们展开肉搏战时，我们发现这些人是真正的劲敌。与此同时，许多人掉进了散兵坑里，那里面早就藏着一些俄国人……"多面堡内空间狭小，无法展开大量的部队。第1西方军团参谋长叶尔莫洛

◎俄军的反冲击

夫指出："我们薄弱的工事和区区一点部队经受住了敌军优势兵力集中火力下的长时间打击，但堡垒里的十八门火炮已经没有一箱弹药，它们微弱的火力促进了法军的推进。由于堡垒空间所限，那里只能部署少量步兵，多面堡外的部队则会被霰弹横扫乃至打散。"

总之法军第 30 团的步兵虽然遭遇了顽强抵抗，还是迅速夺下多面堡，并展开追击。不过，莫朗师第 1、第 2 旅的步兵团虽然试图紧随其后，却不可避免地出现了空缺，给了俄军以反击的机会。

当时好几位俄国将军表现得异常勇敢。他们及时赶到现场，阻挡住己方的溃兵，并将其重组，在及时到来的三个骑炮连配合下，发起了猛烈且协同良好的反击。日后的高加索征服者叶尔莫洛夫上将回忆他手头正好有一捧缀着圣格奥尔基丝带的勋章，便不时扔出几枚，每扔一次都有一群士兵跟在勋章后面前进，勋章和丝带让士兵们展现出了不可思议的无畏。勒文施特恩则突出了此次反击中的纪律性，"我禁止士兵在没有得到我命令时高呼'乌拉'，因为他们需要攀爬小丘，得保存气力。"在他率领的托博尔斯克团迫近法军后，全团官兵这才一同呼啸，随后"以不顾一切地狂放冲向他们所面对的任何人，展开了刺刀冲击，激战随之来临。"最终，法军撤出了他们辛苦夺下的拉耶夫斯基堡，战前拥有三千余人的第 30 团收拢下来尚不足 300。

攻下大多面堡起先令法军兴奋异常，欧仁甚至奋力挥舞双角帽，高呼"此战已胜"。得而复失自然令他们倍感遗憾。珀

莱后来评论说，要是莫朗获得了足够的支援，或是他能够控制已经夺下的阵地，法军就能击穿俄军战线，分割巴克莱与巴格拉季翁。拉耶夫斯基则认为，由于博纳米旅长没有预备队，他起初的胜利也正是失败的直接原因。

此后双方的步兵和骑兵不断进行冲击和反冲击，但谁也无法彻底打开局面，拉耶夫斯基堡周围的战斗一时间陷入了僵局。人的残肢和马的尸体堆积如山，辛辣的火药味混合着草地燃烧的恶臭，让活着的人感到强烈的口渴。

此时，不光战斗在第一线的将士们承受着可怕的伤亡，那些没有投入战斗的部队也在承受着敌方炮火的屠杀。缪拉的骑兵在开战后的整整 3 个小时里都直挺挺地站在法军炮兵队列的后方，忍受着俄军火炮的杀伤。波兰第 14 胸甲骑兵团的马拉霍夫斯基上校如此哀叹："我们的部队暴露在敌人的炮火下而不采取任何措施，一串炮弹割倒一片人马，在队列中撕出巨大的缺口，而后续部队则默默地顶上这些空缺。"第 3 骑兵军炮兵指挥官格里瓦也回忆说："子弹、实心炮弹、榴弹碎片从各个方向袭来，而我们（法军）的骑兵却在几个小时都无动于衷……到处都是挣扎着爬向救护车的伤员，以及无人驾驭、狂乱奔跑着的战马，一个威斯特伐利亚胸甲骑兵团遭受的损失尤其惨重，以至不断有头盔和扭曲的胸甲碎片在空中飞腾。"

默默忍受炮火屠戮的绝不仅仅是法军一方。库图佐夫把他的军队以密集纵队摆在朝向敌人的正斜面上。这样，他们完全

暴露在法军炮兵的视野中。于是，暴露的俄军纵队也被法军精准的火力成片收割。俄军两个近卫军步兵团一枪没放，就因为法军炮击而伤亡 297 人。俄军帕斯克维奇将军记载道他的师在炮火下损失了一半，但是"正如法军自己也不得不承认，我们怀着巨大的勇气，在原地保持不动"。

那些俄军像机器一样冒着法军的弹雨站立着，一个倒下去一个立刻向前把缺口补上，好像他们在接受检阅一样。就这样，他们一丝不动地经受了 5 个小时的炮击；唯一的行动是后面的士兵跨步向前补上死伤者留下的缺口。战斗结束后，排成整齐阵形的死尸使他们的阵地仍然清晰可见。

在这份恐怖的景象之中，却有着常人无法理解的插曲。奈伊这位"勇者中的勇者"站在占领的多面堡上指挥他的部队，恨不得把所有的火力吸引到自己身上。俄军的米洛拉多维奇将军为了显示自己的勇敢，竟然找了个更靠近法军炮兵的地方要求吃午餐！

雷霆万钧的骑兵冲锋

鏖战至下午，拉耶夫斯基堡上的景象，由于笼罩着浓重烟尘，已经给人一种不真实的感觉了。火炮喷吐的火焰，仿佛一层"微红的、北方曙光女神般的辉光"。最初布置的很多火炮已经被摧毁，炮手伤亡惨重，现在是从其他地方拉来了新的炮，多面堡的胸墙已经被法军的炮火夷平，将下面的壕沟填满。

作为此战中立陶宛近卫团的后继者，莫斯科近卫团的团史如此描述："在博罗季

诺战斗中，双方的愤怒情绪简直无法想象。战斗中，很多士兵扔掉武器，互相扭打起来。他们彼此撕裂了嘴，把对方掐死，经常是一块儿倒在地上死去。炮兵像通过坎坷的石路那样从死尸上疾驰而过，把死尸压进浸透了鲜血的土地。很多步兵营混杂在一起，在混乱之中难辨敌友。大批的残废人马堆积各处；伤员使出最后的力气拖着脚步走向绷扎所，气力不济了，便一头倒在死尸上。钢铁仿佛也不愿意再给人类当报复的工具了，发红的炮身再经不起火药的起爆，雷鸣般地轰然炸裂了，许多炮手被炸得支离破碎。炮弹呼啸着落地，把整个灌木丛抛入空中，把地面掘成深坑。火药箱在爆炸，枪炮齐鸣，战鼓疾擂，盖过了十种语言的口令声和呻吟声。上千门大炮喷出火舌。震耳欲聋的炮声使大地在颤动。炮垒和防御工事不断易手。战场上一片惊心动魄的景象。一团浓密乌黑的烟云悬在俄军左翼上空，同血红的雾霭混在一起，将太阳完全遮蔽，太阳染上了血红色。博罗季诺的中段冒着熊熊火焰、而右翼则在阳光照耀下清晰明朗。人们可以同时看到白天、傍晚和黑夜。"

法军近卫枪骑兵团的赫瓦波夫斯基写道："拉耶夫斯基堡被炮火摧毁得如此之彻底，以至于皇帝认为一场骑兵突击就可以将其拿下。于是，我们漂亮的胸甲骑兵冲锋开始了。"

时间是下午 3 点，骑兵军团的冲锋号吹响了。

一开始，俄军方面只听到大地发出低沉的声响，并且逐渐成为一种咆哮。突然间，

◎ *法军的胸甲骑兵冲击*

巨大的胸甲骑兵队伍从烟雾中脱颖而出，涌上视野清晰的平地。进攻的重骑兵数量是如此之多，以至于当一个又一个中队展开来之后，不光威胁到拉耶夫斯基堡和它周围的俄军，也一直威胁到了谢苗诺夫斯科耶村的俄军。法军和波军的深蓝色胸甲骑兵、萨克森的淡黄色胸甲骑兵、威斯特伐利亚的胸甲骑兵……可以想象，一场灭顶之灾正在向大多面堡袭来。

面对这种重锤之击，俄军步兵大部队迅速组成方阵，散兵线当即退向方阵。位于最前列的法军第5、第8胸甲骑兵团在小科兰古指挥下展开正面突破，少数部队其至纵马跃过已经被填平的壕沟和已经坍塌的胸墙，径直冲上了几乎已成废墟的库尔干小丘。不过，虽然事后流传着小科兰古夺下大多面堡的神话，但俄军步兵事实上还是依托方阵顽强抵抗，法军胸甲骑兵在俄军步、炮火力下死伤惨重，始终未能控制堡垒，只

得含恨撤退。小科兰古也受了致命伤，当他的遗体被带回法军战线后，身下的白色胸甲骑兵斗篷已经变成血红。拿破仑对御厩大臣科兰古（小科兰古的兄长）感叹，"他以勇士应有的方式战死，决定了会战的命运，法兰西失去了最杰出的军官之一。"

法国骑兵尽管铩羽而归，却也让库尔干小丘上的俄军精疲力竭。在德意志第一骑兵骁将蒂尔曼的指挥下，萨克森、波兰胸甲骑兵趁势从侧翼发起突击，后方观战的萨克森军官莱辛回忆道，"敌军炮群突然沉寂下来，烟尘消失了，阳光照耀着平原。我随后看到无数骑兵团（其中有两个萨克森团）攻入多面堡里的炮垒。"身着草黄色制服的萨克森骑兵在外观上与俄军颇有相似之处，这也让不少俄军赶到迟疑，为顺利突破创造了条件。参与冲锋的萨克森军官梅尔海姆则这样描述他的经历："每个人都尽力用他的武器、双手乃至牙齿杀戮

敌人。令战斗更为恐怖的是，后继的骑兵攻击队列在冲向下一个目标——以准确的齐射迎接他们的步兵方阵——时踏过正在蠕动的人群。"

最终，萨克森胸甲骑兵率先冲入了几乎如同火山口般炽烈的大多面堡，在持续约一刻钟的混战后击退了俄军步兵和炮兵，迫使他们在多面堡后方重组阵型继续抵抗——不过值得俄军自豪的是，他们在地狱般的环境下依然将至少六门火炮成功转移到后方。波兰、威斯特伐利亚胸甲骑兵和法国步兵的跟进则确保了法军彻底控制大多面堡。一名法国军官将俄国守军指挥官利哈乔夫扑倒在地，解除了他的武装之后将他从杀红了眼的法军士兵面前带走。被俘的将军被带到欧仁面前，然后又押送至拿破仑的大本营。

然而，在法军总指挥部，气氛却并没有第一次攻克时那样兴奋。参谋长贝尔蒂埃在望远镜中目睹大多面堡易手后激动地

喊道，"多面堡已被拿下！萨克森胸甲骑兵攻进去了！"拿破仑却拿起同一具望远镜，冷淡地答道，"你弄错了……他们一定是我的胸甲骑兵。"尽管萨克森人为他出生入死，但法兰西皇帝并不希望给予这些德意志人应得的荣誉，甚至不认为他们是自己的骑兵，如此重大的荣誉只能归于法兰西人（此前以亲法闻名的蒂尔曼将于次年改投反法联军，在战场上洗刷被夺走荣誉的耻辱）。

俄军第1西方军团的司令官巴克莱剩下的选择，只有出动俄军骑兵的预备队，即禁卫骑兵团和骑马禁军团这两个禁卫胸甲骑兵团。他后来回忆道："这种混战，前所未有，敌我双方的骑兵轮流冲锋，将对方击退，再在炮火的掩护上重新整队、发起进攻……"这场重骑兵之间的较量在一块黑麦田上展开，双方冲击的力度是如此之大，以至于相撞之后的巨大动量能让人马如在飓风中一般飞舞。

◎双方的骑兵鏖战

◎ *俄军胸甲骑兵被击退*

下午 4 点 30 分，法军完全控制了拉耶夫斯基堡。此时的拉耶夫斯基堡及其周围，已经是一片人间地狱的景象，而且超出了任何梦境可以想象的程度。壕沟和通道堆满了尸体和垂死的人，平均厚达 6~8 个人。走过多面堡的后方，可以看到堡垒内部形成的一座陡峭的斜坡，尽是死人死马、翻覆的大炮，碎裂的胸甲和头盔，和一切难以形容的混乱和惨烈之后形成的那种残骸。

尽管多面堡已经陷落，俄军中线的据点已被拔除，但是双方在多面堡周围的大规模骑兵战还在继续。法兰西、德意志、波兰和意大利的骑兵和俄军的 3 个骑兵军随意捉对，不断有小股的部队退出这块烟尘滚滚的战场，重组后又没头没脑地重新扎进去。各级指挥官的指挥权实际上已经不复存在，连俄军第 1 西方军团的司令官

巴克莱本人也不得不拔剑接敌，到夜幕降临的时候，他的坐骑死了 5 匹，副官和军官中两位阵亡，7 位受伤，二角帽和披风也有弹孔，制服上沾满了鲜血。

这是当天的最后一次大规模战斗，之后两支军队已经精疲力竭，只能勉强以轻步兵和炮兵保持接触。到下午 5 时，在法军右翼作战的波尼亚托夫斯基已向乌季察高地发动过一次猛攻。俄军的巴戈武特将军发现在中央和右翼的俄军主力已开始后退，自己已处于不利境地。为了行动上的一致，他也主动后撤，把阵地让给了波兰人。

战斗即将结束，和这一天中其他重大、激烈的战斗相比，此时相当平静。俄国人还在垂死挣扎，有人曾认为如果这时拿破仑将他的近卫军投入战斗，俄军必将全军覆没。但拿破仑没有这么做，而且这次包

◎ 博罗季诺示意图

括贝尔蒂埃和缪拉在内的大多数高级将领都支持拿破仑的主张。

库图佐夫在夜间决定第二天清晨把部队从战场上撤下来。但是损失惨重的法国人也撤离了科洛恰河后的战场。拂晓时分，俄军炮队和行李已经远离了战场朝莫扎伊斯克行进。法国人对追击没有兴趣。

这场恶战双方所付出的伤亡是极其恐怖。俄军档案记载的己方伤亡数字是9月5—7日共有43924人阵亡、受伤和失踪，(有人估计为5.2万人)损失了23名将军。俄军第1西方军团的2万人在战后减员到1.4万人。许多营剩下不到200人。俄军一位托尔上校询问一个"团"的番号时，得到的回答是"我们是第二师"。防守巴格拉季翁堡的六个掷弹兵营仅剩300名幸存者。

以400人参战的皇后胸甲骑兵团在战斗结束后剩下95人。守卫拉耶夫斯基堡的第七军只剩下700人。

法军公布的数字是死6547人，伤21453人，但这仅仅是9月7日当天的不完全损失，多数学者认为法军在9月5—7日间损失了大约3.5万人，其中包括了49名将军。之所以法军将领伤亡较多，原因主要在于它拥有较高的将领比例。尽管双方参战人数大体相当，但法军各级将军却足有166人之多，几乎是俄军将领总数(89人)的两倍。

对于这场血战，拿破仑本人的评论可能最适合作为结语："在我一生的作战中，最令我胆战心惊的，莫过于莫斯科城下之战。作战中，法军本应取胜，而俄军却又博得不可战胜之权。"

滑铁卢

英雄末路的叹息

WATERLOO

文 / 原廓

幸运逃脱的英国人

1815 年 6 月 17 日下午，荷属比利时境内（1815 年，荷兰和现在的比利时、卢森堡组成荷兰王国，比利时后于在 1830 年独立），瓦隆 - 布拉班特省，卡特尔布拉斯（或译作"四臂村"，因其有四条大路通过该村而得名）。

英荷联军骑兵军团指挥官阿克斯布里奇伯爵麾下的六个骑兵旅，正据守在此，为整个英荷联军充当后卫。当天上午 9 时，英荷联军司令官威灵顿在获悉布吕歇尔统帅的普军在利尼惨败于拿破仑之后，已经于当天 10 时，率主力向圣让山方向撤退了。不过，为了强化后卫力量，威灵顿为骑兵军团的每个旅均配属了一个英国骑乘炮兵连。

英国皇家骑乘炮兵 G 连的梅瑟尔上尉，就这样有幸第一次见到了那位"战争的巨人"——拿破仑，他这么记述到：

自从上午起，大地笼罩在浓云密布之中。到了此时（下午 2 时许），几块巨大孤立的"雷云"，颜色是深黑的，恰好悬挂在我们的头上，使我们阵地中的景色显得十分黯淡凄烈，而法军刚刚所占领的远山却仍浸浴在光辉的阳光之中。

……

当阿克斯布里奇伯爵还正在说话的时候，突然有一个骑马的人（拿破仑）出现了。他后面紧跟着几个骑兵，疾驰而上地冲入了我刚刚离开的高原，他们的黑影被远处的阳光照耀着，向前投射显得距离我们要比真正的距离更近。随后，连着有几个中队

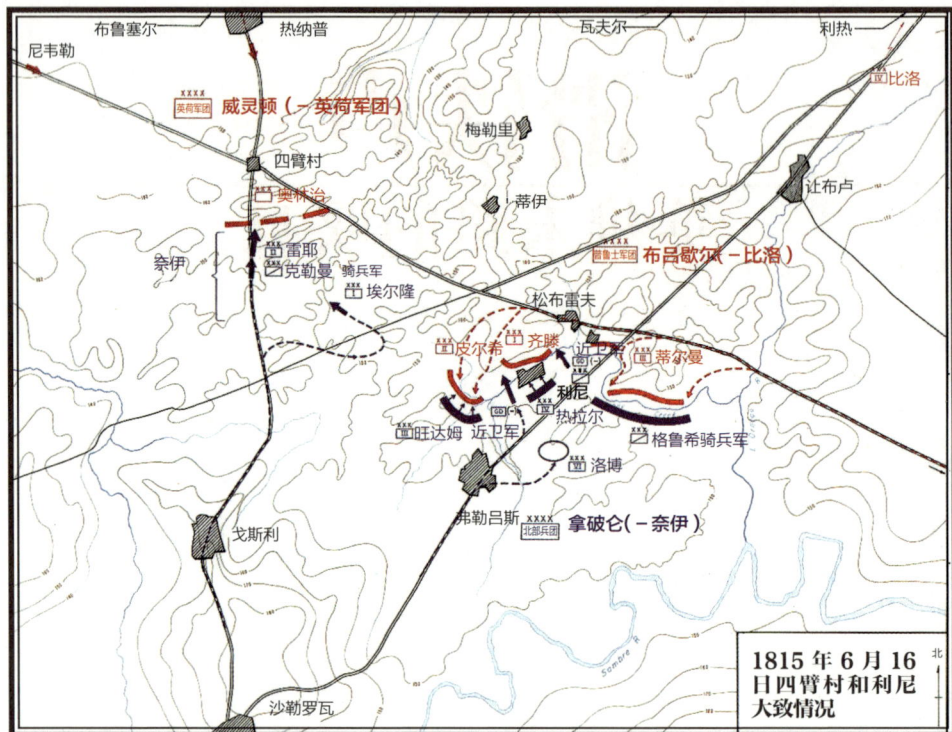

地图标注：
尼韦勒　布鲁塞尔　热纳普　瓦夫尔　利热
威灵顿（－英荷军团）
梅勒里
四臂村　让布卢
奥林治　蒂伊
奈伊　雷耶　党勒曼　骑兵军　布吕歇尔（－比洛）
埃尔隆　松布雷夫　比洛
皮尔希　齐腾　近卫军　蒂尔曼
旺达姆　近卫军　热拉尔　利尼
格鲁希骑兵军
洛博
戈斯利　弗勒吕斯　拿破仑（－奈伊）
沙勒罗瓦

1815 年 6 月 16 日四臂村和利尼大致情况　北

◎ 四臂村示意图

的骑兵也迅速地冲上了高原。

阿克斯布里奇伯爵大喊着："开火，开火！"，第一轮火炮发射出去之后，好像是触发了头上的"雷云"，因此马上雷声大作，闪电几乎使我们的眼睛都变瞎了。大雨倾盆而下，好像是一道瀑布从我们的头上倒挂了下来。

可以说，这场突如其来的暴雨，挽救了威灵顿所率领的英荷联军。当时，46 岁的拿破仑正亲率叙贝尔维将军的第五骑兵师，沿着卡特尔布拉斯通往布鲁塞尔的大道奔驰着。他和他身后的胸甲骑兵和枪骑兵们，以能够摔断脖子的速度拼命追赶，

一心想咬住威灵顿所率领的英荷联军。

拿破仑刚刚赢得了利尼会战的胜利，而这也是拿破仑赢得的最后一次胜利。此役，拿破仑以 6.3 万人的兵力击败了布吕歇尔麾下 8.3 万名普军，普军总司令布吕歇尔受伤落马，险些被俘。普军参谋长格奈森诺在提交给普王的报告中称他们的伤亡在 1.2 万至 1.5 万之间，这也和法军战报中估计的普军伤亡（不少于 1.5 万人）接近，但是更多的人还是比较倾向于 1.8 万这个数字。另据米夫林回忆，普军在这两天的战斗中共有 20900 人损失，其中包含几千名逃兵。法军的伤亡 1.3 万人左右。

在这里我们要先提一下战役和会战的不同定义。在前面的章节中，战役和会战这两个词汇都出现过。

"会战"，英语为Battle，原意是"击打"、"击败"。军语中，"会战"指短期内一个完整的战斗过程，从两支军队开始接触并交锋开始，到双方分出胜负并脱离接触为结束。比如奥斯特利茨、艾劳都属于会战。

"战役"，英语为Campaign，原意是"大片旷野"。军语中，"战役"指在某个时间段内和相对集中的区域，为实现统一的战略目标而进行的一系列会战。也就是说战役包含不同的会战。比如我们在第二章和第三章所描写的意大利战役，就包含多次会战①。

提到"滑铁卢之战"，通常指"滑铁卢会战"，即 The Battle of Waterloo。但在军事历史学角度，还有一个"滑铁卢战役"，即 The Campaign of Waterloo，包含利尼会战、四臂村会战和滑铁卢会战。

在利尼会战后，拿破仑只要咬住并击败威灵顿率领的英荷联军，他就能消除英国和普鲁士对法国迫在眉睫的压力并赢得宝贵时间。以便赶在俄罗斯和奥地利动员起来之前，重新武装法国。

正常情况下，大约在当天下午四五时左右，拿破仑就能追上并立即进攻威灵顿。这样拿破仑就能趁威灵顿尚未部署就绪之前，把英荷联军钉在他们所选定的阵地之外。到了第二天，威灵顿就可能会被击溃，要不然就是被迫乘着黑夜溜走。然而，不期而至的暴雨让条条土路都变成了泥沼，麦田更是泥泞不堪，连大路上也仿佛被犁过了一样。法军骑兵的机动力大打折扣，失去了追上威灵顿的最后机会。

饶是如此，负责追击的法军骑兵在一片滂沱大雨的混乱和泥泞中，拼命前行。英荷联军的后卫部队只能通过拼命飞奔才逃脱了法军的追击。梅瑟尔上尉记述道："为了活命，我们在暴风雨中骑马狂奔……阿克斯布里奇伯爵敦促我们快跑，他高喊着：

◎ 利尼会战，风车下，拿破仑带领参谋官观察战场地形

---

① 进入20世纪后，中文军事书籍中，将苏军高于战役的战局（Битва，指敌对双方为达到一定的战略目的，依据统一的战略计划，在一定时间和空间内进行的一系列战役和军事行动）一词，翻译成了"会战"，造成了会战、战役两个词义上一定的混乱。

'快呀！快呀！看在上帝的分上快跑吧！否则就被抓住了！'当我们一路跑去的时候，发现秩序已经十分的混乱，大家都在疯狂地逃命。"

拼命撤退了 5 公里之后，梅瑟尔和他的炮兵一起，撤进了热纳普。此时大雨也停了下来，英军的部队抓紧时间陆续过桥，撤进了热纳普狭窄的街道里，并开始准备阻击法军。英军的第 7 骠骑兵团也冲进了热纳普，以掩护英军的撤退。可是很快，他们就被法军的第 3 和第 4 枪骑兵团所击败了。第 7 骠骑兵团一个 120 人的中队向拿破仑的波兰枪骑兵发动了反冲击，结果仅 19 人生还。败退的英军后卫在英国近卫骑兵团的救援下才逃脱了覆灭的命运。法军一口气追杀了近 10 公里，直至最后撞到圣让山

山脊上的英荷联军阵地才停了下来。

大约下午 6 点 30 分，拿破仑率领着骑兵先头部队登上了位于拉贝勒阿利昂农庄附近的高地。考虑到威灵顿是仓促之间占据阵地，拿破仑立即调动 4 个骑炮连上前来轰击英军，试图一举突破其防御。"向他们开火！他们是英军！"拿破仑向炮手大声喊着。此时的拿破仑浑身湿透，灰大衣上淌着雨水，帽子给暴风雨吹打得不成样子。仿佛他又是那个当年进攻土伦时的炮兵军官了。在火力的掩护下，米约将军的骑兵们试图冲上圣让山的山脊，结果被已经进入预设阵地的英荷联军所击退。

面对着骑兵冲击的失败，拿破仑意识到自己已经失去了良好的战机，当天已经没有可能再发起进攻了。没能在行进中击

◎ 1812年征俄战争中，保卫后方的奈伊元帅

溃英军，这让拿破仑饮恨不已。他指着太阳说："我若是有神力，能使敌人的行军延迟两个小时就好了！"

其实用不着什么神力，威灵顿之所以能够这样安然无恙、大摇大摆地撤退，要感谢他对面法军奈伊元帅的拖拉和消极。当天早上7时左右，拿破仑的参谋长苏尔特元帅就已经写信给奈伊元帅，告诉他布吕歇尔的普军已经在利尼被击败并正在退却。

皇帝即将前往布里磨坊，大军将经过那里从马尔拜到达卡特尔布拉斯。这个行动使英军将不可能在你的正面上作战。然后，皇帝将直向英军的侧翼进攻，而你则从正面上加以夹击，于是敌人就会立即被击为粉碎了。

陛下他的希望是，你应该守住你在卡特尔布拉斯的位置，若是不可能时，请即送详细的报告来，皇帝就会照我上文中所说的办法行事。反之，假使英军所留下的只是一个后卫，那么就应立即进攻，并占领他们的阵地。

这封信，奈伊在上午10时左右就收到了。可是，因为奈伊没有发现英荷联军有撤退的迹象，故只派出小股部队出击。他企图用这种方法与敌保持接触、缠住敌人。

到中午时分，奈伊又接到了拿破仑于上午8时之间发出的新命令。

皇帝刚刚已经命令一个步兵军和近卫军向马尔拜进发。陛下要我告诉你说，他的意图是希望你攻击在夸特里布拉斯的敌军，把他们逐出阵地之外，而在马尔拜的部队即可以支援你的作战。陛下现在正要向马尔拜出发，非常焦急地等候你的报告。

此时，威灵顿的部队已经开始向圣让山方向撤退。但是，这个命令和英荷联军的撤退，都没有引起奈伊的注意，他居然从容不迫地命令他的部队按时吃午饭。

直到下午1时之后，因为没有听到卡特尔布拉斯方向上的炮声而大感不解的拿破仑，从马尔拜赶到了奈伊的营地里。他这才震惊地发现了奈伊的部队还待在营地里没有动作。拿破仑立即命令所有的部队出发，可直到下午2时，他才看到奈伊第一军慢慢腾腾地赶上了上来。拿破仑立刻意识到自己已经错过了多么巨大的机会，同时又让他有了一丝不祥的预感。

所以，拿破仑才对着第一军军长埃尔隆伯爵吼道："法国要跨了！冲上前去！将军，让你自己跑在骑兵的前面，对敌人的后卫进行猛烈的压迫和追击。"拿破仑自己甚至亲率米约将军的第四骑兵军去追击英军，结果却被一场持续不断的大雨所阻。

于是，在侧翼指挥官糟糕表现和命运捉弄的双重影响下，这位曾经说过"我也许会失去一场战斗的胜利，但我绝不失去一分钟"的千古名将，白白失去5个小时的宝贵时间，从而失去了一场战争的胜利。

侧翼指挥官的表现不佳，天气的不配合可以被视作是偶然因素。但根本原因却是那么的残酷和现实：法军已经不再是当初那支傲视整个世界的无敌劲旅，法国也不再是当初那个能够让英雄纵横驰骋的年轻共和国了。只不过这一切，都暂时被拿破仑那"带着三色旗的雄鹰将从一个钟楼飞到另一个钟楼，一直飞到巴黎圣母院的塔顶之上"的伟大奇迹而掩盖着。

◎ 《1814年法兰西战役》，麦松尼埃

拿破仑的百日复辟

1813年，随着拿破仑征俄之战的失败，英国、俄罗斯、普鲁士、瑞典等国趁法军元气大伤，组织起第六次反法联盟，奥地利之后也加入其中。联军终于以压倒性的兵力击败了拿破仑。

1814年4月11日，拿破仑宣布退位，并被流放至地中海的厄尔巴岛。

1815年2月26日，拿破仑决定结束他在厄尔巴岛的流放生活，重返法兰西。这是一次经过深思熟虑的冒险行动，路易十八对拿破仑的报复性作法也迫使拿破仑做出了这样的决策。

为了维持在厄尔巴岛上的各种开销和1000名忠勇的近卫军战士的供养，拿破仑每年大约需要100万法郎，可他的实际收入还不到这个数目的一半。枫丹白露条约保证波旁王朝每年付给他200万法郎的年金，路易十八却分文未给，反而开始没收拿破仑家族在法国的财产。国王的连连蠢行、王室贵族的拙劣手段及保王派的贪得无厌，令整个法兰西依旧动荡，这些因素都让拿破仑捕捉到可乘之机。经过周密的暗中准备，3月1日，拿破仑和由1000名官兵、4门火炮组成的部队，在戛纳附近登陆。

3月7日，拿破仑抵近马尔香德的第七军区驻地格勒诺布尔。步兵第五团的一个营负责在该城以南24公里拉弗雷隘道阻止拿破仑。该团是当年跟随拿破仑进行意大利战役的团队之一，他们一看到近卫军的熊皮帽就乱了阵脚。

拿破仑当即翻身下马，命令身后的士兵左手持枪，枪口向下，然后他领头走向了对方的队列。军官下令对前来的队伍开火，却没有人肯开枪。"第五团的弟兄们，你们不认识我吗？"拿破仑的声音震撼了所有的士兵。他解开上衣，露出胸脯，高喊道："士兵们！你们当中哪一个想杀死自己的皇帝的话，就可以那样做，我就在这里！""皇帝万岁！"呼喊从第五团士兵中间迸发出来，全营就这样倒向了这位军队的偶像（不过也有说法是，步兵第五团之前已经暗中投靠了拿破仑。7日当天的一幕是双方的一次表演，当时第五团军官根本没给士兵下发子弹。但不管如何，拿破仑此举仍然是非常勇敢的，毕竟也有保王党私藏弹药，突然发难的可能性）。

总之从这时起，拿破仑的北进变成了一次凯旋式，各地守军纷纷扔掉白色的波旁帽章，加入到拿破仑的行列里来。3月14日，贝桑松第六军区的奈伊元帅在奥塞尔投入拿破仑阵营。而就在几天前，奈伊还向国王路易十八声称要用"铁笼子"把拿破仑带回巴黎。

3月20日傍晚，拿破仑踏进巴黎的杜伊勒里宫，国王路易十八及其宫廷人员已于前一天晚上从宫中撤出，逃往比利时。在三个星期内，拿破仑即实现了他在接近普罗旺斯海岸时对部下所作的预言："我将一枪不发就能到达巴黎！"

传闻中，《箴言报》（法国大出版商庞库克在法国大革命时期创办的报纸）在几天之内刊登的不同新闻标题最能凸显拿破仑神速而传奇的胜利。

吃人肉的人出穴了

科西嘉吃小孩的妖魔突然抵达胡安湾

老虎到达盖普

魔鬼在格勒诺布尔过夜

暴君经过里昂

篡权者离首都还有60公里

波拿巴取得长足进展，但还没有进入巴黎

拿破仑明天将抵城门之下

皇帝到达枫丹白露

皇帝陛下在他忠诚的子民簇拥下进入了杜伊勒里宫

不过也有研究表示，这些标题和拿破仑的行程有冲突，因此真实性值得推敲。

重返巴黎、重获权柄的拿破仑立即抓紧一切时间致力于重建帝国雄鹰。这是一个困难重重、需要无穷精力和伟大天赋的工作。因为在波旁王朝统治的10个月里，法国军队被大幅度裁减，到了拿破仑手里只留下了10万老弱残兵。武器、弹药、装备、马匹储备更是被消耗殆尽。

为此，拿破仑重新号召已复员的军士和士兵以及被敌国释放的战俘归队，同时召集国民自卫军。他还于3月23日下令立即生产15万支1777年型燧发步枪，要求蒂

◎ 路易十八派出的军队纷纷归顺拿破仑

尔和凡尔赛兵工厂的产量在原有基础上再增加两倍。他甚至授权立即"向英国或瑞士"购买 20 万支步枪。

到了 5 月底，拿破仑已经奇迹般的召集起 28.4 万人的正规陆军和 22.2 万人的国民自卫军（根据宪法，这些部队只能承担卫戍国土任务）。虽然这其中许多士兵还只是名单上的数字，装备和武装这些新兵比招募这些人困难更大，但这已经是自征俄战败之后，法军实力的顶峰了。可以说，拿破仑在令人难以置信的短时间内，以自己的天才头脑和不懈努力，克服浩如烟海的困难，让那只曾翱翔于整个欧洲大陆上空的法兰西雄鹰获得了再次展翅高空的力量。只可惜，敌人的强大和人才的凋零不是通过天赋和努力就能克服的。

首先，当时的法国正被第七次反法同盟超过 66 万人的庞大敌军所包围。

在得到拿破仑在法国登陆的消息，反对拿破仑的欧洲国家们立即停止了相互之间有关领土问题的内部纷争。3 月 25 日，由英、普、奥、俄主导的第七次反法同盟成立，欧洲几乎所有国家都参与其中。

反法同盟共有五个军团：（1）英荷军团，9.3 万人，由威灵顿指挥；（2）普鲁士下莱茵军团，11.7 万人，由布吕歇尔指挥。上述两个军团都在比利时境内。（3）奥地利军团，21 万人，由施瓦岑贝格指挥，在莱茵河上游；（4）俄罗斯军团，15 万人，由巴克莱指挥，在莱茵河中游；（5）奥意军团，7.5 万人，由弗里蒙特指挥，在意大利北部。他们的计划简言之，即用数量的优势来压碎拿破仑。威灵顿、布吕歇尔和施瓦岑贝格三个军团，都直向巴黎前进，假使其中有一个军团被击败了或被迫撤退时，则由巴克莱趋前援助，而其余两个军团仍继续前进，不必加以援救。弗里蒙特则以里昂为进攻目标，而不趋向巴黎。威灵顿负责指挥在比利时境内的全部兵力，各军团于 6 月 27 日到 7 月 1 日之间，同时越过法国的国界。

面对这种情况，有两种选择摆在拿破仑面前。要么坐等挨打，要么对离他最近的反法同盟军队主动出击。如果选择前者的话，尽管反法同盟在大约 3 个月左右的时间里不会有足够的兵力攻破巴黎的防御，拿破仑可以利用这一时间动员和训练新兵，但是法国大部将被反法同盟占领。如果选择后者，拿破仑就要对威灵顿公爵 9.3 万人的英荷联军以及布吕歇尔亲王的 11.7 万普鲁士人发动进攻。当时，作为反法同盟宏大计划中的一个组成部分，威灵顿和布吕歇尔的部队正分别由布鲁塞尔和列日开来，准备进攻。

拿破仑敏锐地看清反法联军在比利时境内分布得太广、战线拉得太长，正确地判断出他们在 7 月 1 日以前是不能完成进攻准备的。因此拿破仑决定争取主动，进入比利时顺次击败英普两军，不让他们会合在一起。此外，他又认为比利时人在内心里是亲法的，可能会起来帮助他作战，而英国战败之后，英国内阁即可能倒台，取而代之的新内阁将是一个亲法派的政府。假使英普两军被击败后，战争仍不能结束，那么拿破仑就与驻扎在阿尔萨斯的法军莱茵军团会合在一起，以打击奥俄两军。跟在 1814 年的情形一样，拿破仑计划尽量利

◎ 听到军情，英荷联军的军官们向舞伴告别

◎ 普鲁士的布吕歇尔元帅，胸前佩戴的是日后著名的铁十字勋章，普鲁士在抗击拿破仑帝国期间首次颁发

用其所占的中央位置，而他最希望的就是在战争一开始之际能取得一个惊人的光荣胜利，以巩固法国内部的团结，更加可以打击敌人的精神。

于是，决心主动出击的拿破仑开始向比利时边境方向调兵遣将。由于法军要组成莱茵、比利牛斯、阿尔卑斯等军团来防御其他战略方向上的反法联军。同时，有2万法军被派往旺代去镇压那里发生的叛乱，许多要塞和据点也要派人扼守。因此，拿破仑所亲自统帅，用来攻入比利时的北方军团仅有不到12.5万人和344门火炮。北方军团所要进攻的普军下莱茵军团拥有11.7万人和314门火炮，实力稍弱的英荷联军也有着将近9.3万人和196门火炮的野战兵力。这意味着，拿破仑必须将对手分割开来，各个歼灭；否则，法军将处于兵力的劣势。

因此，拿破仑计划在两支反法同盟的军队之间打进一个楔子，将他们分割开来，各个歼灭。为了达到这一目的，法军在渡过比利时边境正南的桑布尔河之后将被分成两翼和一个预备队。两翼部队将以比利时北部埃诺省的沙勒罗瓦为三角形的顶点，分别沿着该三角形的两边向北推进，与反法同盟的两支部队交战。拿破仑将根据实际情况，将预备队投入战斗以帮助其中的一翼，彻底消灭兵力较弱的那路敌军，而另一翼则要牵制人数较强的那部分敌军，或者受命去增援主要战斗。一旦敌人的主要力量被歼灭，法军便将集中兵力，以压倒优势向余下的反法同盟军队发动进攻。

为了有效地执行这个计划，拿破仑至少需要有四名指挥官来分担他的工作。一个能够把拿破仑的想法清楚明白地做成书拿破仑所能依靠的仅有达武、苏尔特、奈伊、莫尔捷、絮歇和布吕内寥寥数人……

最终，拿破仑任命苏尔特元帅为参谋长，以接替不肯再为自己服务，并于6月1日坠楼而死的贝尔蒂埃。这是一个悲剧性的决定。苏尔特虽然是一位骁勇的将军，在奥斯特利茨会战中大放异彩，但他并不太胜任参谋工作，更缺乏贝尔蒂埃那种清晰的思维与表达能力。在从利尼到滑铁卢的一系列战斗中，他常发出混乱的消息与命令，致使下级指挥官们摸不着头脑，导致了非常糟糕的后果。

因为镇压了保王党在南部的叛乱，而刚刚成为拿破仑第26位也是最后一位元帅的格鲁希成了北方军团的骑兵指挥官。可是战役开始后不久后，拿破仑又指派克勒曼接替了格鲁希。克勒曼虽然是一名极其优秀的骑兵指挥官，但他的资历和官阶无法与奈伊相抗衡。结果导致了滑铁卢之战中，法国骑兵被奈伊无谓地浪费掉了。

格鲁希被从骑兵调离后，受命指挥右翼法军。这是一个糟糕到无以复加的决定。格鲁希的确是一位能干的骑兵指挥官，可是他从来没有指挥过一个军，更不要说是一个军团的一翼。在指挥大规模兵种作战方面，格鲁希没有一点经验，更缺乏魄力和信心。缺乏主动精神的他只会机械地执行命令，根本不敢以战场形势为依据，做出相应的正确判断。

奈伊元帅是直到最后才被招来指挥法军左翼的。起用奈伊虽然在政治上有些益处，可是从严格的军事角度来看，这也是一个致命错误。素有"勇士中的勇士"之称的

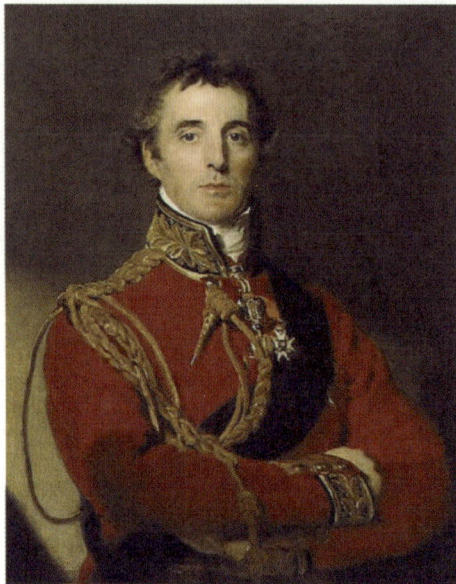

◎ 威灵顿公爵的画像。所谓"滑铁卢的胜利是在伊顿公学的操场上赢得的"这句话是杜撰的。威灵顿在伊顿公学就读期间成绩平常，多年后重回母校时，唯一能回忆起就是当年经常蹚水过河，还有和同学打过几次架

面命令的参谋长；一个能够有效掌握和集中骑兵的骑兵指挥官；还要有两个当拿破仑不在场时，也能够执行他的计划，实现他的目标的侧翼指挥官。

可当拿破仑环顾四周之时，愕然地发现了自己面临着人才凋零的凄凉场景。

拿破仑册封了26名帝国元帅，这些帝国雄鹰都曾经环绕在拿破仑的周围去纵横驰骋。可如今，拉纳、贝西埃和波尼亚托夫斯基早已血染沙场；麦克唐纳等元帅已拒绝为拿破仑效劳；因为之前的背叛，马尔蒙、维克托、佩里格隆、奥热罗等人已经从元帅名单中清除；勒费弗尔、蒙塞、马塞纳等元帅已经垂垂老矣，无法再上阵厮杀。

奈伊，是一位受士兵尊敬的出色军人，然而他脾气暴躁，变化无常，打起仗来只会猛打硬拼，缺乏担任重要指挥工作的才智。

拿破仑曾这样评价过他："经常站在炮火前线的奈伊，完全忘记自己看不到的那些部队的情况。最高司令官的勇猛善战，同一个师长所具有的勇敢精神应该是不同的。"所以说奈伊并不适合指挥超过一个军的兵力，任命他为侧翼指挥官绝对是一个错误。

但实际上，虽然帝国元帅凋零得很厉害，但仍可以为那四个位置提供合适的人选。自拉纳战死后，仅存帝国双璧之一、忠勇无双的达武元帅，以及在西班牙战场上大放异彩，被视作拉纳接替者的絮歇元帅，都是参谋长和侧翼指挥官的优秀人选。

可是由于缺乏值得信任的人坐镇后方，达武被拿破仑留在巴黎担任总督。可是达武对此的答复却充满了预见性，他说："陛下，假使你是胜利者，则巴黎当然是你的，反之若你战败了，则我和任何人对于你都将毫无用处。"至于絮歇则被大材小用的担任阿尔卑斯军团这一偏师的指挥官。

设想一下，如果达武、絮歇两人一人担任参谋长，一人担任侧翼指挥官。那么曾被拿破仑称赞为"欧洲首屈一指战术指挥家"的苏尔特就能从不适合他的参谋长职位解放出来，做他最适合的侧翼指挥官。奈伊则可以去指挥预备队或取代生病的莫尔捷指挥近卫军。毕竟亲率精锐部队，在最后关头猛攻并重创敌人这一能力上，无出奈伊其右者。至于格鲁希则可以替指挥阿尔卑斯军团。可能从某种意义上说，在

拿破仑的"百日王朝"之中，他所犯得一切错误都没有这四个任命那么致命。拿破仑攻略比利时的总体计划极为简单明了。这一计划如果得到正确的贯彻执行，胜利的可能性还是很大的。但就是四个错误的任命，终结了他胜利的最后希望。

在圣赫勒拿岛上时，他也认清了这一点，因为他曾经说，假使缪拉在那里，则胜利即可能是属于他的。而他也承认苏尔特对于他殊少贡献，任用奈伊也是一个极大的错误，而他应该让絮歇指挥右翼而不是格鲁希。

然而，在这些问题还没有暴露之前，拿破仑的军事行动进行得都很顺利。奈伊的左翼部队包括第一军（埃尔隆伯爵指挥）、第二军（雷耶伯爵指挥）以及2个骑兵军（北方军团共有4个骑兵军，分别由帕若尔、艾克赛尔曼斯、克勒曼和米约指挥），总兵力约4.5万人。格鲁希的右翼部队包括第三军（旺达姆伯爵指挥）和第三军（热拉尔伯爵指挥），人数与左翼大体相当。近卫军（莫尔捷元帅因病离职，德鲁奥将军接替指挥）、洛博伯爵的第六军以及骑兵军中尚未分派战斗任务的骑兵组成了预备队。拿破仑6月11日离开巴黎，这些部队也从各要塞和卫戍地——有些甚至距比利时边境一千六百多公里——向比利时边境的集结进行得格外迅捷。直到6月15日北方军团靠近桑布尔河，并做好渡河准备的时候，反法联盟对此仍一无所知。于是，布吕歇尔在利尼"挨了一顿狠揍"（威灵顿语），威灵顿自己也是借助于法军的失误和上天的帮忙才逃脱了行进中被攻击的命运。

滑铁卢的战前筹备

现在，我们将时间定格到 1815 年 6 月 18 日滑铁卢的清晨，双方统帅和士兵们都在做着决战前的最后一次准备。

我们先来看看统帅：

当时法军统帅拿破仑自信到了几乎轻敌的程度。他一直担心的不是能不能击败威灵顿，而是威灵顿是不是会继续逃跑。为此，拿破仑在 17 日深夜和 18 日凌晨两次起身侦查威灵顿的动作，以防其趁夜撤退。第二天清晨，拿破仑在吃早饭时还表示："我

们获胜的机会至少是百分之九十，而失败的可能性不到百分之十。"

英荷联军统帅威灵顿则是一个冷静而谨慎的人，当条件允许时，他又敢于大胆进取。当时威灵顿已经收到了布吕歇尔的来信，告知普军比洛的第 4 军准备在黎明出发，对法军右翼发动进攻；大皮尔希的第 2 军将紧随其后。这样，威灵顿要求增派的 2 个军的兵力很快就可到达。同时，普军齐滕的第 1 军和蒂尔曼的第 3 军也将随时做好战斗准备。

战术上，威灵顿是一名防御战的专家，特别擅长利用地形上的优势，吸引敌人先行进攻，自己则注意节约兵力。待敌人出现混乱之后，威灵顿再发动反攻。面对火力旺盛的敌人，威灵顿会将自己的部队布置在反斜面上，以抵消敌人的炮火优势。利尼之战前，威灵顿看到普军阵地被设在正斜面上，等待着法军炮火的全力打击时，就曾吓了一跳。据说当时他对身边人说："如果他们在这里打，一定会被揍得够呛！"在滑铁卢之战中，英荷联军被大量的布置在反斜面阵地上，让拿破仑引以为傲的炮兵优势大打折扣。

接下来我们再来看看士兵：

参战的法军共编为第一军、第二军、第六军、近卫军、第三骑兵军、第四骑兵军，总兵力不到为 7.2 万人，火炮 254 门（12 磅炮 42 门，6 磅炮 142 门，6 法寸榴弹炮 14 门，5.5 法寸榴弹炮 56 门）。

当时的法军士兵的素质已经大为下降，当年在奥斯特里茨创造辉煌、在耶拿势如破竹的法军老兵已经所剩无几。连由

◎ 英军老兵图片（左上，西班牙战争期间的英军；右上，18 世纪末的英军服装；左下，第 42 轻步兵团士兵；右下，掷弹兵军官）

1.85 万人组成的精锐近卫军中都有 4000 名新兵。骑兵的素质更为悲惨，原有的精华早已在 1813 年损失殆尽，不到 1.5 万人的骑兵大部分是没怎么上过阵的新兵。其至很多骑兵基层指挥官的兵龄还不到 2 年，投降或被俘的经历远多过胜利。

法国人曾这么评论 1815 年的法国士兵："他们是冲动的、易怒的，没有纪律，对于长官缺乏信心，害怕阴谋，可能随时发生惊恐的现象，但是在一怒之下，可以有极英勇的表现。拿破仑从来不曾运用过这样的战争工具，它一方面是那样锐利，而另一方面又是那样脆弱。"这样一支军队如果战斗进展顺利，可能会有让人惊讶的神勇表现，但如果战斗失利，他们将很容易出现溃败。

滑铁卢战场英荷联军共编为第 1 军、第 2 军、后备军、骑兵军、荷兰一比利时骑兵师，总兵力：约为六万八千余人，火炮 151 门（9 磅炮 55 门，6 磅炮 67 门，5.5 英寸榴弹炮 29 门）。

这是一支大杂烩的军队，士兵们一共使用着五种语言。为数 1.7 万人的荷兰一比利时部队，对于和法军作战明显是三心二意。那四千多名拿骚人，在 1813 年还曾是苏尔特的部下，因此也不大靠得住。1.1 万人的汉诺威部队和 5800 人的不伦瑞克部队，倒是愿意竭力作战，但他们大多数是新兵。

事实上，威灵顿能够完全依靠是 2.4 万名英军和英王德意志军团的 5800 人。相比法军士兵的稚嫩，英军中老兵的数量非常多。比如皮克顿爵士的第 5 师 5000 名士兵几乎全都是久经沙场的老兵，兰伯特少将的第 10 旅的 2300 人中有 2200 人是老兵，他们都曾在西班牙战场与法军鏖战。英军这方面得益于他们强大的海军。他们面对不利战况时，往往能轻松地上船走人，让其保留了大量的老兵。

英国部队严酷的高标准训练，使得英军士兵具有了坚定和迟钝的特性。严酷的军纪使得英军士兵放弃了独立思考，只能机械而盲目地执行军官的命令。这样一个特性可能在进攻作战中产生悲剧性的后果，但在防御战，英国士兵有着世界第一流的韧性和承受力。

在滑铁卢的战场上，英荷联军的骑兵兵力要略少于法军，但质量则要高于法军。现代养马业和现代骑术都发源于英国，所以英国骑兵拥有欧洲质量最好的战马，骑术剑术也要优于当时法军士兵。隶属第 16 轻龙骑兵团的威廉·汤姆金森在

◎ 英国龙骑兵

◎ 英国骑乘炮兵与单炮尾的英国火炮

◎ 图中是一名俄军炮手，他手里抱着的是霰弹。周围还有其他种类炮弹的展示，包括（1&2）英国普通榴弹、（3&4）榴霰弹、（5）附有底座的实心弹（由于有些炮弹直径小于大炮口径，所以通常会给它们装上和大炮口径一致的底座，这样可以让炮弹固定在最佳位置[居中]）、（6）用来选择和测量炮弹直径的工具、（7）普鲁士普通榴弹、（8）普鲁士霰弹、（9&10）两种俄国榴弹炮炮弹、（11）俄国榴弹炮实心弹

回忆中表示，5220人的英军骑兵和1730人英王德意志军团的骑兵，全都"很能打"。威灵顿本人也曾向布吕歇尔夸耀说，"他拥有举世无双的骑兵六千人"。

虽然法军拥有火炮数量上的优势，但法军35个炮兵连里只有12个骑炮连，而英荷联军24个炮兵连里就有14个骑炮连。英荷联军炮兵的机动性要强过法军，这就能通过快速机动来弥补数量上的差距。而法军炮兵由于缺乏机动力，在进攻中往往造成步、骑、炮的脱节。

重要的是，英军炮兵掌握着两种法军还未掌握的新技术——榴霰弹和火箭！

拿破仑时代的野战火炮主要使用的炮弹包括：实心炮弹（solid round shot）、榴弹（common shell）、霰弹（canister）和榴霰弹（spherical case）。

实心炮弹是当时最常见的一种弹药。这种炮弹其实就是一个固体的铁球。当时火炮的口径也由其决定，比如12磅火炮就意味着其发射一个重约12磅（约5.44千克）的铁球。在战场上，实心炮弹适于射击各类目标，不仅可以杀伤人员和马匹，而且可以破坏多面堡等野战防御工事。因为其弹道低伸，造成的毁伤呈线性。密集的步兵纵队和步兵方阵是实心炮弹比较有价值的射击目标。据记载，法军12磅炮的实心炮弹可以轻而易举地打穿20排步兵的纵队。另外，炮弹落地后，遇到坚硬地面，经常还能弹起继续杀伤人员。所以，那时的炮兵喜欢平整开阔、地面较硬的地形，而制造出更多的跳弹也是炮兵炮术的体现。

霰弹的名称（Canister）本意就是圆

◎ 拿破仑时代的实心弹，左为12磅（约5.44千克），右为32磅（约14.51千克）

筒。它实际上就是一个装满了四十多颗到一百二十多颗铁质小弹丸的铁质圆筒。霰弹从原理上讲更近似于枪而非炮，开火后弹体离开炮膛的瞬间，火炮内外压差巨大，弹体外壳随即破裂，内装弹丸势必进出，在空间中形成圆饼状弹幕。这一弹幕会逐渐散开，划过一个由炮口为定点的圆锥形空间，击中目标。霰弹适于杀伤展开的步兵横队和骑兵横队。

这两种弹药是当时加农炮的主要弹种，法军12磅炮[①]的实心炮弹有效射程为1200码（约1097.28米），英军的9磅炮有效射程1000码左右（约914.4米），两军的6磅炮的有效射程大约在700码左右（约640.08米）。法军12磅炮的重霰弹可以打到500码（约457.2米），但很少在超过400码（约365.76米）的距离上使用，其他火炮的霰弹的有效射程在300码左右（约274.32米）。此外，当时的炮兵还有一个双倍装填战术，即当敌人冲到极近距离时，同时装填一枚实心炮弹和一枚霰弹，或两枚霰弹，以起到最大杀伤效果。极个别情

◎ 法军所用6法寸榴弹炮

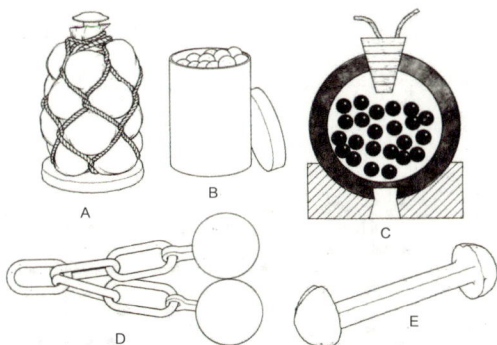

◎ 拿破仑时代的炮弹。A，葡萄弹（海军用霰弹）；B，霰弹；C，榴霰弹；D，链弹；E，杆弹。（后两者为海军弹种，主要用来破坏对方帆樯）

况下，还会进行三倍装填。

榴弹外观是球形，内部中空，有装火药，靠插在弹丸开口处的引信引燃。它一般由榴弹炮发射，弹道较为弯曲，利用爆炸后的破片杀伤人员，理论上可以用来对付反斜面上的敌人。但当时黑火药的爆炸力有限，只能制造出有限的弹片，再加上当时

---

① 法制磅要比英制磅约重10%。

的技术力量限制，榴弹的可靠性也不够好。实际上，当时的榴弹一般被用来轰击建筑物，尚不能对反斜面上的敌人造成什么危险。这也是滑铁卢法军虽然装备了不少榴弹炮却没有有效杀伤英荷联军的原因。

榴霰弹结构似榴弹，原理似霰弹，是当时英军所独有的一种弹种。它由英军中尉施拉普奈尔（Shrapnel）于1803年发明，并以发明者的名字命名。它既适于加农炮也适于榴弹炮，是此后一个世纪里炮兵最好的杀人武器。霰弹的缺点是小弹丸扩散太快，导致有效射程太短。榴霰弹则将小弹丸装在近似榴弹的弹体内，同时装药。但是装药的量仅够刚好破坏外层弹壳。

发射后弹体朝敌方飞行一段距离，装药爆破释放出小弹丸，继续按原弹体的方向飞行，从而延后了扩散的时间，较为集中地打击目标。因此榴霰弹可以在1400码（约1280.16米）的距离上有效地对付几乎除了散兵线以外的所有战斗队形。

英军掌握着这项新技术，就将火炮杀伤距离一下子提升了1000码（约914.4米）。法军步兵的行军速度是每分钟120步，走完1000码大概要10分钟，而熟练的炮手每分钟能开火2到3次。因此，进攻的法军要多承受20到30发榴霰弹的攻击。特别是在大雨过后，不适合使用实心弹的滑铁卢战场上，榴霰弹让法军付出了远比设想要多得多的伤亡。

英军24个炮兵连里还有一个火箭炮连，这是英军的又一个"秘密武器"。那

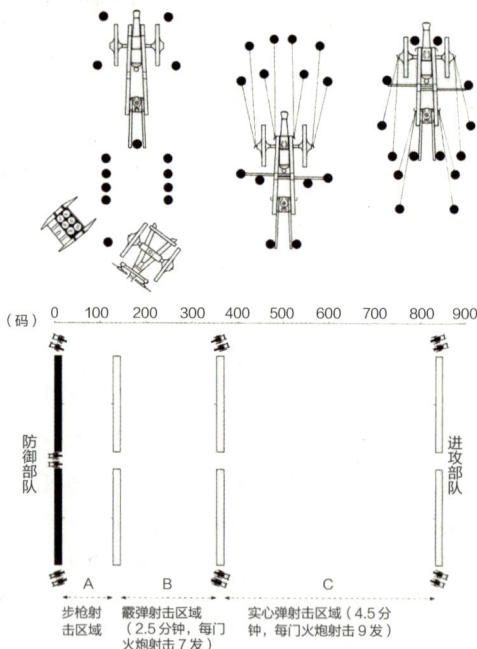

◎ 拿破仑时代火炮常用杀伤距离（下图，一般是进入900米左右开始使用实心弹进行交叉式射击，进入300米以后使用霰弹射击）

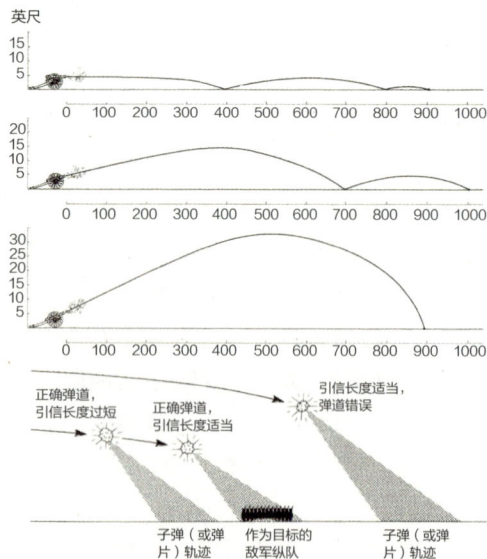

◎ 跳弹和榴霰弹杀伤机理

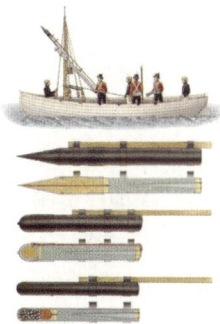

◎ 英军军用火箭

时火箭的发射原理和现代火箭相仿，靠后部的装药燃烧产生推力，推动弹体前进。弹头类型包括前面提到的实心弹和榴弹，此外火箭还可以携带燃烧弹、信号弹和照明弹。其优点是不需要用火炮来发射，射速就会比火炮快很多。缺点就是精度太差。在滑铁卢战场上火箭对法军的新兵和战马起到一定的恐吓作用。

因此，无论是步、骑、炮兵，英荷联军相对法军都不落于下风，甚至还要强于法军。如果在野外遭遇战中厮杀，英荷联军那支大杂烩的军队可能不是拿破仑麾下法军的对手。可是在防御战之中，英荷联军凭借自身的精良和坚固的阵地，仍能与拿破仑一较高下。

就是凭借着对己方军队的信心和普军

即将赶到的情报。威灵顿下定了与拿破仑一决胜负的决心。威灵顿所选择的阵地位于布鲁塞尔以南约 15 公里、滑铁卢小镇以南约 3 公里处的圣让山上。

联军最左翼是维维安和范德勒的轻骑兵，他们的右前方是尼德兰第二师。位于交叉路口左侧的是皮克顿的第五师，右侧是阿尔滕的第三师。乌古蒙后方的地段由库克的第一师守卫，他们的背后是克林顿的第二师。英军骑兵部署在步兵防线之后，预备队沙塞的尼德兰第二师和不伦瑞克军分别位于布赖讷拉勒和梅尔布布赖讷。

由几个国家部队拼凑起来的联军沿着整个前线审慎地与英军混杂在一起。为此威灵顿打乱了军的建制，还拆开了一些师级的单位。其目的在于将最精锐的部队分散部署在战线上，以加强整个战线的力量，特别是增强右翼的力量。整个骑兵，除了在两翼末端的各团之外，都密集地部署在步兵的后面。24 个骑炮和步炮连中的大部

◎ 圣让山，滑铁卢会战的战场

分占领了山顶一线的阵地，从这里可以扫射前面的斜坡。炮兵根据威灵顿的指示，置敌方炮兵于不顾，而集中炮火对敌之步兵和骑兵实施近程射击。

总体上，威灵顿的防御阵地沿着一条低缓的山脊延伸。即使以当时的标准，滑铁卢的战场也是非常狭窄的。英荷联军的阵地，从左翼到右翼，全长约6公里，但只有不到3公里的阵地有防御纵深。通往布鲁塞尔公路从其中部穿过。在阵地右前方600码（约548.64米）处，有一座乌古蒙农庄，四周为一座长方形果园和灌木林围墙所环绕。距阵地中央正前方300码（约274.32米）是拉艾圣农庄。

威灵顿战术目标是，先让埋伏在前斜坡上、隐蔽高高的庄稼之中的散兵和线膛枪射手杀伤和袭扰法军。然后用炮兵轰击法军的进攻纵队，最后等法军冲上山脊之时，等待他们的将是步兵的排枪和骑兵反冲击。

基于这种战术，乌古蒙和拉艾圣两个农庄成为至关重要的设防地区。一条谷地绕乌古蒙农庄西侧而过，圣让山山脊将该

◎ 乌古蒙农庄现址

谷地完全隐藏在山脚下。只要拿破仑控制了乌古蒙，法军便可以此为掩护，沿该谷地接近敌人，从左翼发起攻击，实施翼侧迂回，包围敌人阵地。但如果，法军无法掌控乌古蒙，那么由于法军阵地比英国人要低，法军的任何调动都逃不过英军的眼睛。所以说乌古蒙对威灵顿的防御来说非常重要，只要右翼不受威胁，威灵顿的防御阵地就是十分稳固的。为此，威灵顿将最精锐的英国近卫军第1近卫旅的两个轻装连，第2近卫团的第2营和第3近卫团的第2营，大约1000人都布置于此。乌古蒙农庄也被改造的非常坚固，四面都开了枪眼，并搭上了梯子，方便士兵从墙上向外射击。墙后低处都颠上了木头，构筑了射击平台。此外，农庄外还有拿骚和汉诺威的部队协同防守，并可以获得威灵顿布置在右翼的40~80门大炮火力支援。

拉艾圣农庄则是任何正面进攻的重点，只要它不被攻克，守卫它的部队便可以向任何发起进攻的纵队实施猛烈的纵深射击，给敌人以毁灭性打击。不过威灵顿却没有足够重视此处，他一开头只派遣了英王德意志军团的376人来防守。农庄也只在南面和东面的墙上开了枪眼，西面却没有。更为糟糕的是，农庄的大门有半扇在前一天晚上被士兵们拆下来当柴给烧了。

其实从某种意义上讲，战争的胜负取决于哪一方犯的错误更不为致命。虽然威灵顿犯了上述错误，但普军的及时赶到帮助威灵顿修正了他的错误。换个角度说，拿破仑在滑铁卢的失败要归罪于法军在战役之前和过程中那一系列错误。虽然拿破

◎ 拉艾圣农庄现址

仑用他那天才的指挥艺术修正了其中的一些错误，但更多的错误最终还是压倒了这位不世出的军事天才。

第一个错误，就是对利尼战果的过分高估。16日夜，当拿破仑于利尼击败普军之后，乐观地认为普军很难恢复，因此下令格鲁希等17日天亮后再追击敌人。结果普军的第1军和第2军经过一夜的休整，已经从头一天的惨败中渐渐恢复过来了。普军蒂尔曼的第3军更是损失较小士气高昂。更严重的是，在等待期间，法军方面没有采取任何措施探知普军的撤退路线及意图。这也成了日后滑铁卢之败的一个重要伏笔。

格鲁希是在16日夜里11时，收到拿破仑的追进命令。命令要求格鲁希派两个骑兵军——帕若尔军和艾克赛尔曼斯军追赶普鲁士。但格鲁希没有被告知向哪个方向或者是否只追赶蒂尔曼一个。

当时格鲁希的兵力具体为旺达姆的第三军、热拉尔的第四军、洛博的第六军的第21师、帕若尔的第一骑兵军的第四骑兵师、艾克赛尔曼斯的第二骑兵军，约3.3万人、96门大炮。

格鲁希的骑兵于17日凌晨4点出发，但直到上午10点前也没捕捉到普军的真实动向。上午11点30分，格鲁希又收到拿破仑的新命令：

率帕若尔和艾克赛尔曼斯将军的轻骑兵军，第四骑兵军的轻骑兵师，泰斯特师，第三军以及第四军到让布卢！派人向那慕尔，马斯特里赫特方向侦查，你需要追赶敌人，探明他们的路线并告诉我他们的行动，我将以此来推断他们的全部计划。我将参谋部移至四臂村——英国人早上还在此处；我们通过那慕尔路保持联络。如果敌人在那慕尔，写信给查尔蒙特第二军区司令官，命他占领该地。发现威灵顿和布吕歇尔的

格鲁希全部兵力

	步兵	骑兵	炮兵	工兵	大炮
第三军	14508	—	782	146	32
第四军	12589	2366	1538	201	38
第21师	2316	—	161	—	8
第4骑兵师	—	1234	154	—	6
第二骑兵军	—	2817	246	—	12
利尼战损	3940	907	600	—	—
总计	25473	5510	2281	347	96

真正意图是至关重要的。无论如何，让你的两个步兵军紧密衔接，留出退路，骑兵穿插其中一边随时与各指挥部联系。

拿破仑的命令非常明确：第一，格鲁希要在让布卢集中兵力；第二，他要沿那慕尔和马斯特里赫特方向侦查；第三，他需要尾随普鲁士撤退的线路，并试图发现他们真正的意图。收到命令的格鲁希认为普鲁士人很可能12个小时前就已经动身，虽然没有明确的骑兵侦察报告，他认为敌人很可能沿那慕尔路撤退，如果继续追赶他会与拿破仑主力部队越来越远，他请求与拿破仑一同到四臂村。拿破仑拒绝了他，重复了命令——找出普鲁士撤退的路线，发现敌人立即进攻。

18日凌晨2时，一名军官携带格鲁希的一封信来到拿破仑的大本营。这封信发出的时间为6月17日22时。

格鲁希在信中这么写道：

陛下，我已占领了让布卢，我的骑兵也推进到了索沃尼耶尔。敌军兵力大概3万，仍在撤退。

在索沃尼耶尔我军收到消息得知普鲁士兵分两路撤退：一支一定是经过萨尔－瓦兰撤向瓦夫尔；另一支应该经过佩尔韦。

我推测其中一支会与威灵顿会合……艾克赛尔曼斯将军已经奉命追赶，他派遣了6个中队分别向萨尔－瓦兰和佩尔韦推进。根据他们的报告，一旦普鲁士大规模军队撤向瓦夫尔，我便立即向该方向追击，阻止他们接近布鲁塞尔并尽可能地把他们与威灵顿隔开。如果，相反他们撤向佩尔韦，我亦立即动身追赶。

蒂尔曼的兵力主要是皇帝陛下昨天击溃的军队；今早10点，他们仍在让布卢而且在询问瓦夫尔，佩尔韦和阿尼的距离。布吕歇尔在追击中右臂受伤，但他仍指挥着军队……——我，心怀尊敬，将忠于陛下的一切命令。

格鲁希

一直以来，不少人都认为拿破仑用接近三分之一的右翼兵力去追击普军是一大败笔。甚至认为这是"一个骑兵军再配属一个步兵师"就完成的任务。但基于拿破仑两翼打击与预备队加强的作战原则。格鲁希的右翼法军承担的任务其实紧紧咬住并逼退普军，阻止其与威灵顿的英荷联军汇合。因此，拿破仑才给予格鲁希如此多的兵力。至于让格鲁希与法军主力汇合，拿破仑则认为是不需要的，因为他自认为仅凭手中的兵力就能击败威灵顿。

等到滑铁卢会战打响，圣让山的炮声传到格鲁希耳中时，已经是18日的11点30分。当时热拉尔、巴尔蒂、瓦拉泽等法军将领与格鲁希临时开会商议何去何从。热拉尔建议朝着炮声前进，格鲁希没有同意下属的建议，他表示服从皇帝陛下的命令："皇帝昨天告诉我他会和威灵顿交战，因此传来炮声一点也不奇怪！如果他需要我参加战斗，那么他就不会把我派去追击普鲁士人，而自己独自面对英国人。而且，如果我穿过那些被昨夜和早上的大雨浸透泥泞不堪的道路，即使我出现在战场也为时晚矣。"

热拉尔继续劝说格鲁希，他认为局势已足够明朗："普鲁士只有两个选择：向布鲁塞尔推进或与威灵顿在圣让山的兵力会合。无论是哪一种可能，出于谨慎和保险都应该朝着炮声前进，因为如果普鲁士向布鲁塞尔挺进，那么他们对战斗的影响甚微。但是如果……正相反，他们与威灵顿会合，那么格鲁希向炮声前进便能阻止他们，即使不能也可以将他们的影响降到最低。"

巴尔蒂站在格鲁希一边，他认为"几乎不可能在泥泞的道路上运送大炮还要赶到皇帝的阵地及时投入战斗。"但是瓦拉泽说他的工兵可以克服一切障碍，他支持热拉尔。最后，热拉尔失去耐心，他试图用"责任感"来说服格鲁希。

"元帅阁下，向着炮声前进是你的责任！"格鲁希严厉地反驳了他，这也结束了争论，"我的职责是服从皇帝的命令——追击普鲁士；接受你的建议就意味着违背皇帝的命令。"

热拉尔最后做了一次劝说尝试，依旧无法说服格鲁希调转整个右翼，于是热拉尔请求自己亲自带领第四军过去，而格鲁希和剩下的军队继续向瓦夫尔推进，但是这个建议仍然被格鲁希所拒绝。

结果法军右翼只好继续向瓦夫尔推进，格鲁希对"下级无须提出行动计划只需要服从上级命令"的观点深信不疑，他认为回绝热拉尔的提议是合情合理的。

其实公平地说，即便是此前格鲁希被说服，按照热拉尔的建议，命右翼朝着滑铁卢的炮声前进，那么他也很难及时赶到战场。

从瓦兰到普兰西诺——比洛军在滑铁卢出现的地方——是必须渡过代勒河的，而且只能在穆思捷穿过北边的桥梁，赶到普兰西诺他需要走 29 公里[①]一个如格鲁希所率军队这般规模的部队，在当时的环境下行军，平均时速大概为 32 公里，倘若格鲁希 12 点下令从瓦兰出发，那么到达普兰西诺至少是夜里 9 点了，对战斗不会有任何影响。可以说，格鲁希之军的无能为力，乃至普军最终出现在滑铁卢战场，都要归罪于拿破仑 16 日夜间那道"17日凌晨再追击普军"的决定。但格鲁希这种毫无主动性，循规蹈矩的指挥手法，与其说他像个军人，不如说其像个官僚。

拿破仑的初次攻击与英军的反击

不过，在滑铁卢开战前，拿破仑丝毫没有注意到这个致命错误的存在，他还认为在利尼一战之后，普军是不再有干预的能力，而对于威灵顿的杂牌部队，只要奋力一击即可以击碎。

法军当时被布置在佳姻庄高地。该高地平均高度要比圣让山低，全长 3700 米。距离英军防线最近处仅 350 米（乌古蒙），最远处有 1400 米。

按照拿破仑当时的设想，集中主力首先突破敌防御薄弱的中央阵地，抢占敌防御纵深的圣让山。而后向两翼扩张战果，将敌一分为二，予以各个歼灭。为此，拿

---

① 瓦兰与普兰西诺的直线距离要近得多，所以格鲁希军能听到炮声。

破仑决定以一个师的兵力向敌右翼的乌古蒙农庄实施佯攻。牵制和吸引敌人的兵力，保障中央突破的成功。

具体部署是：以埃尔隆的第一军和雷耶的第二军为第一梯队，分别配置于高地上沙勒罗瓦 - 布鲁塞尔大道的东，西两侧，并肩实施突破；以米约的第四骑兵军和克勒曼的第三骑兵军为第二梯队，分别在第一军和第二军的后面跟进，随时准备扩大第一梯队步兵的战果。洛博第六军被布置高地中央布鲁塞尔大道左侧，从罗索姆方向赶来的近卫军作为总预备队。

拿破仑本想于上午9时开始战斗，当时苏尔特已经向所有部队下达命令说，一律应于上午9时整进入攻击位置。但拿破仑带着近卫军司令德鲁奥将军一同去视察地形和敌情时，德鲁奥将军劝拿破仑把发动攻击的时间再延缓两三个小时。理由是地面还太湿，将使炮兵无法作迅速的运动，实心炮弹也将陷在泥土里无法弹起来杀伤敌人。拿破仑采纳了德鲁奥将军的建议把发动攻击的时间推迟到下午1时。

上午11时，拿破仑给各军军长发布了最后的作战命令：

全军下午1时左右按战斗序列部署就绪，皇帝即令奈伊元帅发动攻击，夺取交叉路口的圣让山的村庄。为支援这一行动，第2军和第6军的12磅重炮连应与第1军的12磅重炮连集中使用。上述24门火炮向据守圣让山的敌军开火。埃尔隆伯爵应率领其左翼师率先进攻，必要时，由第1军的其余各师予以支援。

◎ 油画《滑铁卢会战》，德尼·戴顿

第2军应与埃尔隆伯爵并进。第1军的工兵连队应准备立即在圣让山上设防。

首先，拿破仑命令雷耶发动佯攻。拿破仑希望此举会迫使威灵顿从中路撤出部分兵力，为他在大约1小时后对威灵顿中路发动的总攻提供便利。11点15分，雷耶用重炮轰击一阵之后，命令热罗姆亲王率领的第6步兵师在皮雷将军第2骑兵师的支援下进攻乌古蒙农庄。

结果拿破仑这位最小的弟弟，却没有将自己行为限制在佯攻范围内。他带领军队两次冲锋，占领了乌古蒙农庄南面的一片树林。按照拿破仑的计划，攻击应到此为止，下一步是巩固所占领的阵地，以便进一步牵制和吸引更多的敌军。军长雷耶也一再命令，不要进攻乌古蒙农庄的主体。

但热罗姆舍不得放弃这个看上去似乎是唾手可得的乌古蒙农庄，竟置命令于不顾，带领部队继续向前冲击。结果，法军的数次冲锋均被打退，而其损失惨重。以第6师第1旅第1轻步兵团的莱热罗少尉为首三十多名法军勇士曾经突入农庄。但英军麦克唐纳中校和格雷厄姆中士合力关上了农庄大门。三十多名法军勇士除一个未成年的鼓手外全部战死，莱热罗倒在了农庄里教堂的门旁，手里仍握着斧头。

此后，恼羞成怒的热罗姆亲王毫不理会参谋长的劝阻，不但拒不撤退，反而还请求增援。雷耶感到有义务支援热罗姆，于是将一个又一个旅徒劳无益地投入攻夺该地的战斗。

于是滑铁卢会战中法军又一个重大错误出现了。对乌古蒙农庄的佯攻不但没有吸引住英荷联军反而将自己吸引住了。虽然在法军壮烈而无益的猛攻之下，威灵顿也对农庄里的守卫部队进行了加强。但法军为此而投入的兵力要比英荷联军多出数倍。整个雷耶的第二军几乎都被拖入了争夺乌古蒙农庄的战斗。

最后，围绕乌古蒙农庄的争夺战整整持续了一天。法军连续8次发起攻击，最多时投入了1.2万人，但最终也没能拿下农庄，并且第二军为此还损失了4000人。

在乌古蒙那本末倒置的战斗越来越激烈之时，拿破仑则忙于准备用埃尔隆的第一军来攻击威灵顿的中央部分。快到1时，一切将准备就绪，由62门火炮组成的炮阵已经持续轰击了一段时间，埃尔隆第一军也整装待发。

此时，拿破仑却在战场东北方10公里的位置上，发现了一朵不详的"黑云"。几分钟之后，这个神秘的谜底揭开了。法军最右翼的马尔博第七骠骑兵团的几名骑兵押解着一名俘获的普军传令骑兵回来，从截获的文件中得知这朵"黑云"其实是普军比洛第4军的前卫。于是，拿破仑立刻意识到至少普军有一个军已经摆脱了格鲁希的阻挡，准备对自己脆弱的右翼发动进攻。虽然这情况与拿破仑所认定的发展完全不同，可是他并不紧张，他毫不怀疑地认为在比洛赶到之前，他便可以先将威灵顿击溃。

虽然如此，这个新危机却还是必须要加以应付，拿破仑本来已经写好了一封给格鲁希的命令，现在就命令苏尔特再加上了一个"又及"：

◎ 乌古蒙双方的血战。曾有种说法"战役的胜败取决于乌古蒙的大门是否能关紧"

目前我们正在苏瓦纳森林前面的滑铁卢附近交战。敌军中央位于圣让山。因此，请立即移军与我右翼会合。

又及，从刚才截获的一个文件中，我们知道比洛正要向我们的右翼进攻。我们已经在圣朗贝尔高地上发现了该军。所以希望不要再浪费一分钟，赶快与我们靠拢在一起，以击碎比洛。

这封信下午5时之后才送到格鲁希的手中，当时他正与普军蒂尔曼的第3军苦战不休。这位新任的元帅和拿破仑的幼弟热罗姆一样，在执行拖住敌人的任务时，反而被敌人给拖住了。当然如前面所说，就算格鲁希没有被拖住，也很难及时赶到滑铁卢战场了。

拿破仑一方面给格鲁希发出增援的命令，另一方面也派遣多蒙的第3骑兵师和絮贝尔维的第5骑兵师向沙佩尔圣隆贝尔进发。在两个骑兵师的掩护下，洛博的第六军随后前进，以阻止普军比洛的第4军。洛博伯爵穆东将军以英勇果敢和精于战术而闻名法军，在独立指挥军队之前他一直是拿破仑的副官，因1809年的优异表现而备受皇帝青睐。虽然洛博当时麾下只有两个步兵师，加上另外两个骑兵师，总兵力不足1万人，但是拿破仑相信他能拖住占据人数优势的普鲁士人。

下午1时30分，拿破仑在感到自己的右翼已经巩固之后，立即命令奈伊与埃尔隆开始攻击威灵顿的中央部分。

自 1792 年起，法国军队在攻击的前进阶段中，为了能迅速通过而不引起混乱，总是使用纵队的形式。当快要接近敌军时，为了能发展最大限度的火力，纵队又要改成横队。为了能快速展开，纵队通常都是以营为单位。

营是当时最基本的战术单位，一般包含 6 到 10 个连，人数从六百多人到千余人不等。对于军队最小的编制——连来说，只有一种队形，那就是三列横队。

所谓营横队、营纵队、营方阵其实就是营长将所含三列连横队进行变换、组合和排列的产物。

营纵队，就是将整个营的所有三列连横队纵向排列。根据其正面宽度，分为双连纵队、单连纵队等几种纵队。如果一个营有六个连，双连纵队就是正面是两个连，纵深三个连，每个连排成三列横队共 9 行。单连纵队就是正面一个连，纵深六个连，每个连排成三列横队共 18 列，这是两种最常见的纵队模式。营纵队很容易指挥，也能够迅速展开，在遭遇到骑兵时，还可以迅速地结成方阵。

攻击是以下述的原则为基础：（1）当纵队前进时，炮兵应迫使敌军保持横队状态，因为只有这种队形，对于火力的损失最轻，但最不能承受骑兵冲击；（2）在敌军展开为横队时，利用己方骑兵突击敌人横队，即使冲击不成，也威胁敌人迫使他们把横队改组成方阵。这是对付骑兵的最可靠队形，但火力最薄弱，在应付步炮兵火力时，损失也最重；（3）在骑兵掩护之下，己方纵队展开为横队，以便用火力打击方阵状态的敌军（方阵的火力远不如横队），团级火炮也协助射击；（4）一旦当敌方方阵发生混乱，立即用刺刀执行突击，而骑兵也实行追击，以歼灭敌军。

但是，埃尔隆第一军的 4 个师从左到右分别由基奥、东泽洛、马尔科涅和迪吕特指挥。

结果四个师中，基奥和迪吕特的师像惯例以营纵队前进，而东泽洛和马尔科涅两个师采用了以一个展开的营为正面，其余各营以同样队形排列的师纵队阵型。换言之，就是打头的营将所有三列连横队排成一个大横队，就是营横队，跟在后面的营如法炮制，前后重叠。现在这两个师中的每一个都是采取这种笨重的队形，每个师都有八九个营，所以这种师纵队的正面

◎ 法军一直未能夺取乌古蒙

为 200 人左右，前后一共有 24 列到 27 列。这种笨重的师纵队不仅使他们不可能作迅速的展开，而且这许多人集中在一起，也特别容易为敌火所击中，受到重大的损失。

法军在攻击中出现这种反常密集队形的原因，说法很多。有一种说法，当时的法语中"devision"一词既指"分营"即连，又指四团组成的"师"。因为当时法军下级军官普遍缺乏经验，故而造成编队时由营纵队误为师纵队的重大失误。

归根到底，埃尔隆第一军攻击正面实在太狭窄了，总共不到 1400 米。这么窄的正面，要布置 4 个师的三十多个营，不管如何列阵都会非常拥挤，出现混乱和失误是在所难免的。

虽然队列拥挤不堪，英军的实心炮弹和榴霰弹不断在队列中收割生命，掀起残肢断臂。但埃尔隆第一军的将士们却表现得非常出色，他们没有理会所受的伤亡和困难。这些勇猛的士兵们已决意为皇帝陛下、为飘扬着的鹰旗而献身。骑马走在队伍最前端的奈伊元帅与埃尔隆将军一面鼓舞士气，一面催促士兵加速前进。

排成营纵队的迪昌特师最先取得了战果，他们不费吹灰之力就打垮了驻守在帕佩洛特的拿骚人，攻陷了帕佩洛特。基奥师拿下了拉艾圣农庄南面的果园，并开始四面围攻拉艾圣农庄。在中央部分的东泽洛、马尔科涅师，更是轻易地打垮了比兰特的荷兰—比利时第 1 旅，开始接近山脊的顶点。

初战得胜的法军，一边高呼胜利，一边开始改变队形，准备排成横队发起最后

的攻击。就在法军由于队形的变换而出现混乱，秩序暂时无法恢复之时。英军皮克顿第 5 师的 5000 名老兵发动了反冲锋。

以往有书籍曾认为，滑铁卢之战中，英军是凭借着善于发扬火力的两列横队，击败了喜欢用纵队冲击的法军。但实际情况上，就如同前面提到的，法军所采用的师纵队，完全是一种失误和拥挤所造成的错误产物。即使法军所常用的营纵队也只是用来机动和行军的。在法军到达圣让山山脊之后，都在努力转换成三列横队，甚至一些营因为伤亡较大而排成了两列横队。

根据瑞士军事家约米尼在《战争艺术》中的说法，英军当时并没有采用常见的两列横队，使用的反而是不便于发扬火力的四列横队，各连成每排 20 人的四排，而不是每排 40 人的两排。四列横队是吸取卡特尔布拉斯的经验教训后临时创造的。当时，法国骑兵在开阔地上逮到了成两列横队队形的英国近卫步兵，几乎在眨眼之间就击溃了近卫军的阵线，并造成了大约近卫军500 名官兵死伤。因此，威灵顿才在滑铁卢的防御作战中采用了四列横队，以便能

◎ 法军对拉艾圣的猛攻

用最快速度变成四列边的方阵，来抵御法军骑兵的冲击。

于是，发动反冲击的英军队形实际上比法军更为厚重，法军已经排好的横队比英军更适合发扬火力，后续跟上的法军纵队也持续在给英军施加压力。很快，英军第5师的师长皮克顿将军战死，皮克顿师的阵型开始散乱，防线也越发的薄弱。

在这最紧要的关头，英荷联军的骑兵指挥官阿克斯布里奇伯爵或是发挥主动性（像他后来自称的那样），或是奉威灵顿的命令，投入重骑兵发动致命的反冲击。萨默塞特的第1骑兵旅（俗称王室近卫旅，共1414名骑兵）和威廉·庞森比爵士第2骑兵旅（俗称联合旅，因来自英国的不同地区得名，包括英格兰的王室龙骑兵团、苏格兰灰色龙骑兵团、第6龙骑兵团即爱尔兰恩尼斯基伦龙骑兵团，共1369名骑兵）并肩投入战斗。可以说，当时英国骑兵的精华汇集于此次冲锋。

英国重骑兵的参战立即对战斗产生了影响，使进攻中的法军遭到毁灭性打击。不久，法军第一军被击溃。随后这2个骑兵旅便汇合到一处，狂奔向前，几乎失去了控制。他们穿过硝烟弥漫的山谷，咆哮着冲入法军阵地，推倒法军的火炮，将法军炮手砍得落花流水。

英国骑兵一冲起来就失去控制的毛病，在之前的半岛战争中就非常明显了。半岛战争中英军骑兵在战斗之初冲击击败法军骑兵的案例很多，但因为秩序混乱被逆袭的案例同样很多。比如1811年3月25日的一次战斗中，英军第13轻龙骑兵团先是

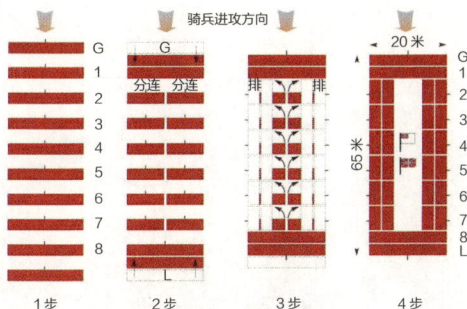

◎ 英军从营纵队变换为空心方阵的示意图（G开头为掷弹兵连，然后是1~8战列兵连，L为轻步兵连）。英军一个连含两个分连，一个分连含两个排

猛冲击败了法军第26龙骑兵团，然后狂奔十一多公里直抵巴达霍斯城下，接着就被逆袭重创。

威灵顿1826年也曾回忆说："我认为我军骑兵由于缺乏秩序弱于法军。尽管我认为一个我军中队可以对付两个法军中队，但我不乐意看到四个我军中队与四个法军中队作战。随着数量的增长，秩序变得愈加重要，我就越不愿冒险使用骑兵——除非他们数量优势极大。"

最终，那2个只知道冲锋却不晓得停止的重骑兵旅终于遭到了法军枪骑兵和胸甲骑兵的反击。法军第1骑兵师戈布雷希准将的枪骑兵第2旅（第3和第4枪骑兵团），米约胸甲骑兵军的第13骑兵师特拉韦尔的第2旅（第7和第12胸甲骑兵团），第14骑兵师法里纳的第2旅（第6和第9胸甲骑兵团）共1800名骑兵在英国骑兵当中制造了一场浩劫。庞森比爵士、王室旅的国王近卫龙骑兵团的团长威廉·富勒上校以下数百名英军骑兵当场阵亡。若不是范德勒的第4骑兵旅的1400名轻龙骑兵及时赶到，两个重

◎ 《永远的苏格兰》，布面油画，巴特勒夫人于1881年所作

◎ **英国1796式重骑兵军刀**

骑兵旅很可能全军覆没。

最后这两支出色的骑兵旅以伤亡近半的代价。击退了埃尔隆军的进攻，俘虏了近1200名法军，缴获两面法军团旗，摧毁了25门火炮。算上前期进攻和被英国骑兵冲锋导致的3000名伤亡，在英军的视角下，埃尔隆第一军的两个师已经失去了战斗力。

这时，已是下午3时左右，滑铁卢会战法军的第一次正式进攻已经结束。极其疲惫的威灵顿步兵得到了一个喘息的机会。圣让山山脊上已看不见法军(除了阵亡者)的踪影。乌古蒙与拉艾圣农庄仍牢牢掌握在威灵顿手中。不过，威灵顿的防御却也几濒于危：比兰特4000人的荷兰—比利时第一旅已经荡然无存，骑兵冲锋又使威灵顿丧失了2500名最优秀的骑兵。现在一切的关键就仰赖于布吕歇尔的到达，而普军的前进却是异常的迟缓。

法军方面的形式也同样的令人不安。拿破仑刚刚接到格鲁希于上午10时左右所发出的报告，这可以使他认清要靠格鲁希的帮助是已经没有可能性了。也许拿破仑可以用撤退的方式来救出北方军团，不过撤退就不仅是输掉了这次会战，而且更会引起政治性的风波。所以拿破仑决定在普军尚未完全到达战线之前，先击败威灵顿。

饱受争议的骑兵大冲锋

到了下午3时30分，埃尔隆刚刚将七零八落的营队重新组织起来。拿破仑立即命令奈伊重新向拉艾圣农庄发起进攻。拿破仑的目的是以该农庄为基地，用埃尔隆和雷耶的两个军发动一个总攻势，在他们的后面将是骑兵的主力，以及近卫军的步兵。

于是，法军的第二次攻击拉开了序幕。此次攻击，拿破仑重新部署了炮兵，并令炮兵率先开火。这是当天最猛烈的炮击，炮弹在空中横飞，如同暴风雨一般猛烈。英国皇家骑乘炮兵G连的连长梅瑟尔上尉形容说："伸一伸胳膊都非常危险，一伸就会被弹片打飞。"

就在双方鏖战之时，饱受争议的法军骑兵大冲锋开始了。一种说法是，奈伊在烟雾中把英荷联军运送伤员的弹药车辆误判成敌军正在逃跑，于是没有等待拿破仑的进一步指示，直接命令米约第四骑兵军的第14胸甲骑兵师克劳斯的第2旅发动冲锋。第14师的师长德洛尔将军欲制止这条命令，奈伊却亲自赶来坚持命令，并宣布米约第四骑兵军2个师的3000名胸甲骑兵要全部冲锋。当奈伊率领胸甲骑兵前进之后，L·德努埃特的近卫军轻骑兵师的2000名猎骑兵和枪骑兵（包含著名的红色枪骑兵）也自动地随着向前进。这样一来，在拉艾圣尚未攻下之前，法军的五千余名骑兵即已经投入了混战之中。

当时为什么拿破仑不制止这个不合理的行动呢？其原因是他的注意力被右翼方面所吸引住了。当时普军比洛的第4军凭借着三倍的兵力优势，不顾伤亡地猛烈进攻，让法军洛博伯爵的第六军渐渐不止。因为普隆斯诺瓦的失陷威胁到法军的退却线，拿破仑不得不出动迪埃姆将军的青年近卫军为普朗谢努瓦提供支援，所以才没有顾忌到奈伊的贸然冲锋。也有说法是，拿破仑看到奈伊已经发动冲锋，"但是既然攻击已经开始，除了给予他更多的增援我们别无它选。"当然关于这次骑兵大冲锋的责任和具体细节仍处于各种争论中。

总之，在奈伊的指挥下，法军骑兵用膝盖碰膝盖的密集队形发起了雷霆万钧的冲锋。法军骑兵整队前进，满山遍野而来，几乎塞满了拉艾圣与乌古蒙之间的整个空间。他们用弛缓的速度进到斜坡之上。

打头阵的胸甲骑兵，他们的胸甲在阳光下闪闪发亮。一个中队接一个中队的枪骑兵和猎骑兵跟在他们的身后。枪骑兵戴着装饰有白色羽毛的四角帽，猎骑兵身穿

◎ 法军骑兵包围英国骑兵

◎ 奈伊元帅身先士卒，带领法军骑兵冲锋

绿色制服。

冲锋号响了，在"皇帝万岁！"的呼喊声中，5000 名法国骑兵像狂潮一样，先是击败了比利时卡宾枪骑兵团和 KGL 第三骠骑兵团（该团战前近 500 人，战后只剩下了 120 人），之后冲向大约 1 万名联军步兵把守的阵地。对于没有经验的人来说，这一场面既庞大又可怕。但是英荷联军的部队并没有张皇失措，威灵顿已经下令做好对付这些骑兵的准备。各营编成了方阵，方阵与方阵之间交错开来，这样既可以在一定程度上单独作战，又留出了机动的余地。炮手奉命坚持开炮，直至最后一刻，然后跑到方阵中去寻求掩护。

当法国骑兵距英荷联军不到 100 码（91.4 米）时，炮声大作，近距离攒射的霰弹在密集的骑兵队列腾起一道道血雾。

整排整排的骑兵被扫得血肉横飞。但是，法军仍然前进着。英荷联军的炮手刚躲避方阵，奈伊的骑兵便开始在方阵的周围打转转，用尽了除自杀性冲杀以外的一切办法，试图突破一个缺口。

英荷联军的方阵遭到了可怕的打击。英军的格鲁诺上尉当时处在一个方阵中，他说，烟尘与弹药的焦味，几乎使人窒息，"每移动一码，都要踩着负伤的同伴或尸体。"然而，前两排中的人一旦倒下，后面两排就立即会有人补上去。前两排的刺刀与后两排的步枪火力不断使法军骑兵付出惨重的伤亡。另一位在场者弗雷塞也曾经有下述的记载："法国骑兵在冲锋时的英勇程度，为我毕生所仅见。我从没有看见过骑兵的行动有如此光荣者，而英国步兵抵抗的坚定也适足以与之相当。"

◎ **法国骑兵大冲锋**

　　如此英勇的骑兵冲锋，却犯着一个可怕的错误——没能彻底压制住敌军的炮火。每当法国骑兵发动冲击，英荷联军的炮手都会躲入方阵。因此联军的火炮都为法国骑兵俘获。可是法国骑兵却没能使这些火炮丧失效力。因为他们既没有多余的马匹可以把它们拖走，也没有准备无头钉和铁锤把它们钉死。于是，虽然英荷联军的很多火炮来回易手10次之多，可英荷联军的炮手在法国骑兵的每一次冲锋过后，都发现他们的武器完好无损，仍能对着暂时退下去和重整后冲上来的法国骑兵猛烈开火。

　　英荷联军的骑兵指挥官阿克斯布里奇伯爵正在注视着这一场混战，他手中还控制着2/3的骑兵生力军。包括不伦瑞克的骠骑兵团和枪骑兵团、奇格尼荷兰—比利时第1轻骑兵旅等精锐在内的共5000名骑

兵，被放出来与法军交战。终于，奈伊率领的5000名骑兵被三倍于己的英荷联军步骑炮兵给击退了。可法军的骑兵还是无所畏惧的，他们在退到了山脊之后，把阵容整顿了一下，又冲上山去。

　　拿破仑见奈伊如此浪费骑兵非常气愤，但他觉得还是有必要派更多的骑兵中队增援奈伊。于是，拿破仑命令克勒曼的第3骑兵军前进支援奈伊。克勒曼也认为这个行动未免过早，但他正在犹豫之际，其第11骑兵师的师长赫尔迪埃将军却已率领着麾下的胸甲骑兵和龙骑兵扑了上去。第11骑兵师的贸然盲动导致了极坏的连锁反应。吉约也擅自指挥着他的近卫重骑兵师（包括著名的近卫掷弹骑兵），盲目地发起了冲锋。克勒曼只得率领霍巴尔的第12骑兵师第2旅的胸甲骑兵随之而进。本来，这位第

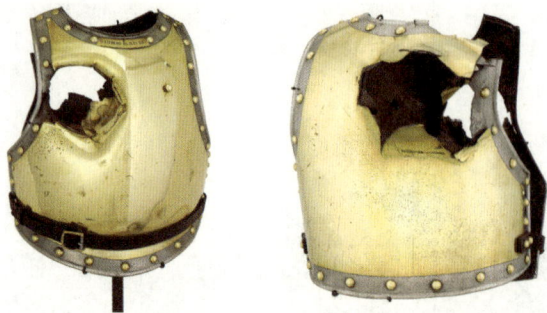

◎ 滑铁卢之战中最著名的一具胸甲，来自法军卡宾枪骑兵团。滑铁卢之战中，一枚联军的实心弹（可能为一枚6磅炮弹）击穿了胸甲和它的主人。它的主人名叫弗朗索瓦·福沃，当时年仅23岁，身高1.79米，长着一双蓝眼睛，头发褐色，面部狭长，1815年入伍前刚刚订婚，本打算战后回乡成家

3骑兵军的军长还留着第12骑兵师第1旅的卡宾枪骑兵以作为预备队。结果这支部队也被杀红眼的奈伊发现并派了上去。

于是，近卫掷弹骑兵、胸甲骑兵、卡宾枪骑兵、龙骑兵、枪骑兵、猎骑兵，所有曾经在拿破仑麾下作战的骑兵兵种悉数亮相。这近万名法国骑兵最后的精华，在只有500码（约457.2米）的正面上，对着英荷联军发动了义无反顾地决死冲锋。

大文豪雨果如此描绘那次悲壮的冲锋：

那整队骑兵，长刀高举，旌旗和喇叭声迎风飘荡。他们深入尸骸枕藉的险地，消失在烟雾中，继而越过烟雾，出现在山谷的彼端。始终密集，相互靠拢，前后紧接，穿过那乌云一般向他们扑来的榴霰弹，冲向圣让山高地边沿上峻急泥泞的斜坡。他们疾驰着，严整，勇猛，沉着，在枪炮声偶尔间断的一刹那间，我们可以听到那支大军的踏地声。远远望去，好像两条钢筋铁骨的巨蟒爬向那高地的山脊，又好如神兽穿越战云。

无数的铁盔、熊皮帽，在炮声和鼓乐声中奔腾，声势猛烈而秩序井然，最耀眼的便是那胸甲的反光。你仿佛能听见马蹄奔走时发出的那种交替而整齐的踏地声、铁甲的摩擦声、刀剑的撞击声和一片粗野强烈的喘息声。一阵骇人的寂静过后，忽然一长列举起钢刀的胳膊在那顶点上出现了，只见铜盔、熊皮帽、胸甲、军号和旗帜，三千人齐声喊道："皇帝万岁！"全部骑兵已经冲上了高地，并且出现了有如天崩地裂的局面。

文豪在小说中提到的那道奥安深沟确实存在，也造成了一定的伤亡，但是没有真的陷下去1500名骑兵那么多。不过那条深沟依然让法军付出了惨重的伤亡，因为深沟迟缓了法国骑兵的速度，使得那些在奈伊第一次冲锋没有被彻底压制住的英荷联军炮兵趁机猛烈开火，将法国骑兵成排的扫倒。而且有意思的是，之前英国王室旅发动冲锋的时候，也被这条深沟给"坑"了一下。比如第1近卫龙骑兵团威廉·埃尔顿（William Elton）上尉在7月15日书信里提到："萨默塞特勋爵和我们一起冲锋，越过了沟壑，所有马匹能够在如此湿滑地面上跃起的骑兵也跟了上去。许多龙骑兵掉进去没了性命，其他人继续前进。"

至下午5时，拿破仑的骑兵预备队已全部投入战斗。近万名法国骑兵在英荷联

◎ 油画《卡特勒
布拉之战（滑铁卢
之战的另一称呼）
中的第28团》，
描绘的是英军组成
方阵防御法国骑兵
冲锋的场景

军的方阵中来回冲杀着。没人能数得清奈伊向方阵冲锋了多少次，有人说是13次，有人说是15次。这位"勇者中的勇者"无愧他的称号，他的坐骑已经前后被打死了三匹，但他仍然毫无畏惧、一如既往的奋勇冲锋。

只可惜，因为战场的混乱和狭窄，法军的骑兵与炮兵的配合没有做好。不要说步兵的12磅重炮，就是配备给第3、第4骑兵军、近卫军轻重骑兵师的8个6磅骑炮连也只有一个连在法军拿下拉艾圣后被派了上去。正是唯一一个冲上去的骑炮连，给英荷联军造成了可怕的伤亡。

英国皇家骑乘炮兵G连的连长梅瑟尔上尉这么记载到："有一个法军的炮兵连部署在比我们略高的一个小丘上，在我方左翼的前面相距不过四五百码。他们火力的速度和精确度都是极其惊人的，几乎是弹无虚发。我当时甚至认为我们就要被歼灭了。在整天的战斗中，就属这个炮兵连让我们所付出的代价最高。"

到了下午6时，法国骑兵已经筋疲力尽，无法再进行英勇而无望的冲锋了。不过，英荷联军以为内部受到奈伊连续猛攻，伤亡也是极其惨重，几乎到了山穷水尽的地步。守卫拉艾圣农庄的英王德意志军团巴林少校多次向威灵顿求援。此时，那些勇敢的德意志人在那里已经坚守了5个小时，击退了一次又一次的进攻，现在每人只剩三四发子弹。威灵顿却只能无可奈何地说："在这种情况下，让大家都牺牲在自己的岗位上！我已经没有援军了。不过，即使牺牲到最后一个人，我们仍然要坚持到布吕歇尔的到来。"

当这个攻击仍在进行中时，拿破仑正骑着马沿着全战线巡视以安定部下的军心，同时也严命奈伊不惜一切代价都要把拉艾圣农庄夺下来。奈伊对拿破仑的欣然受命，莫过于这一次了。过去的错误与失败，现在可以用夺取胜利或战死沙场加以弥补。他满脸硝烟，声嘶力竭对那些几近灰心丧气的士兵拼命鼓动，使他们恢复战斗热情。

终于，他成功了。在奈伊的指挥下，第一军夺取了拉艾圣农庄。法军士兵爬上了农庄房顶，夺取了农庄大门。一时间，法军喊声大作："不要饶过这些绿鬼子！"（跟大家印象中红色制服的英军士兵不同，英军使用线膛枪的轻步兵如第95来复枪团

◎ 法军夺取拉艾圣

和英王德意志军团的轻步兵都是身穿绿色制服）那些来不及逃上山的德意志军团战士，全都被杀死在农庄内。

最后的近卫军攻击

拉艾圣农庄的丢失对英荷联军来说，是滑铁卢会战中最严重的挫折。现在法军的散兵遍布农庄的四面墙垣，甚至一些法军散兵已经向圣让山山脊推进，紧逼英军前沿阵地。而有一段时间里，拉艾圣农庄后面的地带，实际上无人把守。

负责向威灵顿报告这一情况的克拉克·肯尼迪上尉后来写道：

拉艾圣已在敌人手中……奥普迪达的英王德意志军团第二旅差不多已完全被歼灭，基尔曼塞格的汉诺威第1旅也消耗殆尽。所以那一部分阵地，都已经成为真空状态。

这一部分又正是威灵顿战线的中心，所以敌人最希望攻入的目标也正是这一点。当时情况已经十分危急，在整个作战过程中，没有比这时更紧张的。拿破仑那时没有调动预备队乘虚直入，才真是万幸。

因为在战线中央出现了这样一个大空洞，威灵顿当然也认清了局势的严重性。他不仅把不伦瑞克的部队调来填塞空洞，而且也亲自加以指挥。即便如此，还是经过了最大困难才勉强守住了这个地区。

在这场会战的其他部分，威灵顿公爵都没有像在那时那样亲自冒着生命危险。因为这才真是生死关头。

奈伊也发现了威灵顿防线上的这个漏洞。但是到了那时，他手中原有的兵力都已经疲惫不堪，无力再向前推进。所以奈伊向拿破仑要求增援，希望拿破仑能够投入预备队和近卫军。

可拿破仑却只能悲愤地大喊："部队？你们希望我从那里调动？你们以为我可以变出来吗？"其实当时拿破仑的情况也和威灵顿一样危急，此前法军所犯下的一系列错误，早已经酿成让拿破仑无法下咽的苦酒。

此时，法军与普军在普朗谢努瓦的争夺已经进入白热化阶段。普军凭借兵力优势猛烈攻击，洛博的第六军和迪埃姆的青年近卫军则死战不退。期间，迪埃姆将军头部中弹（数日后离世）；拿破仑复辟后最早收服的第五战列步兵团团长鲁西耶上校也战死沙场。

因此，拿破仑派出老近卫军的近卫掷弹兵二团一营和近卫猎兵二团一营，去支援青年近卫军。在阵阵鼓声之中，老近卫军只用了 20 分钟，就靠刺刀冲锋就把普军赶出了村庄，然后再交给青年近卫军去防卫。

虽然老近卫军的奋战，让法军的右翼得到了稳定，但也耗干了拿破仑的预备队。战前洛博的第六军加上近卫军共有 37 个步兵营的预备队，其中有 25 个被投入到阻挡普军的方向。导致最后拿破仑手中只剩下 12 个营的预备队，所以拿破仑根本没有办法立即给予奈伊增援。

到了下午 7 时，因为普隆斯诺瓦已经夺回。所以拿破仑决定支援奈伊，以便在

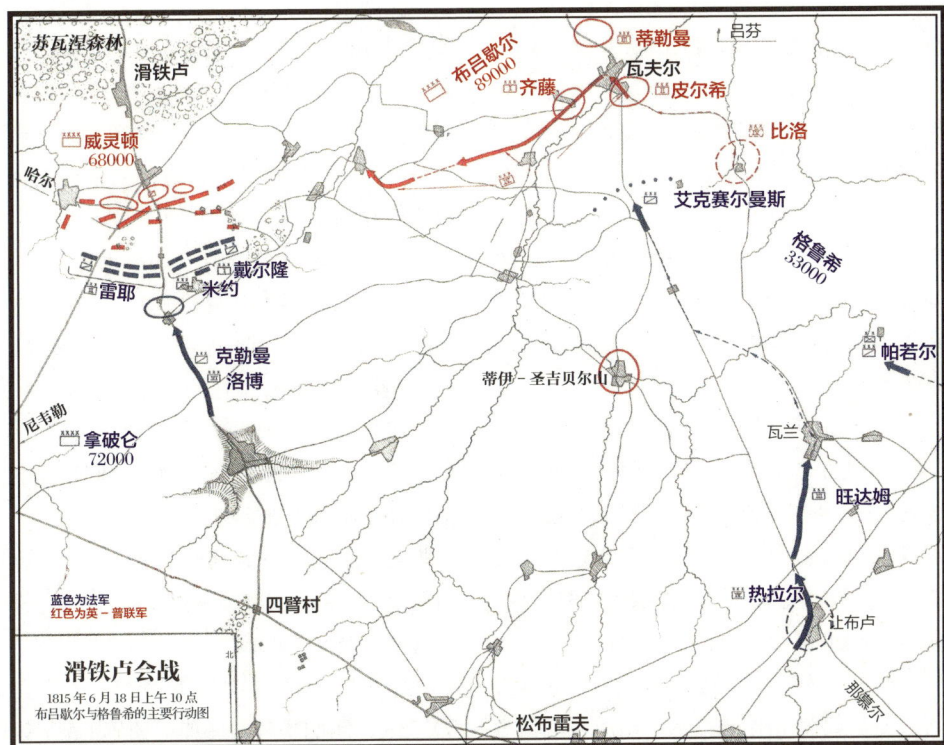

◎ *1815年6月18日上午10点，滑铁卢会战*

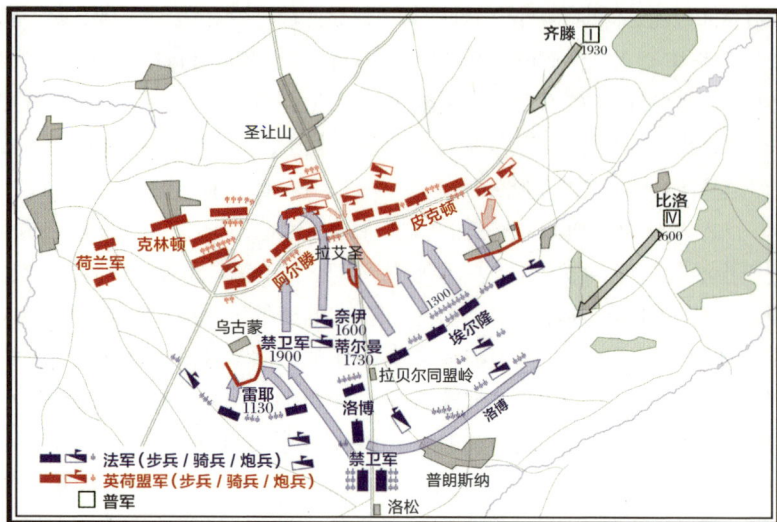

◎ 滑铁卢之战示意图

日落之前进行最后一次打击。

在拿破仑的亲自率领下，六个营的中年近卫军和三个营的老年近卫军开赴拉艾圣农庄。其中5个营被交给奈伊元帅，由他发起最后的冲击。另外4个营被留下来当作预备队。同时，拿破仑也命令炮兵增强火力，并命令埃尔隆的第一军和雷耶的第六军以及所有骑兵都一律前进，以支援奈伊的突击。

但拿破仑所不知道的是，普军齐滕的第1军、大皮尔希的第2军已经赶到了滑铁卢战场。一个变节的法军卡宾枪骑兵军官来到威灵顿的阵前，将拿破仑即将使用近卫军的消息泄漏给了英军。所以威灵顿能够及时从左翼方面抽出兵力来加强中央方向。

本来，英荷联军的中央方向有梅特兰的近卫步兵第1旅1500人，哈克特的第5步兵旅2350人，再加上亚当的第3步兵旅

3000人驻守。现在，范德勒的第4骑兵旅和维维安的第6骑兵旅，共3000名骑兵被加强过来。沙塞的荷兰－比利时第3步兵师7000人也被调到了梅特兰旅和亚当旅的后方。

此时，法国炮兵加快了炮击速度，雷耶正准备对乌古蒙再次发动进攻，埃尔隆的部队虽精疲力竭，但也在战线中央再度集结。不管情况如何，最后的冲锋必须展开了。

即将发起冲锋的法国近卫军士兵们在皇帝面前列队，最后一次接受他们敬爱的皇帝陛下检阅，随后就立即投入了冲锋。这些英勇的士兵身穿蓝色军装，头戴高高的熊皮帽，肩扛步枪，刺刀闪闪发光，排成营纵队投入了冲锋。

冲在前面的是中年近卫军的5个营3000人，他们是第3掷弹兵团第1营、第4掷弹兵团第1营、第3猎兵团第1营、第

3 猎兵团第 2 营和第 4 猎兵团第 1 营。所有近卫军的将军和军官都冲锋在前。奈伊的第五匹战马已经被打死，他手握断剑，徒步走在第 3 掷弹兵团的前面。在他身边的是帝国近卫军掷弹兵师的师长弗兰特将军和副师长米歇尔将军。

他们正面所要攻击的英军却有将近 3800 人，侧翼还有一个 3000 人的英军精锐旅。在这些英军身后还有一直养精续入的沙塞师 7000 人，更不要提这些守军还有 3000 名骑兵作为支援。

可是，近卫军勇士们仍然冒着枪林弹雨，一边高喊着"皇帝万岁"，一边发动奋勇攻击。第 3 掷弹兵团第 1 营的第一次攻击就打退了联军两个营，接着又击败了英军两个团。左边的掷弹兵 4 团第 1 营更发动了自杀一般的冲锋，这个已经损失很大的营冲向两个英国团，还在当中打出了一个缺口。这次进攻马上成功的时候，悲剧发生了：一个英国骑兵旅和一个荷比步兵旅冲了过来，1500 骑兵外加 3500 步兵的英荷联军攻击近卫军两个营的不足 1000 人，这次进攻失败了……

但是，近卫军又迅速集结起来，重新发动了冲锋。圣让山山脊该处的战斗进入了最残酷的阶段。为了将威灵顿赶下山脊，近卫军各营进行了多次冲击，然而，每一次冲击都遭到了坚决的抵抗。第 3 掷弹兵团第 1 营、第 4 掷弹兵团第 1 营被八门火炮侧射、被 3000 敌人围攻；第 3 猎兵团第 1 营、第 3 猎兵团第 2 营被一千多名英国近卫军伏击；第 4 猎兵团第 1 营正面和一千多名英国近卫旅交火，左翼又被 2000 名敌军侧

击。最终英荷联军的优势兵力渐渐压倒了近卫军的勇气，近卫军溃散了……

于是，战场上响起了"近卫军败啦！"的惊叫声。这种声音是如此的可怕，而且从来没有人听到过。此时，普军的主力也已经赶到了滑铁卢的战场，他们杀退了青年近卫军的阻击，从右翼攻击法军。威灵顿也发出号令，发动了全线反击。

奈伊元帅这么回忆那段最后的战斗：

不多时，我看见皇帝带领 4 个团的中年近卫军前进。他希望用这些队伍重新攻击，击穿敌人的中心。他下令我带领他们。将军、军官和士兵都显示了最大的无畏。但队伍数量太微弱不能打败敌人，在经历了最初的一点希望后，我们很快被迫放弃这次攻击。弗里安将军在我的旁边被炮弹打伤。我相信，这次战斗幸存下来的勇敢的人都会给我作证，他们看见到我徒步作战，手持佩剑。

晚上，我是在撤退不可避免时最后离开战场的人之一。普鲁士人继续进攻，右翼败退。英国人也在推进。我们身后的老近卫军的摆成四个方阵，保护我们撤退。这些勇敢的掷弹兵，军队的骄傲，连续地被迫后退，直到寡不敌众最后失败。他们

◎ 拉艾圣得而复失

几乎完全被摧毁了，最后决定总撤退时，近卫军只剩散乱的人群。然而，他们没有溃散，也没有像公报描述的那样高喊"各自逃命"。

最终，反法联军取得了滑铁卢会战的胜利。

在这场终结一个时代的会战中，双方的损失都很惨重。隶属第16轻龙骑兵团的汤姆金森在6月19日

◎ 战至最后的老近卫军战士

上午写道："在拉艾圣附近的山顶上，并从那里一直到乌古蒙，到处都是死尸。"据估计，威灵顿军死伤约1.7万人，布吕歇尔军死伤约7000人。法军死伤2.4万人，此外，还有6000人和220门火炮被俘。

6月22日，拿破仑宣布第二次退位。

当年10月15日，拿破仑被流放至圣赫勒拿岛。

1821年5月5日，拿破仑在圣赫勒拿岛上病逝，终年52岁。

19年后，法国七月王朝的路易·菲利浦派军舰到圣赫勒拿岛接回了拿破仑的遗骨。

1840年12月15日，巴黎人民满腔热情地举行了隆重的接灵仪式。90万巴黎市民冒着严寒、迎着风雪，护送着灵柩经过凯旋门，安葬在巴黎荣军院的圆顶大堂。从此，拿破仑的遗愿得到了实现，他以一个老兵的身份安息在塞纳河畔，安息在他热爱的和热爱他的法国人民中间。

尽管遭受了惨重的失败，拿破仑在治理国家、焕发人民才智和运用战争艺术等方面，完全是超群绝伦，伟大之极。

拿破仑的伟大，不但在于他那些最出色的业绩具有永恒的重要性，而更在于他在始创以至完成所有这些业绩中投入了雄伟非凡的力量——这种力量，使得遍布他后半生征途上的那些巍然屹立的纪念碑，虽然饱受狂风暴雨的摧残，却还是宏奇壮丽；屈处奴役之下的民族不可能有这样的成就。人类毕竟不以最高的荣誉授予那些谨小慎微、知难而退、毫无建树传于后世的庸碌之辈，而是把它授予胸怀大志、敢作敢为、功勋卓著、甚至在自己和千百万人同遭大祸之际还主宰着千百万人之心的人。

拿破仑就是这样一个奇迹创造者。这个驾驭法国革命，改造了法国生活的人，这个给意大利、瑞士和德意志的新生活奠定了广泛而又深厚基础的人，这个最终把千万人的思想引向南大西洋那块孤独的岩石的人，必将永远屹立于人类历史上千古不朽者的最前列。

帝国雄鹰
二十六位元帅列传

AIGLES DE NAPOLÉON

文 / 卡佩

路易·亚历山大·贝尔蒂埃

　　路易·亚历山大·贝尔蒂埃，1753年11月20日生于凡尔赛，其父让－巴蒂斯特·贝尔蒂埃是一名工兵测绘部队中校。路易·亚历山大·贝尔蒂埃是家中长子，父母已经为他未来的发展规划了方向，他将继承父业。1766年，13岁的贝尔蒂埃加入了测绘部队，4年后在佛兰德（Flanders）军团担任中尉。1777年贝尔蒂埃被升为上尉，两年后转至第2猎骑兵团任参谋副官。1780年4月26日贝尔蒂埃加入苏瓦松步兵团，以罗尚博元帅参谋部编外人员的身份远赴美洲。1782年10月，他随军队离开巴尔的摩（Baltimore），次年6月抵达法国布雷斯特（Brest）港。

◎ 路易·亚历山大·贝尔蒂埃

接下来的几年中，贝尔蒂埃跟着屈斯蒂纳将军学习"普鲁士军队"的运作，而且他还致力于战术研究。1789年7月11日，贝尔蒂埃被升为中校，任指挥巴黎周边军队的贝桑瓦尔将军的参谋长。1792年5月22日，贝尔蒂埃被升为旅级将军并担任罗尚博北方军团参谋长。1792年9月20日他被解除军职，但被允许以志愿列兵的身份于西部军团效命。1793年5月11日，人民代表委派贝尔蒂埃出任比龙将军的参谋长。1795年雅各宾政权倒台，共和国军队重组，担任战争部长的卡诺想起了贝尔蒂埃。3月2日，贝尔蒂埃的旅级将军头衔得到恢复并担任意大利和阿尔卑斯军团参谋长。先后服务于克勒曼、谢雷的贝尔蒂埃也开始组建自己的参谋班子，待波拿巴接管意大利军团时，贝尔蒂埃已将其组建完成。他的参谋班子分四个部分，第一部分由他自己的军官组成，负责重要决策；第二部分负责物资补给；第三部分负责打探消息和侦察；第四部分负责营地及治安。1796年5月5日，洛迪战斗中贝尔蒂埃亲上战场，1797年1月14日里沃利（Rivoli）战斗中他亲自带领了骑兵冲锋。1797年战役结束后，贝尔蒂埃结识了米兰城的美女，维斯康蒂（Visconti）夫人，44岁的参谋长坠入爱河，但二人并未步入婚姻殿堂①。拿破仑离开意大利后，1797年12月9日贝尔蒂埃担任意大利军团司令，他占领了罗马，宣布罗马共和。1798年2月3日他

将军团交给了马塞纳。3月8日，贝尔蒂埃担任东方军团参谋长，启程远征埃及，而且幸运的与拿破仑一同返回法国。贝尔蒂埃没有参与雾月十八政变，但两天后他被任命为战争部长负责组建共和国军队。1800年的战役中，贝尔蒂埃证明了自己是出色的组织者和勇敢的战士，并在马伦哥战斗中负伤。

1804年5月19日，拿破仑宣布恢复元帅制，贝尔蒂埃名列封帅名单榜首。1805年8月29日他被封为讷沙泰尔和瓦朗然亲王。1808年3月9日，贝尔蒂埃被迫（拿破仑的安排）迎娶了玛丽·伊莎贝斯公主。1809年7月5日至6日，在瓦格拉姆战斗中，贝尔蒂埃为自己赢得了新头衔——瓦格拉姆亲王。1810年他在维也纳代表拿破仑正式向玛丽·露易丝提亲。1812年大军远征俄罗斯，最后以狼狈回国告终。贝尔蒂埃参与了帝国最后的抵抗，但在1814年4月与同僚一样，接受了拿破仑必须退位的事实，拒绝向军队传达皇帝的命令。波旁还朝，王室尽管对贝尔蒂埃没什么好感，但还是封他为贵族并授予圣路易勋章。拿破仑重返法国后，贝尔蒂埃拒绝了老上司的邀请而是随国王去了根特（Ghent），但他发现国王对他并不信任，于是收拾行囊去班贝格与家人会合。1815年6月1日，贝尔蒂埃在班贝格城堡三楼不慎坠楼，先后被窗台板，栅栏弹开，所以很可能在着地前就已经死亡。

---

① 贝尔蒂埃一生爱慕维斯康蒂夫人，但夫人已嫁做人妇，丈夫老迈，而且拿破仑不许二人离婚。

若阿基姆·缪拉

若阿基姆·缪拉 1767 年 3 月 25 日（一些传记上出生日期是 5 月 25 日）生于法国南部边境加斯科涅地区的拉·巴斯蒂村，即现在的缪拉·巴斯蒂村。他的父亲皮埃尔·缪拉在当地经营一家旅店，除此之外他还是大地主塔列朗家族（就是赫赫有名的外交部部长瘸子塔列朗）的代理人，在村子里属于上层人士。缪拉是家里最小的孩子，无法继承家业而且出身平民，从军又无门，于是家人决定让他当一名牧师。塔列朗家族赞助了他，缪拉在卡奥尔教堂学校学成后顺利升入图卢兹天主教神学院，但穿着修道士袍的生活并不是缪拉想要的。1787 年 2 月 23 日，不知什么原因他突然离开了神学院加入了途经图卢兹的香槟骑兵团。

缪拉很快便获得了晋升，两年多的时间已经成了军士长。1789 年法国大革命爆发，缪拉请了长假回到让·巴斯蒂的家里，帮助训练本土民兵。1792 年 2 月 8 日，缪拉成为宪兵队的一员，未来的帝国元帅贝西埃也在其中。3 月 4 日，宪兵队因缪拉点名缺席决定关他禁闭，但缪拉举报了宪兵队让他"加入反革命流亡部队"，宪兵队被迫解散。后来缪拉以坚定的爱国者身份回到了已更名为第 12 猎骑兵团的香槟骑兵团。10 月 15 日缪拉晋升为少尉，2 周后又被擢升为中尉。第二年当皮埃尔擢升缪拉为上尉。1793 年 5 月 1 日缪拉加入了朗德里厄的非正规骑兵，9 月被正式擢升为少校，此时这个非正规骑兵队伍已经更名为第 21 猎骑兵团。

◎ 若阿基姆·缪拉

1795 年 10 月 5 日（葡月 13 日）缪拉率领第 21 猎骑兵团将大炮运至杜伊勒，支援拿破仑镇压暴动。缪拉的这番行为获得了回报——他被升为上校。1799 年 3 月 10 日缪拉成为旅级将军，4 月 14 日的代戈战斗中，缪拉第一次带领骑兵作战。1797 年缪拉指挥巴拉格雷的龙骑兵旅参与了拿破仑的远征埃及大计。阿布基尔战斗中，缪拉英勇负伤，拿破仑在给督政府的信上建议擢升缪拉为师级将军。在远征埃及战役后期，法军损兵折将，拿破仑率一众亲信将领返回法国夺权，缪拉就在其中。1799 年 7 月 25 日缪拉被升为师级将军，10 月 19 日升迁得到正式批准。雾月政变中，缪拉带领军队冲进了议院，解救了要被宣布为叛徒的拿破仑。1800 年 1 月，他迎娶了拿破仑的妹妹卡罗琳·波拿巴。1800 年 4

月，缪拉告别妻子到第戎与预备骑兵会合。马伦哥战斗中，缪拉表现出色为自己赢得了荣耀之剑（Sword of Honor）。1801 年 8 月，拿破仑派缪拉指挥西沙尔平共和国的法军——之后的两年都在那个位置上。1804 年 1 月缪拉被召回巴黎，担任巴黎总督，指挥第一军区和国民卫队，这期间他与科兰古一起分担了处决昂吉安公爵的责任。1805 年 5 月 18 日，法兰西第一帝国成立，次日缪拉被封为元帅，他的名字名列第二位。1805 年战役，尽管缪拉在奥斯特利茨的壮丽冲锋世人皆知，但他在乌尔姆命令奈伊将全部兵力调到多瑙河南岸，给了奥地利人可乘之机，险些放跑被包围在乌尔姆的马克。不过夺取维也纳大桥一事，倒是可以看出缪拉的小聪明。1806 年，拿破仑将克利夫斯和贝格公国赏给了缪拉和卡罗琳。1806 年第四次反法同盟，耶拿战斗缪拉率骑兵给了敌人致命一击。1807 年 2 月 8 日艾劳战斗中，缪拉带领骑兵大冲锋，充分展现了他的勇敢和骑兵指挥天赋。提尔西特和约的签订让已经拥有荣誉军团勋章和铁冠十字勋章的缪拉还收获了俄普等国的勋章。1808 年 2 月缪拉被任命为西班牙军团司令，他做起了当国王的美梦。3 月 23 日缪拉率军进入马德里，5 月 2 日马德里爆发起义被军方残酷镇压。6 月 15 日缪拉因高烧不情愿的返回国内（也有说法是镇压起义做法残酷才被召回国内）。7 月 15 日，约瑟夫成为西班牙国王，缪拉被安排接替前者治理那不勒斯。尽管缪拉在自己的名字中加了"拿破仑"但他始终认为自己是拿破仑的盟友而不是附庸。1812 年 6

月 24 日，拿破仑大军渡过涅曼河开启了征俄之路，缪拉指挥大军团骑兵。12 月 5 日拿破仑在斯莫尔贡离开了大军返回法国，他任命缪拉指挥剩下的残部并将军队集合在维尔纳。

1813 年 1 月 10 日，普鲁士转投联军的消息传来，看上去拿破仑已时日无多，1 月 18 日缪拉离开了军队返回那不勒斯拯救自己的王冠。拿破仑对缪拉的离开大为光火，尽管对缪拉与联军进行协商一事心知肚明但他还是认为缪拉不可或缺。吕岑、包岑的胜利让缪拉感到欣喜并于 8 月份在德累斯顿加入了拿破仑。但莱比锡的战败让缪拉彻底离开了拿破仑，他向拿破仑请求离开组织新的军队继续战斗。自此之后二人再未见过。1814 年 1 月 11 日缪拉与奥地利签订了合约，决定支持联军。这样缪拉成了联军第 7 军团的指挥官开始与欧仁作战。但他 2 月份与欧仁开始有了信件来往，3 月 6 日二人打破心照不宣的局面开始交火。5 月 21 日缪拉回到那不勒斯，联军认为缪拉对局势发展丝毫没有贡献。而且维也纳会议上，联军方面都认为恢复旧制度下的意大利对欧洲和平至关重要。

1815 年 3 月拿破仑在法国登陆的消息传来，缪拉开始幻想自己也会像拿破仑一样一呼百应。3 月 15 日他向奥地利人宣战，17 日离开那不勒斯兵分两路向托斯卡纳和博洛尼亚开进。5 月 3 日托伦蒂纳的灾难使缪拉的后卫战惨败，18 日他回到了首都。19—20 日夜缪拉趁着夜色离开王宫前往法国寻求帮助。5 月 25 日他到达夏纳，缪拉写信给富歇询问皇帝是否愿意接纳他，被拿破仑一口回绝。滑铁卢战败后，缪拉对自己的处境十分担忧，他打算乘船离开法国，但他与朋友失散了，钱财已经散尽，卖出宝石又担心暴露身份的缪拉一直在乡间徘徊，最终不忍饥饿敲开了一户农舍的门乞求一顿吃的。幸运的是，农户主人是一位帝国时代的老兵，他帮助了缪拉。8月22—23日缪拉乘船向科西嘉驶去。奥地利人给他带去了"在奥地利的监管下在奥地利当一个伯爵"的建议，但是缪拉拒绝了。9月28—29日夜他乘船离开了科西嘉，但路上的天灾人祸让他屈服了，决定前往的里雅斯特接受奥地利的建议。当他们在皮佐更换船只时缪拉再次脑子一热，打算效仿拿破仑的壮举却被充满敌意的民众活捉。10月13日军事法庭正式成立，缪拉"战争罪"罪名成立被判处枪决。

邦－阿德里安·让诺·德·蒙塞

邦－阿德里安·让诺·德·蒙塞 1754年7月31日生于贝桑松附近杜省的帕利斯，他父亲弗兰西斯－安东·德·让诺是贝桑松最高法院的律师。1789年安东买下蒙塞附近的城堡后才在把姓改成了蒙塞。阿德里安·让诺 15岁时加入了佩里戈尔团，但他的父亲花钱让他离开了军队。1769年9月15日他又加入了香槟步兵团，因为不满足于没有获得委任，自己花钱退了伍。但是1774年4月8日他再次入伍，这次加入的是凡尔赛的宪兵队，1776年他因为开小差被开除。不过这并不代表他的军旅生涯已经结束，1779年8月16日他收到了委任，到拿骚－西根军的一个营任少尉，并于1791年4月1日被升为上尉。1793年3月法国对西班牙宣战，蒙塞在西比利牛斯军团作战。1793年6月26日因前期作战出色，蒙塞被升为上校，指挥第5轻步兵半旅。指挥新部下的蒙塞参加了阿尔迪德，圣让－德吕兹和昂代的战斗。由于表现出色，蒙塞 1794年2月23日被升为旅级将军，几个月之后又被擢升为师级将军。1794年8月9日，公民代表委派蒙塞接管西比利牛斯军团，8月17日他正式得到委任，他在这一职位直到1795年7月，这段时期可谓蒙塞的辉煌时期。巴塞尔条约签订后，西比利牛斯军团解散，1795年9月11日他被

◎ 邦－阿德里安·让诺·德·蒙塞

委任指挥布雷斯特海岸的军团，但他称病未能成行，转而于 1795 年 9 月 15 日接管指挥在贝永（Bayonne）的第十一师。1797 年果月政变后，蒙塞因与卡诺等人私交甚密而被免职，直到 1799 年 9 月 20 日他才重获任命。拿破仑的雾月政变蒙塞没有参与，但他倒是支持推翻督政府。1799 年 11 月 30 日他被委派指挥南特（Nantes）的第十二师，3 天后又被派往里昂接管第十九师。1800 年 3 月蒙塞转至莱茵军团，带领军队从瑞士进入意大利。

1801 年 12 月 3 日，拿破仑委任蒙塞为宪兵监察长，他在此职位一直待到 1807 年 12 月。1804 年 5 月 19 日蒙塞被授予法兰西元帅权杖，对蒙塞的任命其实是拿破仑的政治手段，意在告诉人们共和国的将领在帝国时期不会被亏待。1807 年 12 月 16 日，53 岁的蒙塞被派去指挥海岸观察军团并于 1808 年 1 月 9 日率军开进西班牙。1808 年 7 月蒙塞被封为科内利亚诺公爵，11 月与拉纳一同参加了图德拉之战，12 月又参加了萨拉戈萨围城，但因进展缓慢于次年 1 月 2 日被召回了法国。1809 年 9 月蒙塞被派去指挥比利时的军队。1812 年他拒绝参加入侵俄罗斯的战役，而是在国内担任国民卫队监察长。法兰西战役期间，蒙塞负责指挥国民卫队，直到 1813 年 3 月巴黎成为战场他才有所作为，他在克利希街垒进行了顽强抵抗。巴黎陷落后，蒙塞撤向枫丹白露，在那他与奈伊、勒菲弗一起劝说拿破仑退位。路易十八复辟，蒙塞依旧是法国贵族，1814 年 6 月 4 日国王任命蒙塞为王家宪兵监察长。拿破仑重返法国，他在这件事上

保持了中立。百日期间，由于年事已高没有参加帝国最后的战役。波旁还朝，蒙塞被任命主持军事法庭，审判奈伊元帅，但是他拒绝了，也因此于 1815 年 8 月 29 日被国王解职。

1816 年，蒙塞重获任命，3 年后再度成为法国贵族，1823 年他参加了对西班牙的短暂战役，这是老元帅最后的征战。1833 年 12 月 17 日，路易·菲利普任命蒙塞为荣军院院长，1840 年 12 月 15 日拿破仑遗体回国，蒙塞有幸在港口迎接了他。1842 年 4 月 20 日蒙塞于荣军院辞世，按照他的遗愿他的骨灰被安放在皇帝棺椁旁的回廊内。

让-巴蒂斯特·茹尔当

让-巴蒂斯特·茹尔当 1762 年 4 月 29 日生于利摩日（Limoges），父亲是一名外科医生。1778 年不满 16 岁的茹尔当加入了法兰西王家军队，在欧塞鲁瓦团效命，参加了美国独立战争，之后又转战西印度作战，1782 年因病返回法国。1784 年茹尔当从军队离职，在家乡经营一家服饰铺子，1788 年他娶了一位裁缝为妻。

1789 年大革命爆发，茹尔当被选为当地轻步兵连上尉，之后又被选为营长。1792 年 11 月，茹尔当带领他的营参加了热马普之战和 1793 年 3 月的纽维德之战。1793 年 5 月 27 日茹尔当因在战场上表现出色被升为旅级将军，2 个月后又被升为师级将军。9 月 8 日他带领部下参加了翁斯科特战斗，胸部受伤。9 月 22 日他被任命为北方军团司令，前往莫伯日解围。10

月 15 日—16 日茹尔当成功解了要塞之围。1794 年 1 月 10 日茹尔当因拒绝冬季行军而被解职，1 月 27 日他回到家中继续经营服装生意。但不到一个月后，茹尔当收到了指挥摩泽尔军团的命令。6 月 12 日茹尔当前去封锁沙勒罗瓦，6 月 25 日该城投降。26 日弗勒吕斯战斗，联军向法军两翼发起进攻，茹尔当顽强作战。1796 年莱茵战役期间，茹尔当的桑布尔 - 默兹军团向巴伐利亚推进，在他右侧是中路的多瑙军团。战役开局顺利，他与莫罗成功将卡尔大公驱逐至边境，但奥地利进行了反击，8 月他在安贝格被打败，之后在 9 月 3 日维尔茨堡战斗中又失败了。期间茹尔当饱受伤病困扰，9 月底他辞去了指挥一职。但仅仅几周后，他又被任命为北方军团指挥，后任 500 人议院主席，1797 年 9 月 5 日他出台了一套征兵法令，"茹尔当法令"。1799 年战争重开，茹尔当指挥莱茵军团，3 月底在奥斯特拉赫和斯托卡赫再次被卡尔击溃。法军撤至斯特拉斯堡，茹尔当由于健康问题辞职将指挥权交给了马塞纳。

雾月政变时期，茹尔当拒绝了拿破仑拉帮结伙的请求，1800 年 1 月 21 日在国内担任骑兵和步兵监察长，之后被派往西沙平共和国任大使。1804 年 1 月茹尔当接替缪拉指挥意大利军团，5 月 19 日尚在意大利的茹尔当得到了元帅封号。1805 年 2 月 2 日被授予荣誉军团大鹰勋章。1805 年战役期间，因为健康问题，茹尔当一直在意大利。1806 年他又被派至那不勒斯任总督，在此期间他与约瑟夫国王交好。1808 年茹尔当跟随约瑟夫前往西班牙任参谋长，但

因塔拉韦拉战斗失败被苏尔特取代。1811 年 9 月茹尔当恢复原职，1812 年 7 月萨拉曼卡战败，他和约瑟夫撤离了马德里。1813 年 6 月维多利亚战后，茹尔当返回法国，接下来一年中他没有参与战斗。

1814 年拿破仑退位，茹尔当与其他元帅一样效忠了波旁，6 月 2 日被授予圣路易骑士勋章，1815 年 3 月 26 日他宣布退休。拿破仑返回法国，茹尔当被任命为贝桑松总督指挥第六军区。滑铁卢拿破仑战败，茹尔当参与了军事法庭对奈伊的审判，投票认为法庭无权审理。1816 年茹尔当担任格勒诺布尔总督，1819 年 3 月 5 日他被封为法国贵族。1830 年茹尔当宣布支持革命，8 月担任外事部长，8 月 11 日担任荣军院院长。1833 年 11 月 23 日茹尔当于巴黎辞世。

◎ 让-巴蒂斯特·茹尔当

安德烈·马塞纳

安德烈·马塞纳 1758 年 5 月 6 日生于尼斯，是家中三子。父亲朱利奥 – 凯撒·马塞纳是个生意人，祖上世代在尼斯附近的村子种地。在安德烈 6 岁那年父亲去世，母亲将孩子们托付给了亲戚便改了嫁。成为"孤儿"的安德烈被祖母抚养，之后去了叔叔的肥皂厂做工，13 岁那年他爬上了商船做起了水手，还出过几次海。1775 年 8 月 18 日，马塞纳加入了王家意大利步兵团。马塞纳在军营的生活如鱼得水，不到两年便被擢升为中士，26 岁的他已经是军士长了。但由于出身寒微，马塞纳看到自己前途惨淡，1789 年 8 月他结束了 14 年的军队生活退伍回家。同年 8 月 10 日，马塞纳迎娶了驻地昂蒂布外科医生的独女——玛丽·罗莎莉为妻。

大革命的爆发让出身不再是升迁的障碍，1792 年 2 月 1 日马塞纳被推选为中校营长。1793 年 8 月 22 日因在阿尔卑斯滨海山区作战有功被提升为旅级将军。12 月马塞纳前往土伦支援围城，围城的主指挥正是拿破仑·波拿巴（当时为少校）。12 月 18 日土伦光复，马塞纳被擢升为师级将军。1794 年马塞纳指挥意大利军团右翼，9 月因健康问题回乡休养。第二年马塞纳回到军中参加了阿尔科拉战斗并亲自带领冲锋，而且里沃利的胜利多亏了马塞纳及时赶到。4 月 23 日他奉上司之命前往巴黎

交送最近的战况。在巴黎这段日子，他被提名为督政官候选，但得票数在九人中排行第六[1]。6 月底，马塞纳离开巴黎前往昂蒂布与妻儿小聚几日后返回部队向拿破仑述职。当年的战斗以坎波福米奥和约结束，马塞纳回到昂蒂布与家人团聚。

1798 年 12 月 29 日，奥地利加入第二次反法联盟，次年 3 月 1 日正式对法宣战。督政府早在 12 月 10 日就任命马塞纳为新组建的瑞士军团司令，这是他第一次独立指挥军团。4 月 5 日督政府合并了茹尔当与贝纳多特的军团组成多瑙军团，交付马塞纳指挥，于是马塞纳便担起了守卫法国东部边境的重任。5 月 26 日马塞纳将左翼撤过了利马勒河。6 月 4 日卡尔大公进攻苏黎世山，霍策受伤，马塞纳的参谋长凯

◎ 安德烈·马塞纳

---

[1] 最后一名是奥热罗。

林阵亡。次日法军放弃苏黎世山撤向苏黎世西南的另一座山头。8月中旬，科尔萨科夫的俄军赶来增援，从意大利向瑞士推进的苏沃夫计划将于苏黎世湖两端向法军发起进攻。马塞纳从间谍口中得知了该计划，于是决定先发制人。经过两天的惨烈战斗，奥地利人放弃了林特河一线的阵地，苏黎世之战对法国人来说可谓是大捷。11月22日，拿破仑派马塞纳指挥意大利军团，他用了3个月时间整顿了军团因贫病造成的混乱。1799年2月10日，马塞纳将司令部设在了热那亚。4月—6月间热那亚完全陷入围困，马塞纳死守城池拖住了联军兵力，为拿破仑的马伦哥大捷做了重要贡献。1801年2月9日吕内维尔和约签订，一年之后亚眠和约签订，马塞纳终于可以赋闲一阵了。1802年8月波拿巴当选终身执政，马塞纳是为数不多的投了反对票的人之一。1803年5月16日，英国再次对法宣战，法军大部分前往布伦，驻扎在海峡沿岸，入侵英格兰的计划重启，但是无论是沿岸大营还是本土卫戍都没有马塞纳的份儿。1804年5月18日，法兰西第一帝国成立，波拿巴执政摇身变成了拿破仑皇帝，次日他恢复了元帅头衔，这一次马塞纳没有被遗忘：他出现了第一批受封名单上，名列第五。

8月9日，奥地利加入第三次反法同盟，两周后马塞纳奉命担任意大利军团指挥。9月6日他抵达米兰与茹尔当交接了军队。不久之后拿破仑将马塞纳的意大利军团改编为第八军听命于约瑟夫·波拿巴。12月15日马塞纳请辞将指挥权交给雷尼耶后回

到了那不勒斯。1807年艾劳会战后的第三周，马塞纳被叫到奥斯特罗德接替病倒的拉纳元帅指挥第五军。弗里德兰战斗中，马塞纳只是处于次要地位。1807年7月9日提尔西特和约签订，结束了战争。1808年3月马塞纳受封里沃利公爵。同年9月马塞纳在枫丹白露拿破仑组织的射击聚会上因枪走火伤了左眼，视力永久性损伤。这一事故的罪魁很可能是拿破仑，但贝尔蒂埃忠诚的接下了罪责。

1809年战端再起，3月17日马塞纳在斯特拉斯堡接管了第四军的指挥。7月6日法军逐回奥地利警戒屏障，马塞纳位于左侧防御区，瓦格拉姆战斗便在这般背景下展开。战斗中马塞纳虽然前一天坠马受伤，但仍乘坐马车在前线指挥战斗。10月14日法奥签订合约，同天马塞纳受封埃斯林亲王。战争结束，51岁的元帅需要休息。

1810年4月17日马塞纳重返战场，他被派去指挥葡萄牙军团。5月10日他接管了指挥，率部拿下了罗德里戈要塞，但后来的布萨科之战就没那么幸运了，无论马塞纳怎么努力都改变不了布萨科之战法军被狠狠教训的事实。布萨科之后，奈伊被勒令回国，马尔蒙前来接管了第六军。1811年5月3日，马塞纳进攻丰特斯德奥尼奥罗村，但战斗以法军损失惨重收尾。不久之后他收到了拿破仑命他返回巴黎的信。到了巴黎，拿破仑以"埃斯林亲王，你不再是马塞纳"招呼了他。

1813年4月14日马塞纳被派往土伦任第8军区司令。波旁还朝，大部分元帅仍忠于职守。1813年3月1日拿破仑在茹

安港登陆，马塞纳难掩对重投拿破仑麾下的厌恶，以健康问题为由将指挥交给了布吕内。滑铁卢拿破仑战败，波旁再度还朝，老元帅被迫出席军事法庭审理旧同僚米歇尔·奈伊——这是老元帅最后一次出席公众活动。两年后，1817 年 4 月 4 日马塞纳在巴黎辞世。

皮埃尔·弗朗西斯·夏尔·奥热罗

　　奥热罗 1757 年 10 月 21 日生于巴黎圣玛索郊区。关于他的父亲，最常见的说法是一个佣人，但他自己对副官马尔博说"父亲是一个水果商人，生意小有成就"，他的母亲是慕尼黑人，她教会了奥热罗德语。1774 年 17 岁的奥热罗加入了克莱尔（Clare）步兵团，但一年后他就离开了，不多久又加入了一支龙骑兵。1777 年奥热罗失手杀死了一名军官，辗转到瑞士避难，在那儿他认识了一个钟表商人，跟着他的商船出海贸易。商队经过巴尔干进入南部俄罗斯，奥热罗加入了俄军。从俄军开了小差的奥热罗又转到普鲁士军中服役，但是法国人在普鲁士似乎升迁无望，于是奥热罗再次选择了离开。离开军队的奥热罗来到了德累斯顿，靠教授剑术和舞蹈糊口。1784 年奥热罗回到巴黎加入王家布戈涅（Bourgogne）团，第二年被调去了大亲王卡宾枪团，1786 年奥热罗随去了那不勒斯，但没多久他又开了小差。1786—1787 年奥热罗一直留在那不勒斯，他认识了当地一个富有商人之女——加布丽埃

勒·格拉赫，他们的婚事遭到了后者父亲的反对，二人决定私奔。夫妻二人在里斯本一直生活到 1790 年，法国大革命的消息传来，奥热罗跟随一艘法国商船离开了葡萄牙。1792 年 9 月奥热罗加入志愿骑兵队，但这段经历没有官方佐证。奥热罗早年的经历也几乎无迹可寻，以上都是他在 1793 年升为师级将军时自己的说辞。

　　1793 年 4 月，奥热罗随部前往旺代镇压叛乱，但因连队叛变，奥热罗成了俘虏，一同被俘的还有玛索将军。之后被释放的奥热罗在第 11 骠骑团短暂服役后，到图卢兹帮助老马尔博将军操练军队。奥热罗被升为旅级将军的具体时间不详，1793 年 12 月 23 日他被擢升为师级将军，继而转入东比利牛斯军团。1794 年 4 月 29

日—5月1日，奥热罗随军团参加了布卢之战，军队向西班牙挺进时奥热罗守卫右翼。1795年7月，巴塞尔和约结束了比利牛斯战役，军团被派去增援意大利军团。1795年11月23日，奥热罗参加了洛阿诺战斗，战斗中他与马塞纳并肩作战。1796年3月26日，拿破仑接管意大利军团，8月5日卡斯蒂廖内（Castiglione）战斗中奥热罗贡献显著。9月他因健康问题请假离开军队，不过他及时返回参加了阿尔科拉和里沃利战斗，拿破仑占领曼图亚后派奥热罗到巴黎向当局呈递60面被缴军旗。雾月政变后，奥热罗被派去指挥德意志军团。1789年军团解散，奥热罗到法—西边境的佩皮尼昂指挥军队。

1799年雾月政变，奥热罗参与不多，之后负责指挥在荷兰的军队。1803年英国对法宣战，奥热罗被派去指挥一支法—西联军入侵葡萄牙，1804年5月19日他被封为法国元帅。1805年8月30日，奥热罗被任命为第七军长。乌尔姆－奥斯特利茨战役期间，第七军在后方保卫着大军的联络线，结果没能在他妻子去世时守在她身边。1806年10月14日耶拿战斗中，奥热罗在左翼对抗普鲁士的萨克森军队。1807年2月8日的艾劳战斗，奥热罗尽管在发烧，但他还是与士兵一起向前推进。拿破仑在战斗结束后安排奥热罗回巴黎养病，1808年3月19日他被封为卡斯蒂廖内公爵。奥热罗直到1809年才重新回到军队，指挥赢弱的第八军。这期间他与年仅19岁的阿德莱德·约瑟芬·布隆·德·沙弗热结婚，3个月后奥热罗被派去指挥加

泰罗尼亚军团。1812年拿破仑远征俄国期间，奥热罗在北德意志训练新兵。1813年3月奥热罗负责保护拿破仑大军从莱茵至德累斯顿一线的联络线路。10月初，拿破仑命他到莱比锡会合。莱比锡民族会战中，奥热罗在法军右翼顽强抵抗，最后带着秩序撤退。鉴于以上表现，1814年拿破仑派他指挥在里昂附近的罗纳河军团。联军势如破竹，奥热罗撤向瓦朗斯，在该地他得知了拿破仑退位。奥热罗立刻发布公告诋毁了老上司并表示迫切想为国王效力。波旁还朝，路易保住了他的元帅和贵族头衔。拿破仑返回法国，奥热罗想过转换立场，但拿破仑将奥热罗的名字从元帅名单剔除了。滑铁卢后，路易十八解雇了奥热罗（部分原因是在对奈伊的审判上没有作为）。1816年6月12日，奥热罗在自己的城堡中辞世，无嗣。

让·巴蒂斯特·贝纳多特

让·巴蒂斯特·贝纳多特1763年1月26日生于波城。父亲亨利·贝纳多特是一名律师，让·巴蒂斯特是家中最小的孩子。1780年3月亨利去世，17岁的贝纳多特决定参军并加入了王家海军陆战（隶属于陆军）团，之后的9年都在守要塞。1785年7月10日他被升为下士，当月月底又被升为中士。1788年贝纳多特被升为军士长，由于他身材匀称、高挑，军营中都叫他"美腿军士"。1789年5月贝纳多特随团前往马赛增援守军。1790年2月，贝纳多特被升为团级军士长。1年前，法国大革命爆发，

全法陷入前所未有的混乱，但新思想新机遇层出不穷，就连军队也掀起了改革的浪潮。1791 年 11 月，贝纳多特被升为中尉，次年 5 月被派往第 36 步兵团。1793 年 5 月底，贝纳多特参加了从军以来的第一场大规模战斗——吕尔茨海姆之战。1794 年对贝纳多特来说可谓如梦似幻，先是被升为上尉，2 月 13 日被擢升为少校，2 个月后被升为上校负责指挥第 71 半旅。弗勒吕斯战斗中，他对奥军发起的出色进攻因此被升为旅级将军以示嘉奖。10 月 22 日，年仅 31 岁的贝纳多特擢升为师级将军。1795 年战役中，贝纳多特在桑布尔 – 默兹军团指挥一个师参加了莱茵流域的战斗。1796 年 6 月，法军被驱逐出莱茵，7 月 2 日重整旗鼓后贝纳多特于 8 月 10 日占领纽伦堡。法军向莱茵撤军时，贝纳多特担任着后方保卫，此役中贝纳多特获得了"当代色诺芬"的美誉。1797 年，贝纳多特师翻过阿尔卑斯山脉支援拿破仑的意大利军团。8 月贝纳多特奉波拿巴之命到巴黎向督政官呈递缴获的奥地利军旗。1798 年年初，他被任命为驻维也纳大使。奥地利暴民袭击了法国大使馆，贝纳多特在交涉未果后于 1794 年 4 月 15 日离开维也纳。同年 8 月，等待任命的贝纳多特迎娶了欧仁妮·德西蕾·克拉里。1799 年 7 月，他在约瑟夫和吕西安的支持下成为战争部长，但他在任时间并不长，9 月便辞职回到军中。当时恰逢拿破仑从埃及返回法国，一丝不苟的贝纳多特怀疑这事儿背后有阴谋，他打算在边检时逮捕拿破仑，但没有成功。雾月政变前夜，贝纳多特拒绝了拿破仑的拉拢，他表示"如果政府没有命令，他便不会行动。"

拿破仑在政坛地位逐渐稳固，1800 年 1 月贝纳多特被任命为国务委员会成员（Council of State）。之后他又被派去指挥西部军团，以防英舰队在法国沿岸登陆，但在 6 月被证实不过是保王党们作乱。1802 年 3 月亚眠和约签署，西部军团宣告解散。拿破仑打算把贝纳多特派到美洲，但似乎对英国开战又近在眼前，他擅自返回了巴黎宣称自己的剑更应该保家卫国。1804 年 5 月拿破仑接见了他，此时的拿破仑正打算让共和国变成自己的帝国。贝纳多特聪明的意识到共和国时代的完结，他

◎ 让·巴蒂斯特·贝纳多特

表了一番忠心，于是十天后他的名字出现在了法兰西帝国元帅名单上，名列第七。

1805贝纳多特的军队番号改为第一军，在奥斯特利茨战斗中他们与苏尔特军发挥了重要作用。1806年同年6月被封为蓬塔科沃亲王。10月14日耶拿－奥尔施塔特会战，贝纳多特未能及时参加战斗[1]。1807年1月，他在东普鲁士与俄军作战。贝尔蒂埃派去通知他行动的传令兵被抓获，导致贝纳多特错过了艾劳会战。6月贝纳多特在战斗中伤了脖子，德西蕾亲赴普鲁士照顾。1809年春季战役伊始，拿破仑命贝纳多特指挥多为萨克森人的第九军。1809年7月5日，瓦格拉姆战斗，贝纳多特的萨克森军队接连两天被驱逐出阵地，甚至还牵连了侧翼。7月8日他交出军队指挥权，返回了巴黎。

1809年瑞典政变，国王古斯塔夫四世被流放，新国王卡尔十三世登基，但他收养的继承人1810年6月突然离世。瑞典爱国分子建议选出一位来自拿破仑家族或其军队的人来担任国王。贝纳多特均符合条件，拿破仑也急于摆脱这位加斯科涅阴谋者，犹豫了一阵子后便应允了。其实贝纳多特不是瑞典人最中意的人选，但只有他愿意改变信仰。1810年8月21日，贝纳多特正式成为瑞典王储，10月20日王储大人来到他的国家，改名为卡尔·约翰，此后他与拿破仑再未见面。1811年1月，拿破仑占领波美拉尼亚，这让卡尔·约翰十分愤怒。

1812年4月瑞典与俄国结盟，6月拿破仑率大军远征俄罗斯，7月卡尔·约翰与亚历山大在芬兰会晤。1813年3月瑞典与英国签订条约，瑞典方面提供3万人出兵北德意志。卡尔·约翰写信给拿破仑说他无意与法国为敌，但却要为瑞典而战，占领波美拉尼亚一事无疑促成了二人的决裂。1813年5月联军在大格尔申被法军击溃，沙皇方面敦促卡尔·约翰放弃对丹麦的企图尽快作战，因为联军方面也打算拉拢丹麦。感觉受到欺骗的卡尔·约翰声称要带军队回国，但丹麦投靠拿破仑麾下的消息让他回心转意，7月他面见了沙皇与普王，为他们提供了建议——应该以消耗拿破仑为目的。1813年秋季战役就是以此为目标进行的，普鲁士在登讷维茨取得胜利，但卡尔·约翰的迟缓给队友带来不小的麻烦[2]，联军开始怀疑他的诚意。莱比锡战后，卡尔·约翰北进解决达武和丹麦人。1814年1月14日，瑞典王储与丹麦签订条约，占领了挪威。当他身处列日（Liege）时听闻了拿破仑退位，卡尔·约翰来到巴黎，发现自己幻想着在俄国的帮助下坐上法国王位的希望落空，于是在巴黎待了2周陪妻子（德西蕾一直在巴黎待到1823年）。波旁复辟，他们将他视作带着王冠的雅各宾，双方态度不太友好。百日王朝期间，卡尔·约翰未加入联军，他说他已经履行了作为盟友的责任。

1818年2月7日（一说2月5日）卡

---

① 主要是因为道路难走。
② 虽然是他的出现才让奈伊退兵。

尔十三世驾崩，卡尔·约翰成了瑞典和挪威的国王，他审慎又实干，瑞典在他的治理下十分繁荣。1840 年当他得知拿破仑的遗体回国时，说"我曾经是法国元帅，但现在我只是瑞典国王。"1844 年 3 月 8 日，瑞典国王卡尔十四世，让·巴蒂斯特·贝纳多特因中风离世。

纪尧姆·马里·阿内·布吕内

纪尧姆·马里·阿内·布吕内 1763 年 3 月 13 日生于科雷兹的布里卡拉盖亚尔德。父亲是一名律师，少年时期布吕内在当地学习，之后家人送他到巴黎学习法律。由于沉溺于饮酒和赌博，布吕内很快陷入债务，为了生计他在一家出版社从事抄写工作。积累了一些写作经验的布吕内自己办了一家点评小报。法国大革命爆发后，布吕内第一时间拥护革命，他关闭了小报馆，加入了新组建的国民卫队。由于身材高挑又英姿飒爽，他很快成了上尉，除此之外他还是科尔德利俱乐部的创始人之一，与丹东、马拉等人交好。1792 年丹东掌权，布吕内被任命为志愿兵营副官，没几天被升为上校。1793 年春，布吕内以迪穆里埃副官的身份参加了比利时战役，并在内尔温登失利后重整了军队。同年年初，卡昂暴乱，他被派去担任镇压部队前锋指挥的参谋长，不到一个月布吕内收到了旅级将军的委任。返回北方军团的布吕内又到波尔图镇压吉伦特的叛乱，回到巴黎后他在军事委员会任职，一直到 1794 年。丹东垮台后，布吕内倚靠巴拉斯得以在罗伯斯庇

◎ 纪尧姆·马里·阿内·布吕内

尔的恐怖政权下保住小命儿。热月政变，罗伯斯庇尔上了断头台，巴拉斯当权，布吕内的才能得到了重用。1795 年，他参与了葡月在巴黎对暴民的镇压，一同的还有拿破仑·波拿巴。之后南部再陷混乱，而且呈扩大趋势，布吕内跟随弗雷罗前往马赛和阿维尼翁"调解"。1796 年 10 月，布吕内转到意大利军团，在马塞纳师效力。此期间他因出色表现获得了上级和军团司令的赞许，4 月 17 日开始指挥一个师，11 月 7 日布吕内正式获得师级将军的任命。1798 年 1 月布吕内被派去瑞士为共和国"巩固邦交"，3 月 4 日他的军队开进伯尔尼，将共和国制度强加于瑞士联邦。不久之后，布吕内接管意大利军团，这期间他插手并干涉名义上独立的西沙尔平共和国内政。1798 年 10 月，布吕内回到巴黎，巴拉斯派他指挥在荷兰的法国军队，使荷兰并入

共和国版图。雾月政变期间，布吕内在旺代指挥预备军。1800年，他接替马塞纳指挥意大利军团，但因为失误险些给军队造成灾难，于是拿破仑在停战后把他替换了下来。回到巴黎后，布吕内没多久便被派到奥斯曼任外交大使。

1804年5月拿破仑称帝，奥斯曼拒绝承认法兰西帝国，布吕内返回法国。抵达巴黎的布吕内收到了元帅权杖和荣誉军团大鹰勋章。1805年，在众多元帅跟随皇帝外出作战时，布吕内管理着布伦大营。1806年他被任命为汉萨城总督，1807年奉命攻打斯特拉松德，拿破仑得知布吕内条约上用的"法国军队"而非"陛下的军队"时怒不可遏，加上布吕内坚定的共和理念让拿破仑免了他的职。退休后的布吕内一直待在圣－茹斯特。1814年拿破仑退位，路易十八授予他圣路易骑士勋章。即便如此，在1815年3月得知拿破仑重返法兰西后，布吕内还是投奔了曾经的老上司。作为回报，拿破仑封布吕内为贵族并委派其掌管土伦。滑铁卢战败，拿破仑再次退位，布吕内拒绝向波旁效忠。7月，他交接了军队，打算前往巴黎。8月2日，布吕内途经阿维尼翁打算换马，被一群人错认成参与阿维尼翁屠杀的人。尽管当地官员试图营救，但布吕内还是被暴民杀害，愤怒的暴徒将他的尸体毁坏并扔进了罗讷河。两天两夜后，尸体撞到下游的桥墩才浮起，一位园丁把他安葬在了沙特尔男爵的领地，匿名人士在墓碑上写了"布吕内元帅之墓，1815年8月2日"。1817年12月5日男爵发现了坟头，把尸体送到了元帅在圣－茹斯特的官邸，但是元帅夫人拒绝将遗体下葬，除非得到公正的判决。四年后，当年暴乱的带头人和参与者在缺席的情况下被判死刑，元帅的亡魂终得告慰。1829年1月13日，布吕内的尸体在圣－茹斯特正式下葬。

让－德·迪厄·苏尔特

让－德·迪厄·苏尔特1769年3月29日生于塔恩省的圣－阿芒－巴斯蒂（现改名为圣－阿芒－苏尔特）。苏尔特家族原姓苏尔（Soul），路易十四废除楠特棘令，家族改信新教后姓氏也变成了苏尔特。让－德·迪厄的父亲让·苏尔特是当地的一个贫困公证员，母亲倒是个贵族但也沦为贫苦。二人1765年结婚，4年后他们的长子也就是让－德·迪厄出生了。但在让－德·迪厄十岁那年他的父亲便去世了，母亲打算让他继承父业，但迪厄先后两次逃离公证员学徒生活。1785年2月他第二次逃回家后，去了附近的拉·朗贝格堡志愿参军，并用好处费帮母亲还了债务。之后的两年他在圣－让·丹热利步兵团服役。当时的军官都被贵族垄断，自感升迁无望的苏尔特打算回乡开个面包店。

1792年奥地利与普鲁士入侵法国，国家急需士兵为国效命，国民议会下令各地政府招募志愿兵。苏尔特的机会来了，他被选为莱茵国民卫队第1营教官，擢升掷弹营少尉，几个月之后又被选为"代理中校"成为第1营的真正指挥。1793年3月29日卢博费尔斯海姆战斗是苏尔特第一次参与大规模作战。9月13—14日，博登塔尔

◎ 让-德·迪厄·苏尔特

战斗，苏尔特指挥了两个营。10 月 18 日的萨韦尔讷（Saverne）之战中，他失去了一个表亲和兄弟，但他也见证了战斗的胜利。1794 年 1 月，摩泽尔军团重组，苏尔特被派至前锋担任勒菲弗的参谋长，但不久后这个师被西派加入了桑布尔 – 默兹军团。1794 年 7 月 6 日，弗勒吕斯战斗后，苏尔特转战滑铁卢附近，参加了圣让山战斗。10 月苏尔特擢升旅级将军，1796 年 1 月，苏尔特驻扎在贝格公爵领地的索林根（Solingen），4 月迎娶了当地前任市长的女儿——露易丝·贝格，这个女人在苏尔特后期的政治生涯中给予了他莫大的帮助。1797 年苏尔特供职于奥什麾下，次年前往英格兰军团指挥一个旅，但拿破仑打算入侵埃及，英格兰军团最终散伙，苏尔特回到了德意志。

1799 年第二次反法同盟成立，苏尔特赴南德意志指挥前卫。斯托卡赫战斗中，苏尔特第一次指挥大规模兵力，虽然战斗以茹尔当撤退而终，但苏尔特的表现无从指责。军团后撤，苏尔特临时被指派指挥一个师掩护。1799 年 4 月苏尔特在马塞纳的瑞士军团任师长。6 月第一次苏黎世战役，法军损失惨重。第二次苏黎世战役从 9 月打到 10 月，苏尔特横渡林特河的战斗影响巨大。1800 年苏尔特拒绝莫罗的好意，听从马塞纳的安排加入了意大利军团，他于 2 月到达热那亚。没多久热那亚便陷入重围，苏尔特在 5 月 11 日的一次突围中伤重被俘。他被送到亚历山德里亚养伤，他的亲信和妻子被允许前来陪同照料。马伦哥战斗胜利后，苏尔特在皮埃蒙特担任军事总督。1803 年 8 月苏尔特被任命为布伦大营总司令。1804 年 5 月 18 日年法兰西第一帝国成立，次日苏尔特被封为法国元帅。

1805 年下半年，准备入侵英国的军团从沿岸大营迅速调动至欧洲中部，苏尔特指挥第四军。奥斯特利茨战斗，第四军被赋予重任——中路进攻普拉岑高地。战后，拿破仑称赞他为"欧洲第一战术家"，不过这显然是拿破仑处于狂喜之中的反应。10 月 14 日耶拿战斗，苏尔特的主要战场在洛布塔特村。战役结束，1808 年 9 月苏尔特获得了达尔马提亚公爵的封号。

1808 年 11 月，苏尔特接替了贝西埃指挥第二军。半岛战役初期，苏尔特在拿破仑麾下作战。拿破仑离开半岛后，苏尔特被任命为总司令。科伦纳战斗由于奈伊拒绝配合，使苏尔特全歼敌人的计划破灭。战后，苏尔特奉命转战葡萄牙。1809 年 3 月 29 日，苏尔特占领波尔图，但 5 月 12 日就被从背后迂回的亚瑟·维尔斯利（日后的威灵顿公爵）赶了出去。奈伊在加利西亚接收了苏尔特的残部，二人因之后的行动爆发了争吵，几乎决斗。第六军的士兵开始戏称苏尔特为"尼古拉国王"。最后苏尔特将军队带到了萨莫拉，6 月 21 日奈伊也不得不撤出加利西亚。1810 年 2 月苏尔特占领了安达卢西亚省，3 月 1 日又拿下了巴达霍斯，5 月 16 日爆发阿尔布埃拉会战，法军战后退守安达卢西亚，彻底失去了进军葡萄牙的机会。1812 年 7 月 22 日，马尔蒙于萨拉曼卡战败，苏尔特退守巴伦西亚。1813 年苏尔特被调到莱茵流域参加了吕岑和包岑战斗，之后又被派回了半岛，拿破仑命苏尔特收拾残局，但后者已经回天无力。1814 年 3 月 17 日威灵顿攻下波尔图后苏尔特撤向图卢兹，4 月 10 日英军进攻但没有取得成功。2 天后拿破仑退位的消息传来，双方停战。

波旁还朝，1814 年 12 月苏尔特就任战争部长。百日王朝，拿破仑任命苏尔特为北方军团参谋长。滑铁卢战败，苏尔特在回老家避难前仍在拉昂积极组织兵力。回到家乡的苏尔特险些被处以私刑，他便逃到了妻子的母国——德意志。1818—1819 年政局缓和，他才被允许返回。1820 年恢复元帅头衔，先后两次出任陆军部长、内阁总理，1839 年担任外交部部长。1840 年他见证了拿破仑遗体回国。1847 年 9 月 15 日苏尔特被封为"陆军大元帅"——法国历史上仅有 4 人获此殊荣。1851 年 11 月 26 日苏尔特病逝于自己的庄园苏尔特堡。

让·拉纳

让·拉纳 1769 年 4 月 10 日生于热尔省莱克图尔镇，其父是小商人。因为家境贫寒，拉纳没有上过学。长成少年后，他去一位染布匠那儿当学徒。1789 年法国大革命爆发，改变了拉纳等很多平民的命运。1792 年 5 月，热尔省政府组建志愿军，拉纳应征入伍。他被编入东比利牛斯军团，参与 1793 至 1795 年的比利牛斯山战役。拉纳先是当选掷弹兵少尉，后来因屡立战功逐渐升为上校。在此期间，他加入家乡的雅各宾俱乐部，同商人（或银行家）之女让娜·约瑟芙·芭尔贝相恋并结婚。1795 年 10 月，拉纳转到意大利军团。1796 年初，意大利军团合并半旅，拉纳于是成了候补军官。4 月 13 日至 14 日的代戈之战中，拉纳表现突出，被拿破仑恢复了军职，并且二人成为挚交。5 月 10 日的洛迪之战中，他是带头

◎ 让·拉纳

冲锋的军官之一。5月26日，拉纳被擢升为旅级将军。8月3日，第二次洛纳托之战爆发，拉纳被俘，承诺不再对奥作战后获释，但他很快违背了誓言。9月17日的阿尔科拉之战中，拉纳冲锋时中弹昏迷，被抬去野战医院，但他被枪炮声惊醒，立刻赶往战场，直到再度中弹昏迷。后来，拿破仑将督政府颁给他的阿尔科拉之战纪念军旗转赠给拉纳。1797年2月22日，拉纳与维克托进入罗马。

1798年1月，拉纳陪同拿破仑视察了法国海岸线。1797年拉纳跟随波拿巴远征埃及而且他是少数几个知道统帅真正意图的人。7月1日，他在亚历山大之战中表现出色。8月6日，拉纳离开开罗，追击易卜拉欣贝伊，因误期未能参战。1799年3月28日，他在阿克城外被一颗子弹贯穿双颊，此后讲话吐字不清。5月8日，他率队攻城时中弹昏迷，被一名掷弹兵上校所救，养伤期间，他被升为师级将军，并得知妻子2月时生下一子，怀疑这孩子是私生子。拿破仑离开埃及时只带了几个人随行，拉纳是其中之一。回国后，他参加了雾月政变，并同妻子离婚。1800年的第二次意大利战役中，拉纳指挥预备军团前卫。5月13日至16日，他率前卫军翻越大圣伯纳德山口。6月9日，他到达卡斯泰焦和蒙特贝洛，主动进攻当地奥军。马伦哥会战中，他苦战几小时，努力维持撤退秩序。回国后，根据拿破仑的安排，他娶了执政府高官之女路易丝·安托瓦妮特，两人的夫妻生活相当美满。1801年，拿破仑让拉纳统帅近卫军，但他购置物资时花销过大，出现经济问题，

结果被调去葡萄牙当大使。1802至1804年，拉纳主要待在里斯本。

1804年7月，拉纳返回法国，后来晋升帝国元帅和第四军团（后改称"第五军团"）军长。1805年初，他在布洛涅大营准备侵英行动，8月末随大军团开赴多瑙河，并充当前卫。11月11日他与缪拉进入维也纳，13日同贝特朗、缪拉诈取多瑙河上的塔博尔桥。奥斯特利茨会战中，拉纳指挥法军左翼，牵制巴格拉季翁。1806年10月10日，他在萨尔费尔德击败路易·费迪南德亲王，沉重打击普军士气。13日，他率先到达耶拿，在次日会战中身先士卒。耶拿战后，他和缪拉一同追击普军，抓获数千名俘虏，28日迫使霍恩洛厄亲王投降。1807年的东普鲁士战役前期，拉纳染上伤寒，休养了几个月。5月，他病愈归队，指挥预备军团，协助勒菲弗攻克但泽。6月14日，拉纳在弗里德兰对战本尼希森主力，他以一敌三，力战至大军团来援，为弗里德兰的胜利立下大功。6月30日，拉纳返回法国，后来加封西夫尔亲王，但他从未办理相关手续，所以他死后这个头衔等于被取消了。9月，拉纳晋升瑞士卫队上将（荣誉头衔，王国时期系瑞士卫队的名义指挥官）。1808年5月，他被封为蒙特贝洛公爵。9月，他迎接沙皇参加爱尔福特会谈，沙皇授予他圣安德烈勋章。

1808年10月29日，拉纳随拿破仑前往西班牙。11月4日，他在翻越比利牛斯山时不慎摔下马，结果被自己的坐骑压伤。1809年1月，拉纳接过朱诺的指挥权，组织第二次萨拉戈萨围攻。2月20日，萨拉戈萨投降。同年4月，多瑙河战役爆发，

拉纳指挥第二军。4 月 23 日士兵在他的激励下攻克了雷根斯堡。5 月 21 日至 22 日，阿斯佩恩 – 埃斯林会战爆发。拉纳在第二天战斗尾声被炮弹击中双膝，拉雷为他做了截肢，但 5 月 31 日因感染离世。1808 年 7 月 4 日，拿破仑为拉纳举行国葬大典，将他葬入先贤祠。

阿道夫 – 爱德华 – 卡齐米尔 – 约瑟夫·莫尔捷

爱德华·莫尔捷 1768 年 2 月 13 日生于法国西北部的卡托康布雷西①，父亲是个富有的商人兼农场主，母亲是个英国人。莫尔捷少时在杜埃一所英文学院接受教育，之后到里尔的商会工作。法国大革命爆发，莫尔捷加入了敦刻尔克的国民卫队。1791 年 9 月 6 日莫尔捷被擢升为上尉，于北部志愿军第一营任职。1792 年他在比利时边境作战，9 月 3 日被升为参谋少校。1794 年 6 月 26 日，莫尔捷有幸见证了弗勒吕斯战斗的胜利。1795 年 6 月 13 日，因处理家事离开过一阵的莫尔捷回到军中，而且被升为上校。1796 年 5 月，战斗重启，莫尔捷上校指挥着桑布尔 – 默兹军团的前锋。在弗里德贝格（Friedberg）战斗中莫尔捷拿下两座村庄。1797 年莫尔捷因处理家事"离队"，错过了这一年短暂的莱茵战役。回到军队的莫尔捷被派去拿下美因茨，他仅用了两周就迫使选帝侯将城市划归法国。1798

◎ 阿道夫–爱德华–卡齐米尔–约瑟夫·莫尔捷

年，督政府命他指挥第 23 骑兵旅，并擢升其为旅级将军，但莫尔捷拒绝了。莫尔捷不情愿的听从克莱贝尔加入英格兰军团，但他花了两周时间在巴黎打听出了远征的目的地是埃及，他开了小差，不过这对莫尔捷来说倒不是坏事。指挥骑兵期间，莫尔捷在科布伦茨娶了 20 岁的安妮 – 伊芙·希梅斯为妻。1799 年 2 月 23 日，莫尔捷被封为旅级将军。之后在苏尔特麾下参加了第二次苏黎世战役，并且表现出色，1799 年 9 月 25 日，马塞纳在战场上升其为师级将军。1800 年 3 月莫尔捷因家事再度离队，归队后第一执政委任他指挥巴黎第 15、第 17 军区，在此职位上一待就是 3 年。1803 年 5 月 3 日，

① 现今勒卡托。

当局为了报复英格兰的宣战，派莫尔捷前往占领汉诺威，他于6月5日正式占领该地。拿破仑对他的独立指挥十分满意，1804年5月19日他的名字出现在第一批帝国元帅名单上。

1805年战役开始，11月他才得以在战场上有所作为，19日到奥斯特利茨后他都驻守在维也纳。11日接替拉纳指挥第五军。1806年莫尔捷被委任指挥第八军，11月11日再次占领汉诺威。1807年7月，莫尔捷奉命占领斯特拉松德（Stralsund），于3月11日完成任务。在弗里德兰战斗中，他在左翼成功阻止了俄国人。作为奖励，拿破仑封其为西里西亚总督。1808年7月2日他又授予莫尔捷特雷维佐公爵的头衔。1808年9月莫尔捷带领第五军进入西班牙，12月20日参加了第二次萨拉戈萨之战，并在奥卡尼亚战斗中负伤。1811年3月25—29日，他参加了巴达霍斯围城战。同年5月莫尔捷返回法国。1812年拿破仑远征俄罗斯，莫尔捷负责指挥青年近卫军参加了博罗季诺战斗，之后任莫斯科总督。拿破仑撤离莫斯科，莫尔捷参加了克拉斯内和别列津纳河惨烈的战斗。1813年莫尔捷仍旧指挥着青年近卫军，几乎参加了全部的战斗。1814年法兰西战役，他在克拉奥讷和拉昂战斗中表现出色。守卫巴黎期间，他与马尔蒙在约瑟夫的授权下与联军签订协议，3月30日联军进入巴黎。

拿破仑退位后，路易国王授予莫尔捷圣路易勋章并任命他为第十六军区司令。1815年3月，拿破仑返回法兰西，莫尔捷在国王离开后转投老上司麾下。百日期间，拿破仑任命他为近卫军指挥，但因坐骨神经疼痛错过了滑铁卢会战，似乎是因祸得福。滑铁卢战败，波旁再度还朝，莫尔捷参与了对奈伊的审判并投票认为军事法庭无权审判。虽然国王剥夺了莫尔捷的公爵头衔，但仍委任其指挥第十五军区。1819年国王才恢复他的头衔，1830年与1832年，莫尔捷两度出任驻俄大使，还担任过战争部长。1835年3月12日莫尔捷退休离开了公众视线。7月28日，莫尔捷跟随路易·菲利普检阅国民卫队时被菲耶斯基[1]打算暗杀国王的"管风琴枪"[2]杀害，而国王只受了轻伤。

◎ 管风琴枪

---

① 菲耶斯基：1790年12月13日生于科西嘉，1808年加入科西嘉团并被派往那不勒斯，参加了1812年战役。1815年9月他与同乡们参加了缪拉重夺王位的计划，行动失败缪拉被处死，菲耶斯基逃跑。

② 管风琴枪（Infernal machin）：一共24根枪管，菲耶斯基在每个枪管里装了8枚子弹，15～20个铅弹，装置可以同时发射，但行刺当天有几支枪管哑火。针对国王的恐怖袭击一共造成了18人死，至少22人伤。行刺者本人也被装置炸伤，很快被逮捕，还被人剁去两根手指。菲耶斯基与两名同谋被送上了断头台。

米歇尔·奈伊

米歇尔·奈伊 1769 年 1 月 10 日生于阿尔萨斯的萨尔路易斯，父亲皮埃尔·奈伊是一名参加过"七年战争"的老兵，退伍后来到萨尔路易斯安家从事入伍前的老本行——箍桶。米歇尔·奈伊是家中的二子，13 岁结束学业后在当地国王代理人的办公室从事文书工作。1787 年奈伊志愿加入了驻军在梅斯的"上将"骠骑团。作为士兵的奈伊勤奋操练，积极好学，但他到 1792 年才升为上士。大革命的爆发给了所有有志青年机会，1793 年奈伊成了迪穆里埃将军的中尉，不到一年便擢升为上尉。1794 年夏天奈伊在桑布尔-默兹军团作战。12 月夺取美因茨要塞的战斗中，奈伊手臂受重伤，修养到次年 2 月才重返军队。1795 年奈伊在克莱贝尔身边担任参谋。1796 年 7 月 9 日—10 日奈伊第一次单独作战，参加了下梅勒和弗里德贝格的战斗。8 月 27 日弗希海姆投降，胜利后克莱贝尔擢升奈伊为旅级将军。1797 年 2 月奈伊被派至格勒尼耶麾下担任右翼前锋，在吉森附近执行任务时不幸被俘。多亏了法奥停战在即，奈伊仅做了一个月的战俘便被交换回到军中。1799 年 3 月奈伊因夺取曼海姆有功被升为师级将军，但他拒绝了，不过当局坚持擢升奈伊。1799 年奈伊将军被派往莱茵军团，9 月他接替了无能的米勒担任莱茵军团临时司令，十余日后勒古布接管了军团。

雾月政变后，莱茵军团交由莫罗指挥，奈伊在其麾下参加了霍恩林登战斗。1802 年 8 月 5 日，33 岁的米歇尔·奈伊迎娶了约瑟芬女儿奥坦斯的同学阿格莱·奥吉耶小姐。婚后不久，奈伊便被派去瑞士解决该地对抗共和国的叛乱。拿破仑入侵英国在即，海峡沿岸驻满军队，奈伊负责指挥第六军团，驻扎于蒙特勒伊。1804 年 5 月，米歇尔·奈伊被授予元帅权杖。从此这个箍桶匠人之子摇身一变，成了法国的贵族、帝国的元帅。1805 年 10 月，埃尔欣根战斗中奈伊表现出色，3 年后被封为埃尔欣根公爵。1806 年 10 月 14 日的耶拿战斗中奈伊带领第六军前锋像一个腾跃兵下士一样投入战斗最激烈的阵地，他试图让他不多的兵力发挥出最大的作用。1807 年 2 月 8 日艾劳战斗，虽然奈伊没有参与激烈的交火，但他的到来促成了本尼希森的撤退。弗里德兰战斗，奈伊在战斗中肩负重任，"仿佛就是战神的化身"。

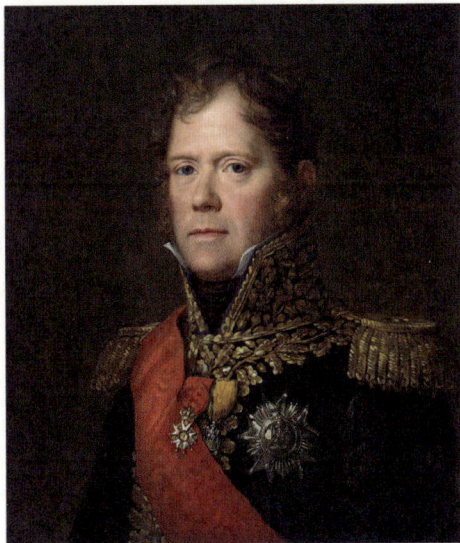

提尔西特和约之后，拿破仑盘算着将

伊比利亚半岛收入囊中，1808年奈伊与众多元帅一同被派往半岛。半岛的经历对奈伊来说可谓不幸，与同僚陷入争吵、不服从上司命令等一切问题在马塞纳被任命葡萄牙军团司令之后愈演愈烈，布萨科战斗让第六军损失惨重，之后奈伊拒绝听从马塞纳一切前进的命令，间或留意半岛局势的拿破仑将奈伊调回巴黎去布伦训练新兵。1812年拿破仑远征俄罗斯，奈伊指挥的大军团第三军几乎参加了全部的战斗。莫斯科瓦战斗（即博罗季诺战斗）中奈伊为自己赢得了亲王头衔。10月19日法军撤离莫斯科，奈伊在后撤期间的表现为自己赢得了"勇士中的勇士"这一称号。1813年全部战役中，拿破仑把奈伊当作战场"救火员"，尽管包岑的疏失和登讷维茨的失败也没有改变拿破仑对奈伊委以重任的打算。莱比锡战斗的第二天奈伊在大格尔申身受重伤。1814年新年伊始，奈伊还未完全伤愈能够上马举剑时便被召上了战场，参加了蒙米赖、尚波贝等战斗，但拿破仑大势已去，4月奈伊作为众元帅代表在枫丹白露劝谏拿破仑退位。

波旁还朝，奈伊被授予圣路易骑士勋章但在朝堂的冷遇让他决定辞职回乡享受退休生活。1815年3月拿破仑返回法国，奈伊被派去贝桑松指挥当地军队对抗拿破仑。临行前他曾向国王保证"会把拿破仑装在铁笼子里运回巴黎"，但却事与愿违，奈伊经过一番思想斗争后在欧塞尔转投到了拿破仑的阵营。百日时期，拿破仑给了奈伊足够的冷遇，尽管如此，拿破仑在6月11日还是建议奈伊前往阿韦讷。奈伊没

有片刻犹豫便动身前往，拿破仑将左翼的指挥交给了他。四臂村的战斗奈伊表现出了与早年截然相反的拖沓犹豫，滑铁卢战斗虽然他不需要负主要责任，但失利他也难辞其咎。滑铁卢战败，奈伊于1815年7月6日经过一番犹豫后终于离开了巴黎，29日到达贝索尼斯城堡，仅仅5天后便被逮捕。经过军事法庭（后宣布无权审理）和贵族院的审理，米歇尔·奈伊"叛国罪"罪名成立，12月7日9点在卢森堡公园被处以枪决。七月革命后他的长子发起了一系列为他正名的运动，1853年在奈伊死去的第38个年头，一尊铜像在当年行刑的地点被竖起，米歇尔·奈伊终以一个英雄的身份回到法国人民中间。

路易 - 尼古拉·达武

路易 - 尼古拉·达武1770年5月10日生于勃艮第省的安努。达武家族世代皆为贵族，他的父亲让 - 弗朗索瓦是罗什福科团中尉，参加过"七年战争"；母亲来自米纳尔家族，同样也是贵族。路易 - 尼古拉出生后不久，全家便从安努城堡搬到了艾蒂韦。1799年3月3日，父亲在打猎中意外身亡，母亲卖掉了艾蒂韦的财产，买下了拉维耶尔附近的地产。同年秋季，年轻的达武进入王室高等军校学习。1785年9月27日，达武赴巴黎军校学习。两年半后，达武军校毕业，进入香槟骑兵团任少尉。1788年冬达武来到军中。次年法国大革命爆发，少尉达武立即拥护了新思想。1791年9月国民公会下令组建志愿兵营，23日

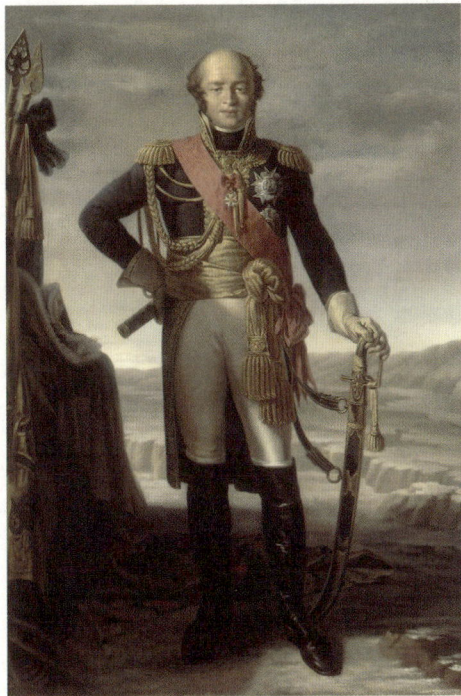

◎ *路易-尼古拉·达武*

达武被选为约讷省第 3 营第 8 连上尉，3 天后又擢升为中校。当年夏天，21 岁的路易结识了比他大两岁的瑟格诺小姐，9 月 8 日二人步入婚姻殿堂。

1792 年春季战争爆发，达武参战，第二年回到拉维耶尔发现妻子不忠，二人于 9 月 20 日离婚。前达武夫人于 1795 年 8 月 3 日病逝。1793 年达武带着他的第 3 营加入了比利时军团。3 月 18 日，内尔温登战斗，达武表现上佳，但这场失败的战斗终结了迪穆里埃的军事生涯。达武在迪穆里埃叛变的事宜上立场坚定，甚至两次差点活捉他。1793 年 5 月 1 日，达武被升为上校，开始指挥半旅，6 月 3 日被升为旅级将军。

7 月 30 日达武收到巴黎晋升他为师级将军的命令，但他以资历尚浅、年龄尚轻拒绝。雅各宾派当权，达武 8 月 29 日主动请辞，在好友皮勒将军的帮助下返回拉维耶尔。1794 年 4 月恐怖活动正值高峰，达武和母亲双双遭到逮捕，被关押了 3 个月，直到热月党人上台他们才返回拉维耶尔。

1794 年 9 月 21 日，达武重获旅级将军头衔，并在皮勒将军的帮助下前往摩泽尔军团指挥骑兵。1795 年 11 月奥地利围攻曼海姆，11 月 21 日全体守军投降，达武也在其中，他成了奥军的俘虏。幸运的是，维尔姆泽曾在法军中服役，他与达武的叔叔是朋友，他让达武发誓不再作战后放他回了拉维耶尔。直到 1796 年 10 月双方交换军官，达武才重回军中。1798 年他在德塞的介绍下认识了拿破仑，并随后者远征埃及，在远征军中达武指挥骑兵旅。但达武和德塞都未能跟随波拿巴返回巴黎夺权，他们留在埃及辅佐克莱贝尔。二人在 3 月 3 日分别乘船离开，5 月 5 日才抵达土伦。到达法国后，德塞立即加入了拿破仑的北意大利战役，最终阵亡于马伦哥。达武一直待在拉维耶尔，7 月 3 日收到了师级将军的委任。8 月达武前往意大利军团指挥轻骑兵。吕内维尔和约结束了战斗，1801 年 7 月达武返回法国。回国后的达武担任骑兵监察长，为了确保达武的忠诚，拿破仑安排了他与勒克莱尔妹妹艾梅·勒克莱尔的婚事。

1803 年 8 月达武在布伦大营组建第三军。1804 年 5 月 18 日法兰西帝国成立，5 月 19 日达武被封为帝国元帅，时年 34 岁，无疑是名单上最年轻的。

1805 年战役期间，达武在奥斯特利茨战斗中指挥右翼。1806 年 10 月 14 日耶拿战役期间，达武在奥尔施塔特遭遇了普鲁士主力，面对至少 2 倍于己的敌人他不但守住了阵地还重创了敌军。1807 年 2 月他参加了艾劳战斗。1808 年达武被封为奥尔斯塔特公爵。在拿破仑远赴半岛期间，他负责着莱茵流域的全部军队。1809 年 4 月奥地利再度宣战，尽管达武未参与阿斯佩恩 - 埃斯林战斗，但他在瓦格拉姆战斗中指挥右翼，帮助法军取得战斗胜利。同年 8 月 15 日，达武被封为埃克米尔亲王。1810 年 1 月达武负责指挥德意志军团。拿破仑远征俄罗斯期间，达武指挥第一军参加了斯摩棱斯克战斗和博罗季诺战斗。拿破仑撤出莫斯科，达武负责后方保卫，但维亚济马惨败后，后方保卫的任务被交给了奈伊。1813 年 3 月 9—19 日达武一直在驻防德累斯顿。之后第一军由旺达姆接管，达武被安排指挥东拼西凑搞出来的第十三军。1813 年 8 月 18 日第十三军在劳芬贝格取得胜利，但 10 月份莱比锡战败的消息传来，达武便一步一步撤向易北河，12 月 3 日他在汉堡完全与外界隔绝了。1814 年 4 月 15 日、20 日本尼希森先后两次告知达武拿破仑已经退位，直到 5 月 11 日热拉尔代表路易十八前来，达武才接受了现实。波旁期间，达武因"得知拿破仑退位拒不投降"被强制退役。

百日期间，拿破仑任命达武为战争部长，留守巴黎。滑铁卢战败后，达武与联军代表签订了巴黎协定，要求联军保证不追究百日期间追随拿破仑的将领。但显然对方没有遵守协定，奈伊被送上军事法庭处以枪决，达武本人也被剥夺贵族封号。12 月 27 日，达武被流放卢维耶，1816 年 6 月 21 日才被允许在监视下回到萨维尼（Savigny）。1817 年 8 月，国王突然恢复了他的薪金，解冻了财产，甚至恢复了元帅头衔。达武回以"宣誓效忠"，之后他逐渐出现在公众视野。1819 年 3 月 5 日，达武成为法国贵族。1821 年他的健康状况每况愈下，长女的去世给了他很大打击。1823 年 6 月 1 日达武因肺病辞世。

让 – 巴蒂斯特·贝西埃

让 – 巴蒂斯特·贝西埃 1768 年 8 月 6 日生于洛特省普莱萨克的一个村子，父亲是一名外科医生。14 岁时他被送往卡奥尔继续学习，在这里贝西埃认识了挚交——若阿基姆·缪拉。如果不出意外，贝西埃将接受外科医学的教育，但 1787 年家乡突遭贫困，让他不得不踏上返乡的路程。回家后的贝西埃加入了当地国民卫队，1792 年他与缪拉一同被选进了宪兵队。1792 年 6 月宪兵队解散后，贝西埃仍在王家军队，8 月 10 日还在杜伊勒参与了对抗革命武装的行动。作为一个天主教徒，贝西埃骨子里是保守的，这可能是他终身保持旧时代扑粉习惯的原因。1792 年 11 月 1 日贝西埃加入了比利牛斯团，经历了整个西班牙战役。1794 年在让布卢战斗中表现出色，之后被晋升为上尉。1795 年 8 月，贝西埃所在的团并入了意大利军团，他发现好友缪拉也在军中。1796 年里沃利战斗之后，拿破仑派贝西埃向当局汇报战争成果。他返

◎ 让-巴蒂斯特·贝西埃

回前线不久便与拿破仑成为挚交。升为上校的贝西埃跟随拿破仑去了埃及，1799年8月随上司返回法国。回国后贝西埃被升为旅级将军，他在雾月政变中支持拿破仑，作为回报拿破仑安排他担任执政卫队的二把手和继子欧仁的导师。1800年6月14日的马伦哥战斗中，贝西埃先是掩护右翼撤退继而发起反击，为胜利作了巨大的贡献。1801年贝西埃娶了一名叫作阿黛拉的姑娘，她的品格赢得了拿破仑和约瑟芬的好感，为丈夫的仕途提供了不小的帮助。

1802年9月，贝西埃被擢升为师级将军，此时他已经是拿破仑圈子里的核心人士了。因此，毫无疑问，他的名字赫然出现在了1804年5月19日第一批封帅名单上。1805—1806年贝西埃指挥帝国近卫军，奥斯特利茨战斗中，贝西埃为重夺普拉岑高地做出了巨大的贡献。由于拿破仑不到危急时刻是不会派近卫军上战场的，因此耶拿和奥尔施塔特战斗，贝西埃都没有参与其中。1806年12月13日贝西埃被任命指挥预备骑兵军第二军，在普乌图斯克北予以俄军重击。1807年2月8日，艾劳战斗中贝西埃再次得到表现的机会，他跟随缪拉的骑兵给予俄军中路重击。但他没有参与弗里德兰战斗的作战行动。1808年3月贝西埃指挥西比利牛斯观察团负责保卫马德里和法国本土的主要道路。拿破仑亲临半岛，1808年11月—1809年1月贝西埃继续指挥预备骑兵。3月，贝西埃返回法国投入到对奥地利的战斗中。1809年5月28日，拿破仑授予贝西埃伊斯特拉（Istria）公爵的封号。1809年7月5日—6日瓦格拉姆战役，贝西埃在战斗中受伤返回巴黎。1809年11月，保守人士贝西埃因为苛责拿破仑离婚，被后者强制派去斯特拉斯堡迎接新王后玛丽·露易丝。贝西埃再度被委任已是1811年1月8日了，半岛局势恶化，他被派去指挥新的北部军团，参与了马塞纳的封斯特－德罗尼奥战斗。1812年俄国战役期间，贝西埃指挥扩编的近卫军。博罗季诺战斗中，他建议拿破仑不要动用近卫军而与决定性的胜利失之交臂。1813年缪拉返回那不勒斯，贝西埃接管并指挥法军全部骑兵。1813年5月1日，战役开始的第三天，贝西埃在侦查里帕赫河谷时中炮身亡，一发炮弹打到墙上反弹打中了他的胸腔。失去贝西埃让拿破仑万分悲痛，他为失去父亲的孩子谋了前程，也替元帅偿还了债务。

弗朗索瓦·克里斯托夫·克勒曼

弗朗索瓦·克里斯托夫·克勒曼 1735 年 5 月 28 日生于斯特拉斯堡，家族是专业裁缝，花钱捐了个包税人的职务从此跻身中产小贵族行列。1752 年克勒曼以军校学员的身份加入了在法国服役的德意志民兵团。一年后他转至巴伐利亚王家团担任少尉，之后到阿尔萨斯志愿团任中尉，1758 年 4 月 9 日升为伍长，参加了贝尔根（Bergen）和弗里德贝格战斗。1761 年在王妃（Dauphine）志愿团任上尉，1763 年转赴孔夫朗团。整个"七年战争"期间他都在指挥非正规骑

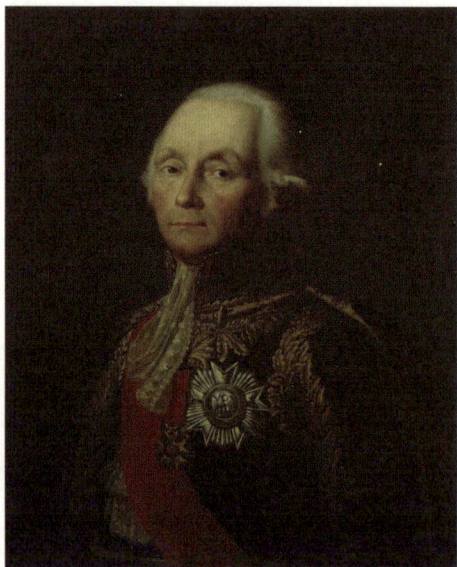

◎ 弗朗索瓦·克里斯托夫·克勒曼

兵。1769 年 3 月 24 日克勒曼任骠骑上尉，并于同年婆妻结婚[①]。1771 年，克勒曼因在"七年战争"中的出色表现被授予圣路易十字勋章。1772 年克勒曼升任骑兵中校。在和平时期，克勒曼忙于军中琐事，朴实的背景对他的升迁毫无帮助。1779 年他转至孔夫朗团任少校，这是他在"七年战争"中隶属的部队。1780 年 4 月 2 日克勒曼升任"上将"骠骑团中校，1784 年被擢升为旅级将军，次年被升为少将（Marechal de camp）。当拿破仑时代诸位元帅还在行伍混迹时，克勒曼已经身居高位了。

1789 年 7 月法国大革命爆发，克勒曼热情的拥护了革命。1791 年 2 月，他被调往上莱茵军团。1792 年 3 月 20 日克勒曼被升为中将（Lieutenant general），指挥一个师。8 月 20 日临时政府（Provisional Executive Council）任命他为中部军团司令，他于 9 月 2 日到任。12 日，他收到北部军团迪穆里埃将军的信，19 日前往与后者会合，20 日克勒曼指挥法军正规军取得了瓦尔密战斗的胜利。11 月 5 日克勒曼被解除指挥，12 月 21 日前往阿尔卑斯军团指挥。由于在瓦尔密战斗中没有倚靠热爱革命的义勇志愿军而被视为"反革命"，1793 年克勒曼被召到巴黎聆讯，最后无罪释放返回军中。1793 年 10 月，克勒曼被诬陷为保王党遭到逮捕，一直到 1794 年 11 月都在巴黎的监狱度日。克勒曼幸运的在恐怖时期活了下来，1795 年 3 月克勒曼

---

① 一年后长子诞生，是帝国时期著名的骑兵将领弗朗索瓦·艾蒂安·克勒曼。

重返军队，前往指挥阿尔卑斯和意大利军团。1797年9月意大利军团解散，克勒曼被派到里昂指挥第七军区，不久解职退休。1798年9月克勒曼任英格兰军团监察长，次年被任命为元老院主席。

1804年5月拿破仑宣布法兰西帝国成立，19日恢复元帅制，克勒曼是四位荣誉元帅之一。1805年2月2日克勒曼被授予荣誉军团大鹰勋章。奥斯特利茨战役期间，克勒曼在莱茵流域指挥预备军团第三军。1808年6月3日克勒曼被封为瓦尔密公爵。1808年克勒曼任西班牙预备军司令，1809年战役期间他在莱茵指挥预备军。1812年拿破仑远征俄罗斯，克勒曼负责管理国民卫队。1813年克勒曼又回到莱茵军团任预备军司令，之后任斯特拉斯堡总督。拿破仑退位后，1814年6月路易国王封克勒曼为法国贵族，百日时期克勒曼明智的与老上司保持了距离。滑铁卢后，波旁再次复辟，克勒曼作为贵族参加了贵族院对奈伊元帅的审判并认为元帅有罪。1820年9月23日克勒曼于巴黎辞世。

弗朗索瓦·约瑟夫·勒菲弗

弗朗索瓦·约瑟夫·勒菲弗1755年10月25日生于阿尔萨斯鲁法克，父亲是一名骠骑兵，但在他9岁的时候去世了。父亲死后，勒菲弗由他当神甫的叔叔抚养，但他对神学毫无兴趣。1773年9月10日他在巴黎加入了王家卫队，5年后成为一名下士，1782年6月28日被升为中士。1783年3月1日他与凯瑟琳·胡布舍尔，

◎ 弗朗索瓦·约瑟夫·勒菲弗

一个阿尔萨斯洗衣妇结婚，他们有14个孩子但都死在了父亲前面。1788年4月勒菲弗成为军士长，一年后法国大革命爆发，8月31日王家卫队解散，他转到圣托马斯营，9月1日当选中尉。尽管支持革命，但勒菲弗保护了一些王室成员。1792年1月1日勒菲弗在摩泽尔军团第13轻步兵营被升为上尉。1793年6月9日，他参加了阿尔隆战斗，9月成为中校。当时出台的法令要求军队剔除前王家卫队成员，尽管法令没有执行，但勒菲弗却因此对极端雅克宾主义深恶痛绝。1793年12月2日，勒菲弗被升为旅级将军，之后因在魏森堡之战中表现出色被任命为临时师级将军，1月10日

在夺取沃邦（Vauban）要塞的战斗中获得正式师级将军委任；18日奥地利守军撤出，勒菲弗取得胜利。1794年4月，摩泽尔军团合并莱茵、北部军团为桑布尔-默兹军团，6月26日勒菲弗参加了弗勒吕斯战斗。1795—1797年战役中，勒菲弗在德意志指挥前卫，虽然法军损失惨重，但他的表现可圈可点。1797年9月奥什病逝，勒菲弗暂时接管了军团。12月27日勒菲弗请求离开军队休养，但被拒绝。英国对法宣战，勒菲弗被任命指挥茹尔当军团的一个师。奥地利3月对法宣战，3月21日的奥斯特拉赫之战他右臂受伤，回到巴黎养伤。当时的巴黎正在密谋政变，西哀斯考虑拉拢勒菲弗，但勒菲弗拒绝了。为了确保不出意外，勒菲弗被派往第十七军区。拿破仑从埃及返回，他将政变为自己所用。雾月政变当天早上，拿破仑约见了勒菲弗，将他在埃及作战时的马刀送给了勒菲弗。政变之后，勒菲弗得到了进一步提拔，第十五、第十六军区全部听命于他。

1804年4月1日，波拿巴任命勒菲弗为元老院成员，5月19日勒菲弗成为法兰西帝国元帅，是四位荣誉元帅之一。1805年勒菲弗元帅获得荣誉军团大鹰勋章，战斗期间，他负责指挥在美因茨的一支由国民卫队组成的预备军。1806年耶拿战斗期间，勒菲弗指挥老近卫军步兵，但没有参与战斗。1807年3月他奉命指挥第十军负责围攻但泽，5月11日拿下该城，5月28

日拿破仑封其为但泽公爵以示表彰。1808年勒菲弗指挥第四军赴半岛作战，1809年1月被调回国内。1809年战役期间，勒菲弗指挥第七军（巴伐利亚军）参加了4月19日的埃克米勒战斗。瓦格拉姆战斗中，他在左翼对抗奥地利第五军，之后转战蒂罗尔，被当地爱国者打败调回国内。1812年拿破仑远征俄罗斯，58岁的老元帅经历了进军和后撤的全部苦难，当他得知唯一幸存的儿子在12月15日战死后精神几近崩溃，提早回到了法国。

勒菲弗没有参加1813年的战斗，1814年法兰西战役他重上战场。4月4日，看到大势已去的勒菲弗在枫丹白露与奈伊元帅一起劝谏拿破仑退位。之后他曾在巴黎与沙皇商谈，保住了家乡阿尔萨斯为法国领土。1814年6月4日路易国王封其为法国贵族，百日期间勒菲弗转投拿破仑，但没有参与战争。波旁再度复辟，勒菲弗虽然元帅头衔尚在，但被贵族院除名，直到1819年才恢复。1820年9月14日勒菲弗于巴黎辞世[1]。

卡特林－多米尼克·德·佩里尼翁

卡特林－多米尼克·德·佩里尼翁1754年5月31日生于上加隆省格勒纳德，佩里尼翁家族在当地是小有名气的贵族。年轻的佩里尼翁结束了完善的军校生活后，

---

① 勒菲弗对待士兵很好，"就像对待儿子一样"。

◎ 卡特林-多米尼克·德·佩里尼翁

1780年7月6日加入了里昂地区团任少尉，两年后又转到王家掷弹旅，任德·普赖克将军副官，这期间他几乎没有参加任何战斗。1783年，美国独立战争停战后他辞职回乡。1786年2月14日，佩里尼翁在蒙泰什与市长女儿海伦-凯瑟琳·德·格勒尼耶（Helene-Catherine de Grenier）结婚。1789年7月佩里尼翁加入当地国民卫队任中校，一直到1791年3月30日他都是在处理治安事宜。该年9月5日佩里尼翁当选上加隆省立法议会代表。1792年5月他辞职到比利牛斯军团任中校。1793年9月18日，佩里尼翁因在特吕亚战斗中表现出色被升为旅级将军，3个月后被擢升为师级将军，12月23日获得正式委任。1794年佩

里尼翁在东比利牛斯军团指挥中路师，6月7日在拉洪克拉第一次独立指挥战斗取得了胜利。11月17日，迪戈米耶将军阵亡，佩里尼翁接管了东比利牛斯军团。之后他转战罗萨斯，但因渡过法拉维亚失败，于5月30日被谢雷将军取代。西班牙1795年7月22日向法国求和，9月15日佩里尼翁前往指挥布列尼塔军团，但10月16日被上加隆省老乡选为代表进入500人议院。11月26日佩里尼翁被任命为驻西班牙大使，1797年12月返回国内。1798年8月24日佩里尼翁退休，但并没有休养太久便被派上战场。10月14日他前往意大利军团，在茹贝尔将军麾下指挥左翼。1799年8月15日诺维会战，茹贝尔战死，佩里尼翁本人在后撤过程中头部受伤被俘，做了一年的俘虏。1801年1月5日佩里尼翁被委任为图卢兹第十军区司令，11月18日再次宣布退休。由于对西班牙地区风土人情的了解，1802年9月11日佩里尼翁被任命为特别代表处理谈判事宜。

1804年拿破仑称帝，次日恢复元帅制，佩里尼翁是四位荣誉元帅之一，在名单上名列第17。1805年2月2日他被授予荣誉军团大鹰勋章，但再无战场行动。1806年9月18日，佩里尼翁被任命为帕尔马（Parma）和普拉森西亚总督，1808年3月19日被封为伯爵，7月23日被任命为那不勒斯总督。1812年拿破仑任命佩里尼翁指挥在那不勒斯的法军，但1813年3月他再次退休。拿破仑退位后，佩里尼翁宣布效忠波旁，4月22日任王家特别代表指挥第一军区。1815年3月拿破仑返回法国，佩里尼翁拒绝效忠，

因此拿破仑将他从元帅名单上剔除。百日王朝后，路易国王 7 月 14 日恢复了他的元帅头衔，8 月 24 日被授予圣路易大十字勋章，他还参加了贵族院对奈伊的审判而且投票赞成元帅的死刑。1818 年 12 月 25 日佩里尼翁于巴黎辞世。

让－马蒂厄－菲利贝尔·塞吕里耶

让－马蒂厄－菲利贝尔·塞吕里耶，1742 年 12 月 8 日生于拉昂。父亲是一个在王家种畜场的鼹鼠捕手，他在韦尔万有一座庄园，在当地算是一个小贵族。塞吕里耶 13 岁时，他的父亲为他买了一张少尉委任状，1759 年"七年战争"期间他在汉诺威作战，1760 年 7 月 31 日他在瓦尔堡战斗中下颚受伤。1762 年 4 月塞吕里耶被升为中尉之后随军远征葡萄牙，参加了阿尔梅达之围。1770—1774 年，塞吕里耶被派往科西嘉指挥一支猎骑兵中队。1779 年塞吕里耶被升为上尉，还迎娶了拉昂一位小军官之女，夫妻二人没有孩子，塞吕里耶日后收养了一个军士的孩子。1781 年塞吕里耶被授予圣路易骑士勋章，1789 年他被升为梅多克步兵团少校，1791 年被升为中校，赴佩皮尼昂指挥守卫军队，不久后被升为第 70 线列团上校。但被怀疑同情保王党遭到逮捕，多亏保罗·巴拉斯的介入，塞吕里耶才被恢复军职。1793 年 2 月 28 日塞吕里耶返回军中，6 月 25 日他被升为旅级将军。由于塞吕里耶丰富的作战经验和出色的战斗表现，1795 年 6 月 13 日他

◎ 让－马蒂厄-菲利贝尔·塞吕里耶

被国民安全委员会升为师级将军。

1796 年拿破仑接管意大利军团，塞吕里耶 3 月 27 日与新上司见面，前往指挥第二师。8 月被派往曼图亚，但因疟疾将指挥权移交他人。12 月，他重返军中继续作战，次年 2 月曼图亚守军投降。塞吕里耶回到意大利军团，6 月拿破仑派他到巴黎向督政府呈递战利品。1798 年拿破仑命塞吕里耶担任威尼斯总督，法军在意大利大肆劫掠，塞吕里耶并未参与此污浊勾当，他很高兴最后被调回国内指挥在雷讷(Rennes)的师。1799 年，塞吕里耶在帕斯特伦戈中表现出色，但在维罗纳被击溃，4 月 5 日由于全军士气低落纪律混乱，塞吕里耶请求将指挥

权移交他人。4月27日，塞吕里耶师在上韦尔德廖因物资匮乏而向苏沃洛夫投降，他受到了苏沃洛夫的厚待并被护送回巴黎。1799年11月，塞吕里耶支持政变。

1804年塞吕里耶被任命为荣军院院长，5月19日成为法兰西四位荣誉元帅之一，并被授予荣誉军团大鹰勋章。1808年塞吕里耶被封为伯爵，之后塞吕里耶再没有涉足战场。1814年他再度出现在历史舞台。3月30日联军开进巴黎前一夜，塞吕里耶在荣军院下令烧毁1417面缴获军旗，甚至毁掉了弗里德里希大王（旧译腓特烈大帝）的佩剑与腰带，以防他们落入联军之手。尽管做出如此忠心之举，但几天后就参与元老院投票宣布拿破仑退位。1814年波旁还朝，国王封塞吕里耶为贵族。拿破仑返回法国后，虽然塞吕里耶第一时间送上了恭祝，但拿破仑还惦记着他一年前的行为，所以只是给了他个贵族封号。1815年拿破仑第二次逊位，塞吕里耶被调出了荣军院，而且元帅头衔也被剥夺了，但是作为法国贵族他参与了贵族院对奈伊的审判并认为元帅有罪。1819年国王恢复了他的元帅头衔，但他已无福享受，12月21日塞吕里耶于巴黎辞世。

克洛德·维克托－佩兰

克洛德·维克托－佩兰1764年12月7日生于孚日省的拉马什。父亲夏尔·佩兰是当地地主的管家，属于社会中层。父亲一直打算让他继承家业，但维克托在17岁时加入了格勒诺布尔（Grenoble）炮兵团，

1791年他离开了军队在瓦朗斯定居娶妻并开了一间杂货铺。但仅6个月他就又回到了军中，加入了当地志愿兵团，在阿尔卑斯边境的战斗中表现出色。1793年12月，维克托参加了土伦围攻战，在此期间他结识了拿破仑，20日被升为旅级将军。1794年1月维克托被派往东比利牛斯军团任职，在佩里尼翁师指挥第四旅，1795年8月又转至意大利军团在马塞纳麾下效命。1796年拿破仑接管意大利军团，维克托指挥奥热罗师的旅参加了代戈战斗，6月又转战马塞纳麾下参加了里沃利之战。1月18日他被擢升为师级将军，3月10日正式获得委任。1797年，维克托担任第八师师长在特

◎ 克洛德·维克托－佩兰

雷比亚战斗中受伤。1800年身份已为第一执政的拿破仑重回意大利军团，维克托开始指挥一支小规模的军队，在蒙特贝洛战斗中帮助拉纳将军取得胜利，之后又参加了马伦哥战斗。1802年，拿破仑任命维克托为路易斯安那总督，但他还没来得及上任，此行的目的地就被卖了出去。同年他还与妻子离了婚（前妻为他生了四个孩子），1803年他又迎娶了朱莉·沃斯·范·阿韦塞特。

1804年5月18日法兰西帝国成立，维克托没能出现在第一批元帅名单上，但被授予了荣誉军团大鹰勋章作为补偿。1806年10月7日，维克托担任拉纳第五军参谋长，在耶拿战斗中受伤。同年12月维克托参加了普乌图斯克战斗。1807年1月他被派去指挥第十军，但不幸被俘，2个月后通过与布吕歇尔交换战俘得以回到军中。1807年6月他接替贝纳多特指挥第一军参加了弗里德兰战斗，因表现出色被拿破仑封为元帅。1808年维克托指挥第一军参加了半岛战役，12月占领马德里。1809年维克托开局胜利，但在塔拉韦拉战斗中被威灵顿击溃。1811年12月维克托被召回法国准备征俄，他没有作为主力参加大部分战斗。拿破仑撤离莫斯科，维克托沿途占领据点保证了撤退。1812年11月，他在别列津纳与拿破仑会合参与了河岸的战斗，之后与奈伊一同进行后卫保护了大军余部。1813年维克托指挥第二军参加了德累斯顿会战和莱比锡战斗。1814年法兰西战役，由于在蒙特罗作战失误，让拿破仑勃然大怒，他让热拉尔接替了维克托指挥第二军。

维克托转而指挥青年近卫军，在克拉奥讷受了重伤。

拿破仑退位，维克托宣布忠于波旁，并被任命指挥第二军区。1815年3月拿破仑返回法国，维克托跟随国王去了根特，因此拿破仑将他的名字从元帅名单上划去了。滑铁卢战败，拿破仑再度流放，路易十八封维克托为法国贵族，11月他参与了贵族院对奈伊的审判并认为奈伊有罪。1821年他被委任为战争部长，在任上两年。七月革命后，维克托退休逐渐退出公众视野。1840年拿破仑遗体回国，当时有7位元帅在世，但只有4位参加了纪念仪式，维克托推脱掉了。1841年3月1日，维克托于巴黎离世。

艾蒂安 - 雅克 - 约瑟夫 - 亚历山大·麦克唐纳

艾蒂安 - 雅克 - 约瑟夫 - 亚历山大·麦克唐纳1765年11月7日生于色当。他父亲尼尔·麦克唐纳家族一直生活在苏格兰，因牵扯政变而被迫背井离乡。尼尔定居在了色当，并加入了当地苏格兰团，迎娶了一位军官的女儿。父母分居后，麦克唐纳由父亲抚养，在巴黎学习神学，但深受荷马史诗的影响，于是他决定从军。19岁时，麦克唐纳以中尉身份参加了荷兰战役，但未参与交火，之后又加入迪隆（Dillon）的爱尔兰团。1791年他与一名叫米莱·雅克布的姑娘结婚，婚后担任迪穆里埃将军的副官。1793年麦克唐纳在热马普战斗中表现出色，遂被升为上校。因拒绝跟随迪穆里埃投奔奥地利，麦克唐纳又被奖励性的升为旅级将军。1794年11月，皮什格鲁擢升他为师级将军，随后莫罗接替了前者的指挥，麦克唐纳与他交情甚笃。1798年7月他被派往意大利接替古维翁·圣西尔，迄今为止麦克唐纳的军旅生涯一帆风顺，但在此期间他与尚皮奥内陷入争吵，最后以麦克唐纳调去指挥那不勒斯军团告终。6月17日—19日，他在特雷比亚河附近被苏沃洛夫和梅拉斯率领的俄奥联军击溃，损失惨重。之后麦克唐纳回到了巴黎，他发现巴黎正处在政变边缘。雾月十八，他支持政变。1800年12月麦克唐纳指挥格劳宾登军团在施普吕根关隘翻越阿尔卑斯山脉，于次年新年开进了阿迪杰（Adige）河谷，但他并未参加马伦哥会战。1802年，他迎娶了茹贝尔将军的遗孀，五年前他的第一

任妻子去世留给他两个女儿，但这位茹贝尔夫人也只活了两年，给他留下了一个女儿。婚后麦克唐纳前往丹麦任外交大使，由于之前公开支持莫罗，因此他的名字没有出现在第一批封帅名单上。

1809年麦克唐纳才重获任命，因为此时法国正深陷西班牙半岛，北意大利和多瑙河战斗的困局，急需有经验的高级将领。瓦格拉姆战斗中，麦克唐纳率领军队摧毁了奥军中路，赢得了战斗的胜利，拿破仑当即在战场上封他为法国元帅。同年8月15日，麦克唐纳又被封为塔兰托（Taranto）公爵。1810年4月麦克唐纳被派往半岛接替奥热罗，他试图采取温和手段治理，但西班牙人并不买账。半岛之行让他深感厌恶，并于1811年7月返回了巴黎。1812年拿破仑入侵俄罗斯，麦克唐纳负责指挥第十军，掩护大军左翼。12月中旬，麦克唐纳奉命后撤时发现普鲁士人与俄方单独签订了停战条约，他只得匆忙至柯尼希斯贝格与奈伊会合。1813年，麦克唐纳指挥第十一军参加了吕岑和包岑的战斗，8月卡茨巴赫之战中被布吕歇尔击败，军队几近溃逃。10月莱比锡民族会战，麦克唐纳担任后卫，在桥梁被炸毁后他游过了埃尔斯特河，同僚波尼亚托夫斯基却葬身湖水。1814年4月，麦克唐纳与奈伊一同劝说拿破仑退位并被后者派往巴黎商讨"罗马王"继位事宜。在所有人都背叛拿破仑时，麦克唐纳还在他身边，为了表彰他的忠诚，拿破仑送给他了一把马刀，这是二人最后一次见面。

波旁复辟，麦克唐纳接受了圣路易勋章并成为法国贵族。1815年3月拿破仑重

◎ 艾蒂安-雅克-约瑟夫-亚历山大·麦克唐纳

返法国，他并未投奔老上司，而是前往里昂劝说军队阻止拿破仑北进，之后又护送国王抵达边境。百日王朝期间，麦克唐纳想归隐修养，但痛风把他留在了巴黎。滑铁卢战败，麦克唐纳接受了临时指挥卢瓦尔军团的任务，这是大军团最后的部队。在此期间他帮助了许多在滑铁卢为拿破仑而战的高级将领免于被捕，他做了他能做的一切，将"清算"的危险降到了最低。这是麦克唐纳最后一次担任军事指挥官。1821年他又结了婚，1824年妻子给他生了一个儿子，但一年后妻子便撒手人寰。1830年麦克唐纳退休，1840年9月25日于库尔塞勒鲁瓦城堡辞世。

尼古拉－夏尔·乌迪诺

　　尼古拉-夏尔·乌迪诺，1767年4月25日生于香槟省与洛林省交界的巴勒迪克地区，他的父亲是一名酿酒商。对生意毫无兴趣的乌迪诺在17岁时加入了梅多克（Medoc）团。三年后父亲从军队把他赎了回来，乌迪诺极不情愿地在南锡从事书记员工作。大革命爆发后，他被选为巴勒迪克支援连上尉，一年后被升为少校，之后成为上校在默兹第3志愿营任职。之后的3年乌迪诺一直在莱茵、摩泽尔流域作战。1793年9月20日在追击奥地利人时，乌迪诺头部被马刀砍伤，之后被委任指挥第4半旅以示奖励。11月27日乌迪诺在哈根奥附近树林的激战中头部被子弹打中，他被迫回家养伤。1794年6月2日，乌迪诺因营救孚日（Vosges）军团的一个师有功而被委任为临时旅级将军，在后撤时期又因出色表现获得正式委任。在特里尔（Treves）战斗中，乌迪诺坠马，导致腿部严重骨折，但仅在半年之后，他又重新回到军队，跟随皮什格鲁军队渡过了莱茵河。尼奇奥夜战中，乌迪诺至少身负5处刀伤，天亮他被奥军俘虏关押在乌尔姆。3个月后法奥双方交换战俘，乌迪诺又回到军中。1796年6月2日，他在巴伐利亚加入了莫罗军团。坎波福米奥条约之后，乌迪诺转到瑞士在马塞纳军中先担任师长，之后担任参谋长。1799年6月4日，乌迪诺在苏黎世河防线的抵抗中胸部中弹。从新伤中恢复过来的乌迪诺回到军中又经历了热那亚围城的恐

◎ *尼古拉-夏尔·乌迪诺*

怖时期。1800 年 12 月 26 日，乌迪诺与第 14 猎骑兵团的一些骑兵在明乔河攻向敌军压制法军的炮兵连，他本人还亲自夺取了一门大炮。1801 年 1 月 16 日，乌迪诺到巴黎向第一执政呈递和约时，受到了拿破仑热烈的欢迎，为了表彰乌迪诺的英勇拿破仑送了他一把马刀和他夺取的那门大炮。

1803 年 8 月 30 日，乌迪诺在法国担任步兵监察长，1804 年 5 月 18 日法兰西帝国成立，乌迪诺收到了荣誉军团大十字勋章但没有元帅权杖。1805 年战役中，乌迪诺指挥拉纳第五军的一个掷弹师，这个师是由他亲自挑选、组建的。11 月 16 日申格拉本之战，乌迪诺大腿受伤，被拿破仑勒令到维也纳修养，但他在奥斯特利茨前 2 天就返回了军队，而且在战斗中贡献显著。耶拿战斗中，乌迪诺的掷弹师在预备位置没有参加激战。1807 年 6 月 14 日的弗里德兰战斗，乌迪诺作战勇猛，7 月 2 日他被封为帝国伯爵。1809 年埃尔福特法俄会晤时期，乌迪诺被任命为该市总督，拿破仑向沙皇称赞乌迪诺为"法军中的巴亚尔"。半岛战役，乌迪诺很幸运的没有参加，而是在马塞纳麾下参加了多瑙河战役，他在洛鲍桥梁的战斗中肩部中弹被送到岛上修养。拉纳死后，乌迪诺被任命为第二军指挥。瓦格拉姆战斗中，乌迪诺虽然冒进，但为战斗胜利作了巨大贡献，7 月 2 日乌迪诺被封为帝国元帅，1810 年 4 月 14 日被封为勒佐公爵。1812 年拿破仑远征俄罗斯，

乌迪诺指挥第二军追击温青格罗德，并且在波拉茨克战斗中受了重伤。1812 年 11 月 26—28 日的别列津纳战斗中，乌迪诺在西岸指挥作战，重伤后将军队交给了奈伊元帅。1813 年乌迪诺参加了吕岑、包岑的战斗，之后向柏林推进时在大拜伦被贝纳多特打败。1813 年 9 月登讷维茨战斗中，乌迪诺听命于奈伊，由于不服从命令间接促成了战斗的失利。法军莱比锡战败后撤，乌迪诺参加了全部法兰西本土战斗。

拿破仑退位，乌迪诺与众多元帅一样归于波旁麾下，路易任命他为梅茨（Metz）总督。1815 年 3 月拿破仑重返法兰西，乌迪诺没有转投老上司。滑铁卢战后，乌迪诺负责指挥塞纳国民卫队，之后又担任了 11 年王家近卫军司令。1823 年乌迪诺指挥第一军开进了马德里。1830 年 8 月 11 日王家近卫军解散，1839 年 5 月 17 日乌迪诺担任荣誉军团司令。1842 年 10 月 21 日路易·波拿巴委任他为荣军院院长，1847 年 9 月 13 日乌迪诺于荣军院离世[1]。

奥古斯特·弗雷德里克·路易·维耶斯·德·马尔蒙

奥古斯特·德·马尔蒙 1774 年 7 月 20 日生于塞纳河畔沙蒂永，父亲是位退休军官。1790 年，马尔蒙以志愿兵的身份加入了沙特尔（Chartres）的守卫营，两年后赴沙隆深造。1792 年 9 月 1 日，马尔蒙被提

---

[1] 乌迪诺一生征战，参加了 22 场战役，至少负伤 36 次。

◎ 奥古斯特·弗雷德里克·路易·维耶斯·德·马尔蒙

拔为中尉。1793 年时任上尉的马尔蒙在土伦围城时结识了拿破仑，二人因对炮兵共同的兴趣而成为朋友。自此以后，拿破仑让马尔蒙做了自己的副官，马尔蒙也一直陪着波拿巴，即便是后者的事业处于低谷时期。1796 年，马尔蒙被升为少校，随拿破仑参加了意大利和皮埃蒙特的战斗。在战役中，马尔蒙收获了不少经验，同样，他用出色的成绩回报了上司的信任。10 月初，拿破仑派马尔蒙带着战利品到巴黎向督政府做汇报，他返回时恰好赶上阿尔科拉桥的战斗（11 月 7 日），拿破仑擢升马尔蒙为自己的副官长并负责指挥第 2 骑炮团。1798 年 5 月，马尔蒙随拿破仑远征埃及，因在马耳他表现出色被升为旅级将军。登陆埃及后，马尔蒙参加了 7 月 2 日的亚

历山大港之战和 21 日的金字塔之战，战后他被任命为亚历山大港（Alexandria）司令，负责保卫法军后方。1799 年 8 月，马尔蒙与拿破仑一同返回法国，并参与了雾月政变。1800 年 6 月 14 日，马伦哥战斗，德塞在马尔蒙轻炮兵的支援下撕开了敌人的阵线，同年 9 月马尔蒙被升为师级将军。1802 年 9 月 16 日，拿破仑任命马尔蒙为炮兵监察长，次年 6 月又任命其为炮兵总司令。

按照军职、交情、功绩，马尔蒙理应出现在 1804 年 5 月 18 日第一批封帅名单上，但马尔蒙当时才 30 岁，作为元帅有点太年轻，所以没能被第一批封帅。1805 年 2 月，作为补偿，马尔蒙被授予荣誉军团大鹰勋章，8 月被任命为大军团第二军司令。1806 年 7 月 7 日，马尔蒙被派往达尔马提亚任总督，9 月 30 日从俄军手中解除了拉古萨之围，为表彰此功绩，1808 年 4 月 15 日被封为拉古萨公爵。1809 年马尔蒙被召回军中，指挥达尔马提亚军团（大军团第十一军），起初负责在南部制约奥地利，但阿斯佩恩 - 埃斯林战斗之后便被派往前线增援。在瓦格拉姆战斗中，第十一军支援了欧仁占领瓦格拉姆村，战斗结束也参与了部分追击。7 月 12 日，马尔蒙被封为法国元帅，时年 35 岁。1811 年 4 月 9 日，马尔蒙奉命前往葡萄牙接替不配合的奈伊指挥第六军，到任还不到一个月他又接替了马塞纳指挥西班牙北部的所有法军，但他的半岛之行以 1812 年 7 月 22 日在萨拉曼卡之战负伤告终。1812 年余下的日子马尔蒙都在养伤。1813 年最后的莱茵行军中，他负责指挥新组建的第六军，参加了吕岑，包岑和德累斯顿的战斗。莱比

锡民族会战，法军全线撤退，马尔蒙不得不撤向东部郊区，之后参与了掩护拿破仑向莱茵撤去的后卫战。1814 年法兰西战役，马尔蒙与莫尔捷，蒙塞在巴黎近周驻防。3 月 31 日，他与联军打成秘密停火协议，他的部下苏昂担心拿破仑已经知晓他们的企图，在马尔蒙不在的夜里将军队带进了联军阵地。由于马尔蒙军的这番举动，拿破仑最后的希望也破灭了。

波旁复辟，马尔蒙得到了联军和路易十八的欢迎。拿破仑重返法国，他并未投奔老上司麾下，而是护送国王去了根特。滑铁卢战败，马尔蒙跟随国王重返巴黎，他被封为贵族，参与了对奈伊元帅的审判并两次赞成奈伊元帅的死刑。1826 年 2 月—11 月，马尔蒙出任驻俄大使。1830 年 7 月，他出任巴黎第一军区指挥官，镇压七月革命失败后被路易·菲利普流放。1831 年 1 月 26 日，作为英国驻维也纳大使的朋友马尔蒙见到了罗马王，他与后者相处到 1832 年 7 月，期间为罗马王讲述了父亲㐀伐征战的一生。1852 年 3 月 3 日（一说 2 日）马尔蒙于威尼斯辞世，流亡后的马尔蒙直到去世都未能再踏上法国的领土。

路易－加布里埃尔·絮歇

路易－加布里埃尔·絮歇 1770 年 3 月 2 日生于里昂，父亲是一位富有的绸缎制造商，家境殷实的絮歇完成学业后开始学习商务。1789 年 7 月法国大革命爆发，絮歇加入了里昂国民卫队。1792 年他转而加入阿尔代什的一个志愿兵连，不到两年

便被升为中校。1793 年 9 月—12 月的土伦之战中，絮歇指挥一个营在夺取马尔凯炮台的战斗中表现出色赢得了拿破仑的注意。1795 年 11 月絮歇带领他的营参加了洛阿诺之战并且作战勇猛，夺取了三面奥地利军旗。1796 年絮歇又转战马塞纳麾下，参加了代戈和洛迪战斗，负伤也未下火线，之后参加了 11 月 15 日—17 日的阿尔科拉战斗。1797 年 1 月 14 日里沃利之战，絮歇及时赶到促成了胜利。之后絮歇因 1797 年 4 月 23 日在诺伊马克特作战受伤，10 月被正式升为上校。1798 年，絮歇在布吕内麾下任参谋长，随军前往瑞士，3 月又被派往巴黎向当局呈递战利品。23 日他被升

◎ 路易－加布里埃尔·絮歇

为旅级将军，之后前往意大利军团担任参谋长。12月27日絮歇因涉嫌挪用意大利军团补给资金被解除职务，但他对指控提出抗议。但是马塞纳将絮歇调到自己的多瑙军团，先是指挥一个旅，在参谋长阵亡后不久絮歇接替了该职。1799年7月10日，絮歇前往茹贝尔的意大利军团任参谋长。诺维会战法军惨败，茹贝尔战死，尚皮奥内将军接管了军团。1800年3月马塞纳接管意大利军团，絮歇负责指挥军团中部。热那亚被围期间，絮歇一直在外对奥地利进攻。1801年吕内维尔和约签订，絮歇在国内担任步兵监察长。

1803年絮歇加入了在布伦的英格兰军团。1805年8月26日，絮歇指挥第一军第四师，10月转而指挥拉纳第五军的第三师。1806年2月8日絮歇被授予荣誉军团大鹰勋章，10月作为第五军前锋参加了耶拿战斗和12月的普乌图斯克战斗。由于战场上出色的表现，1807年8月絮歇被拿破仑委任临时指挥第五军。1808年3月他被授予帝国伯爵头衔以及荣誉军团勋章。1808年11月16日絮歇与奥诺里娜·安托万·德·圣约瑟夫结婚，12月他告别妻子前往半岛就任，他的师隶属于第五军，参加了萨拉戈萨之围。由于奥地利对法宣战，1809年4月拿破仑召回了半岛部分将领，絮歇接替了朱诺指挥第三军。6月15日—18日絮歇在马里亚（Maria）和贝尔奇特击败西班牙的布莱克（Blake）将军。11月多瑙河流域的战斗结束，部分法军被派往半岛增援。1810年4月22日絮歇带领军队拿下了列伊达。1811年7月8日，絮歇在围攻并拿

下塔拉戈纳（Tarragona）之后被封为法国元帅。1812年1月9日—10日絮歇拿下瓦伦西亚，并为自己赢得了公爵头衔。不过到了1813年11月，絮歇治下只剩加泰罗尼亚了。1814年1月絮歇不得不放弃加泰罗尼亚退回法国保护东比利牛斯边境，因为他死抱着这个看法所以没有增援苏尔特。4月13日，絮歇在纳博讷得知了拿破仑退位，并向新政府宣誓效忠。

波旁复辟，路易十八封絮歇为法国贵族并被派往斯特拉斯堡指挥第五军区。1815年3月拿破仑返回法国，絮歇重回老上司麾下并且在百日期间前往里昂守卫东部边境。拿破仑滑铁卢战败，絮歇7月12日与联军达成停战协议。7月24日絮歇被剥夺了贵族头衔，直到1819年3月才被恢复。1826年1月3日絮歇于马赛圣约瑟夫庄园辞世。

洛朗·古维翁 – 圣西尔

洛朗·古维翁1764年4月13日生于莫尔特–摩泽尔省的图勒，父亲是个暴躁的皮革商贩。洛朗的童年很不幸，据说在他4岁时，他的母亲去了里昂加入共济会，从此杳无音信。由于缺少照料，他的两个弟弟很小就死掉了。洛朗凭借自学，得以在图勒炮兵学校"旁听"，他很擅长绘画和数学，有个老师教了他希腊文和拉丁文。1782年，他的一个表亲愿意为他提供接受专业炮兵教育的机会，但洛朗拒绝了，他想去意大利实现自己的画家梦。据说洛朗途经里昂，打算寻找母亲，一无所获的他

在姓氏后面加上了圣西尔。圣西尔在意大利待了四年，1786 年他来到巴黎继续学习绘画。1789 年法国革命彻底改变了他的想法，圣西尔 1792 年 9 月 1 日加入了共和国猎骑兵团，15 日被升为军士长，当月月底被选为少尉，11 月升为上尉。1793 年 2 月 1 日，圣西尔任屈斯蒂纳的副官，凭借制图技巧得到了上司的赏识，9 月 14 日被擢升为参谋中校。1794 年 6 月圣西尔先是被任命为临时旅级将军，之后又被任命为临时师级将军。1793—1797 年圣西尔一直在莱茵军团，期间仅离队一次——1795 年 2 月 26 日他迎娶了自己 19 岁的表妹安妮·古维翁。1796 年，圣西尔指挥莫罗的中部师

◎ 洛朗·古维翁-圣西尔

参加了莱茵的战斗。1798 年坎波福米奥和约之后，圣西尔在 3 月 6 日被派往意大利接替马塞纳。在此期间，他的一板一眼得罪了法国公民领事，后者用了些手段让圣西尔滚回了法国，由麦克唐纳接替职务。8 月 16 日，圣西尔被派往茹尔当麾下在德意志地区作战，当他得知马塞纳将接任军团时，出于对马塞纳贪婪的不满，圣西尔于 1799 年 4 月 6 日离开了军队。7 月 24 日他被派回意大利军团，此时军团的司令是莫罗。在 10 月 16 日的诺维会战中，圣西尔从容镇定的指挥右翼，使军团余部免于覆灭。

1799 年 11 月 24 日雾月政变的消息传到军队，圣西尔和其他将领一样被要求向拿破仑表忠心。12 月 17 日圣西尔回到莱茵军团，这段时期他得到了"不配合的床伴"的外号，但奈伊、达武等人和他交情很好。1800 年 5 月 9 日，圣西尔在第二次比伯拉赫战斗中表现出色，6 月 5 日他返回了法国。回到巴黎后，拿破仑任命他为议员，1800 年 9 月—1801 年 2 月他一直担任此职。1801 年 2 月 4 日，圣西尔赴马德里担任外交官，1803 年 5 月返回法国，之后被派往那不勒斯待了三年。由于拒绝发布恭贺拿破仑称帝祝词，圣西尔没有上第一批封帅的名单。1805 年战役期间，圣西尔北上支援马塞纳，11 月 23 日击溃罗安亲王，并俘获其大部分兵力。因不满马塞纳的直接领导，圣西尔回到了巴黎，但 1806 年 1 月 5 日拿破仑强迫他回到那不勒斯。到任后，圣西尔表现得极度不情愿，时任国王的约瑟夫把他派回了法国。12 月圣西尔被任命为

布伦大营司令并指挥第一预备军。1808年8月17日圣西尔被派去西班牙作战，但因进展缓慢次年5月被奥热罗替换。

1812年拿破仑远征俄罗斯，圣西尔指挥大军团第六军，在8月8日的普乌图斯克战斗中表现出色，27日被拿破仑封为法兰西元帅。10月18日圣西尔在战斗中受了重伤，30日将军队交给伤愈的乌迪诺指挥自己到明斯克修养。1813年圣西尔完全康复后，指挥第十四军参加了德累斯顿的战斗，由于莱比锡拿破仑撤离，他被围在德累斯顿，于11月投降。余下的日子圣西尔一直在卡尔斯贝格当战俘，1814年6月他返回法国，拒绝了国王的示好在城堡避世。拿破仑还朝，百日王朝期间圣西尔同样在城堡休养，拿破仑也没有要求他的效忠。滑铁卢后，波旁再度还朝，圣西尔任战争部长，组建了审判奈伊元帅的军事法庭（他试图安插与奈伊友好的元帅将军，但蒙塞的拒绝让他很失望），又作为贵族参与了贵族院对奈伊的审判并呼吁给予被告仁慈的判决。之后圣西尔历任海军大臣、战争部长，1817年8月31日路易授予圣西尔圣路易大十字勋章和世袭侯爵称号。1830年3月17日圣西尔因心脏病在耶尔病逝。

约瑟夫－安东·波尼亚托夫斯基

约瑟夫－安东·波尼亚托夫斯基，1763年5月7日生于维也纳，父亲安德烈·波尼亚托夫斯基是波兰国王斯坦尼斯瓦夫－奥古斯特的弟弟。父亲在他10岁的时候去世，之后波尼亚托夫斯基一直由伯父抚养教育。1780年他加入了卡宾枪骑兵第2团，一年后被擢升为中队指挥官，1786年成为约瑟夫二世轻骑兵团中校，次年他奉命前往俄罗斯，并在基辅待了半年。1788年春，波尼亚托夫斯基带兵去解沙巴茨之围，在4月24日战斗中大腿受了伤。1789年1月他自荐指挥摩德纳军团，但还未开战就被召回波兰。在国内这段时期，他一直游走于政坛。1790年春，波尼亚托夫斯基被委任指挥驻于布拉茨拉夫的第4师。1792年5月俄军入侵乌克兰，波尼亚托夫斯基奉命前去指挥在乌克兰的波兰军队，但由于经验的缺乏和客观条件的不足使他很快就被打败了。6月，波兰国王同意将波兰置于俄

◎ 约瑟夫－安东·波尼亚托夫斯基

国的管理下，这让他与国王产生了嫌隙。6月30日他递交了辞呈，8月被伯父流放。1794年波兰爆发起义，约瑟夫想投身革命，并以普通士兵的身份加入了莫科罗诺夫斯基师。1794年8月他接管了该师。11月苏沃洛夫击溃起义军，波尼亚托夫斯基将军队交给了卡米涅茨基后返回华沙。

耶拿战役后，法军进入华沙，1807年波尼亚托夫斯基在华沙认识了缪拉并赢得了后者的好感。1月他在缪拉的支持下担任波兰督政府战争部长，同时负责指挥波兰军团的第一军。法俄提尔西特条约签署后，波兰大公国被交给了萨克森国王，波尼亚托夫斯基将拿破仑此举视为背信弃义，但依附法国仍是波兰复国的希望。10月，波尼亚托夫斯基接受了波兰军队总司令一职，但要受到达武的约束。1808年拿破仑通过达武告知波尼亚托夫斯基只要波兰提供4万士兵就有可能复国，波尼亚托夫斯基完成了任务。4月17日奥军在拉申向波兰军队发起进攻，波尼亚托夫斯基在战斗中亲临前线英勇战斗，但波军仍溃败而去。波尼亚托夫斯基在身处劣势的情况下，仍决定进行反击，7月成功攻克卡拉克夫，被波兰人视作民族英雄，为了表彰他此番行为，拿破仑特赐予他一把荣誉马刀。

1810—1812年波尼亚托夫斯基虽然在军事上得到了拿破仑的认可，但政治上拿破仑仍视他为危险人物。1812年拿破仑远征俄罗斯，这激发了波兰人极大的热情，波尼亚托夫斯基被任命指挥第五军。向莫斯科进发的战斗中，波兰军团大部分时间在右翼掩护前卫，后撤时军团残部与奈伊

元帅部队一起进行后方保卫。波兰军团在俄罗斯战役中损失惨重，波尼亚托夫斯基想过自杀，但这不是他的错。沙皇向波兰人频繁示好，但波尼亚托夫斯基仍对拿破仑保持忠诚，他想着为波兰战死沙场。

1813年3月，波尼亚托夫斯基为拿破仑筹募了8000人，拿破仑任命他为第八军指挥。他参加了莱比锡战斗，10月15日拿破仑检阅第八军时授予他法兰西元帅权杖，不过这根棍子对一心复国的波兰人来说只不过是一件摆设。1813年10月18日下午，拿破仑下令法军全线撤退，波尼亚托夫斯基在后撤中受伤但仍拒绝投降。当他骑马渡过埃尔斯特河时被一发（很可能是来自友军的）子弹打中，跌入河中溺毙。伴随着他的死而消散的是波兰独立的希望，之后不久绝望的波兰军团也解散了。

埃曼努埃尔·格鲁希

曼努埃尔·格鲁希1766年10月23日生于巴黎，父亲是一名侯爵，家族在法国属于世袭贵族，可以追溯到征服者威廉时期。1781年3月14日，不到15岁的格鲁希从斯特拉斯堡的炮兵学校毕业，后被分配到贝桑松的步炮连任职。3年后，时任上尉的格鲁希第一次指挥骑兵——皇家卫队（苏格兰连），但1787年因病离开了军队。1791年12月18日，格鲁希以一个革命拥护者的身份重回军队，在第12猎骑兵团任中校。几个月之后他被升为旅级将军，先后于孟德斯鸠（Montesquieu）将军的中央军团和克勒曼的阿尔卑斯军团任职。两年

后格鲁希又转战奥什将军麾下，在布列尼塔和旺代作战，在莱索里尼埃战斗中表现出色，但本人却挂了彩。当年9月30日，格鲁希因出身问题被从军中剔除，但一年后年仅29岁的他便安然无恙地回到军中，还被擢升为师级将军。1796年11月—12月期间，他曾担任远征爱尔兰军团第二司令，但这个计划最终没能成行。返回后的格鲁希在茹贝尔将军的意大利军团任职，参加了在瓦伦扎战斗，自己也受了伤。1799年8月15日，他指挥茹贝尔的左翼在诺维会战中与苏沃洛夫交手，尽管格鲁希俘获了2000名战俘，但他自己在后撤中多处受伤而且在渡过帕斯图利亚峡谷时被俘。1800年6月，双方通过交换战俘，格鲁希才得以返回法国。在这期间格鲁希曾在信上反对执政府，这让拿破仑难以忘怀。重返军队后，格鲁希在莫罗的莱茵军团作战，1800年12月3日参加了霍恩林登战斗并起了重大作用，与奈伊被传颂为战斗英雄。

1804年对莫罗审判时期，格鲁希公开支持莫罗的行为让拿破仑很难产生与他深交的想法。1801年9月23日，格鲁希被任命为骑兵监察长，这期间他结识了缪拉。1805年的大战役中，格鲁希为马尔蒙第二军的师长，但他因病修养再返回时已是1806年，这次他指挥第2龙骑兵师，隶属于缪拉预备骑兵军。在艾劳会战中，尽管格鲁希坠马受到震荡，仍然带领军队向前推进。在弗里德兰的战斗中，格鲁希指挥全体预备骑兵军切断了俄军的退路，战后拿破仑授予了他荣誉军团勋章。1808年格鲁希与缪拉共赴西班牙担任马德里总

督，但同年秋天却因健康问题返回了国内。1809年1月，格鲁希被封为帝国伯爵。奥地利战役期间，格鲁希被派往意大利指挥欧仁骑兵。瓦格拉姆战斗中，他表现出色，战后被授予猎骑兵荣誉兵种上将头衔。1812年，拿破仑征俄期间，格鲁希指挥预备第三骑兵军，在莫斯科战斗中受了伤，后撤期间曾指挥拿破仑的近卫军，但因健康原因直接前往了维尔纳。格鲁希再度上战场已是1814年初法兰西战役期间，他先后在维克托和马尔蒙麾下任职。3月7日克拉奥讷战斗，他再次受伤，不得不交出指挥权继续养伤。波旁复辟，国王剥夺了他荣誉兵种上将的头衔，在此期间格鲁希一直赋闲。

1815年3月，拿破仑重返法国，格鲁希不但重回了拿破仑麾下，还解决了昂古

◎ 埃曼努埃尔·格鲁希

莱姆公爵的王党军队，甚至俘虏了公爵本人。作为回报，百日期间拿破仑封其为帝国元帅并指挥阿尔卑斯军团。新的头衔让这位49岁的老将倍感欣喜，他已经做了20年的师级将军，甚至放弃了还会有所晋升的希望。滑铁卢战役期间他负责指挥预备骑兵军，利尼战斗之后被任命为右翼指挥，负责追击普鲁士人并且阻止他们与威灵顿的会合。

拿破仑二次退位，格鲁希便动身前往美洲。1815年7月24日国王颁布法令，格鲁希的名字出现在了重犯的名单上。流亡期间，格鲁希曾住在费城。1819年他获得特赦，1820年返回法国，但格鲁希没有了元帅头衔也没有指挥权，靠着半薪过活。1830年革命之后，路易·菲利普在1831年11月19日恢复了他的元帅头衔，并授予他法国贵族的称号。1847年5月29日，格鲁希于圣艾蒂安（St-Etienne）离世，享年80岁。

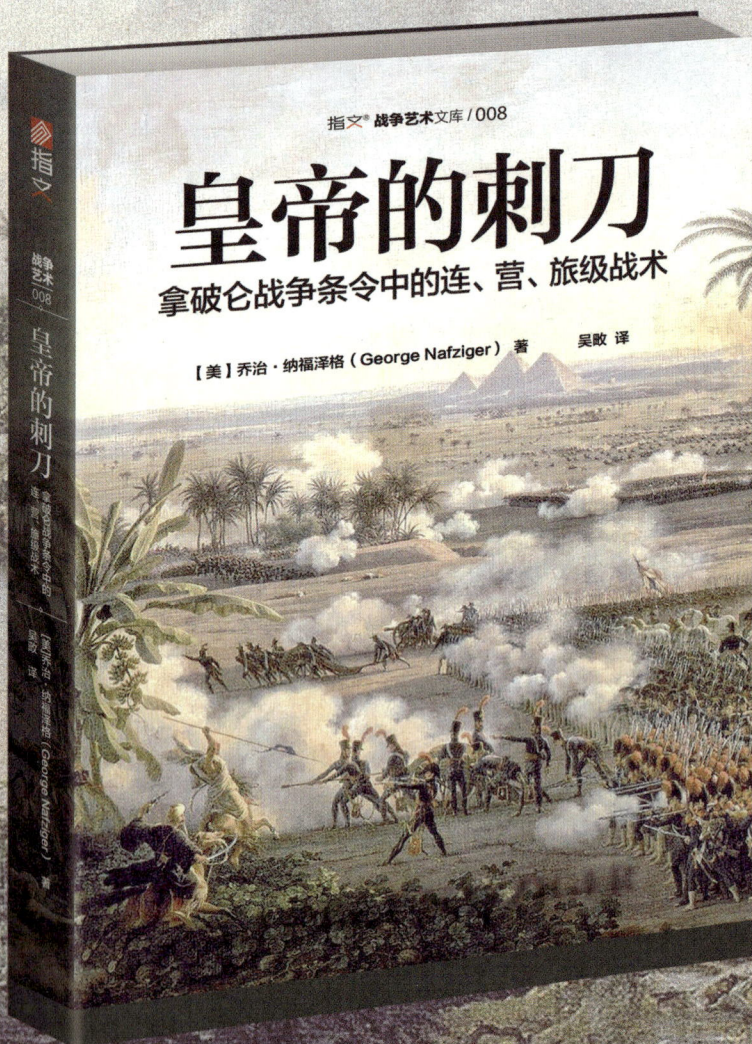